청화비전

青花秋傳

上

청화학술원

서 문

　미래를 알지 못하여 방황하는 많은 사람들에게 길을 제시하여 이정표 역할을 한다는 것은 쉬운 일이 아니다. 요즘은 여러 가지 미디어를 통하여 직접 공부를 하는 이들도 제법 많이 있음을 알 수 있다. 인간의 본능인 '불확실성의 극복' 문제는 예나 지금이나 크게 다를 바가 없다고 하겠다.
　필자 또한 예외가 아니었고 다양한 방법으로 사주 명리학에 대한 궁리와 연구를 하였다. 고전을 거듭거듭 읽기도 하였고, 참선 수행에 준하는 궁리를 통하여 터득한 나름의 결론이나 원리에 관한 새로운 이해 등을 통하기도 하였다. 필자가 경험하고 정리하였던 것이 원리의 전부가 되지 않음은 당연한 것이다.
　밝지 않은 등불도 어둠을 밝히는데 도움이 되는 것처럼 완전한 득도(得道)나 경지에 이르지 못하였다고 하더라도 세상 사람들에게 등불이 되어줄 수 있는 것이다. 하지만 더 밝은 빛을 내기 위하여 자기 노력을 정진해야 하는 것은 등불의 입장에 있는 모든 이의 책무이기도 하다. 뭇사람의 미래를 밝히고 최선의 선택을 제시하기 위해서는 이런 측면을 생각하여 끝없이 자기 발전을 이루어야 할 것이다. 역학을 통하여 세상 일을 도모하는 이가 가져야 할 기본적 자세가 아니겠는가.

상당한 세월 전에 이런 맥락에서 현직(現職)에 있거나 학문적으로 상당한 수준에 이른 분들을 위하여 하였던 강의가 금번 책의 바탕이 되었다. '비전(秘傳)'이라는 명칭은 함부로 쓸 것은 아닌데 당시 강의의 수준을 비전 급으로 하자는 여러 분들의 의론으로 명칭한 것으로 기억한다. 내용이 다 채워진 것은 아니지만 그런 목표였음을 회고할 수 있다. 경험한 모든 것을 다 정리하고 밝혀 이룩한 것은 아니지만 현장에서 필수적으로 체크하고 해석의 기준을 삼아야 하는 것들, 원리의 확장이나 응용에 필요한 기준점 등을 제시하여 강의와 정리를 채웠다. 명리학, 운명학 전반에 관한 중요 키워드들을 밝혀 두었으니 독자 제현(諸賢)의 연구에 상당한 도움이 될 것이라 확신한다.

좌표, 지장간과 운의 변화, 격의 문제, 간지와 현실 등 기준이나 시각에 따라 왈가왈부가 생겨나고 판이한 결론을 낼 수 있는 주요 포인트를 나름의 기준에서 정리하였으니 연구자나 현업에 있는 분들에게 상당 부분 도움이 될 것이라 생각한다.

필자가 직접 원고를 다듬고 탈고하는 것이 당연한 일이지만 차일피일 이제야 주변의 많은 분들의 도움을 통하여 책의 형태가 되었으니 늘 죄송스러운 마음이다. 독자(讀者)분들께 예의가 아닌 줄 알지만 이 책에 나오는 키워드, 행간의 의미나 원리의 설명은 제현(諸賢)께서 좀 더 확장해 주시기를 바란다.

길을 잃고 방황하는 많은 사람들을 이끄는 분들의 노고(勞苦)에 늘 행운이 함께 하기를 기원하는 바이다. '비전(秘傳)'이라는 책의 제목이 부끄럽지만 세상의 큰 빛이 되려는 분들에게 적은 일조(一助)라도 되기를 간절히 기도한다.

이 책이 나올 수 있도록 애를 써 주신 박청현 대표와 여러분들의 노고에 감사의 말씀을 가슴 깊이 전한다.

2022. 7.

박 청 화 근배

목차 上권

서문	3
수업총괄 개념정리	10
1. 座標論	79
2. 地藏干	159
3. 地藏干과 運의 흐름	231
4. 分論	299

목차 下권

5. 格과 旺者
6. 干支와 현실
7. 三合과 武器論
8. 三子宮論
9. 六親의 가족확장
10. 宮合
11. 命大歲論

수업총괄 개념정리

수업총괄 개념정리

1. 座標論

좌표에 의해서 정해지는 것은 여러가지입니다. 일반적인 格局 用神의 이론에서 정해놓은 여러가지 格을 분류하는 법도 있지만, 예를 들면 글자들이 모여 있다는 것만으로도 格을 삼는다는 것이죠. 地支에 巳酉丑이 드러나는 것만 가지고도 秀氣格이라고 합니다. 乙乙乙이 드러난 것만 가지고도 福德格이라는 것이죠.

이렇게 모여 있는 것 자체만으로도 格을 쳐준다는 것이죠. 이때 地支에 있다는 것 자체가 도대체 의미는 무엇이냐?

이것을 가지고 생각을 잘 해보는 것도 의미가 큰 것이죠. 그런데 좌표론할 때 구체적으로 다루어 볼 때, 天干에 있다는 것은 어떤 의미, 地支에 있다는 것은 어떤 의미, 드러났다는 것은 어떤 의미, 숨어 있다는 것은 어떤 의미, 이런 것을 연습해 봄으로써 이제 사주 분석의 어떤 큰 틀을 좌표론을 통해서 생각할 수 있는 것이죠.

　그다음에 바로 연결이 되어야 할 것이 地藏干하고 바로 맞물려 있는 것이니까, 드러난 것과 드러나지 못한 것, 숨어 있는 것 그 세 가지 차이를 그대로 읽어 주기만 하면 되는 것입니다.

　사주 干支가 구성되어 있는 모양 자체가 그 사람에게 떨어져 있는 별이라고 하는 것입니다. 그 사람이 살고 있는 우주라고 하는 것입니다.

　사주를 접근하는 방식이 전부 다 格局이 어떠하고, 用神이 어떠하고, 喜神이 어떠하고 하는 것이 아니고, 적어도 이런 우주 즉 사주팔자가 기울어짐이 강하다고 하더라도 우주 속에 자기는 존재해 있다고 하는 것이죠.

　결국은 사주해석의 접근은 좌표론에 의해서 결국은 경치를 감상하는 형태로 넘어가자고 하는 것이죠.

　그 경치에서 구도를 무너트릴 수 있는 인자가 무엇이며 어떻게 그 글자가 움직여 줄 것이냐? 하는 것이 사실은 사주학의 전부 다 입니다.

　우리가 팔자를 다 적어 놓으면 해석이 되고 한 글자를 써놓으면 해석이 안되고 하는 것이 아닙니다.

時	日	月	年
			丙

命

이 丙년에 태어났다는 것의 의미는 무엇이냐? 팔자는 놔두고 이 丙자만 보고 생각을 해보자고 하는 것이죠.

"이 사람의 운명을 말하라!"

그러면 天干에 드러나 있다는 것의 뜻을 먼저 알아야 되겠죠? 그다음에 年干에 드러났다는 것에 대한 뜻, 그다음에 丙이 가지는 기운의 운동성이나 방향성 또는 상징체계 이런 것을 어떻게 한다는 것입니까?

天干에 드러난 것이 대체로 추상적이고 정신적인 요소라고 하면 이 사람은 반드시 丙이 가지는 기운적인 요소가 어떤 형태로든 그 사람에게 영향을 주고 있다고 하는 것이죠.

그러면 丙이 가지는 운동성이라고 하는 것은 불기운의 운동성과 똑같은 것이죠. 화려함이나 활발함이나 이런 모든 것이 밖으로 드러나서 모두 속일 수 없는 상태 이것이 丙의 상태라고 하는 것이죠.

이미 짐승이냐, 사람이냐? 사물의 물성이 거의 다 드러난 상태가 丙이죠? 그래서 무엇을 봐서 무엇을 안다고 합니까? 꽃을 봐서 나무를 안다고 하는 것이죠.

나뭇가지가 벌어져서 벌써 陽의 단계가 3단계가 진행되어서 펼쳐져 있는 모양이 되죠. 모든 나무가 꽃을 피워놓고 있는 상태와 똑같다는 것입니다.

그러면 이 사람에게는 어떤 형태로 작용을 합니까? 정신적인 요소로 작용을 하는데 삶에 대한 긍정적인 요소가 됩니까, 부정적인 요소가 됩니까?

긍정적인 요소가 되거나 확장적인 요소가 그 사람에게 영향을 미치는데 六親이 무엇이든지 간에, 六親 이전에 丙으로서 그다음에 五行的으로 火운동으로서 그 사람에게 지속적으로 영향을 주고 있다는 것입니다.

그래서 이 丙이라는 글자를 따서 그대로 四柱捷經에 옮겨 놓은 구절이 있습니다. 〈법관하여 본다.〉 이런 내용이 있습니다. 〈검,경찰하여본다.〉, 〈법조계 진출하여 본다.〉 그 논리 속에는 뭐냐하면 〈사주 天干에 丙庚 투출자〉 이렇게 해 놓았습니다.

丙과 庚이 두개 다 드러나거나 丙이나 庚이 투출한 사람이라고 해 놓았는데 丙이나 庚이 투출한 이 자체만으로도 이 사람을 검찰이나 법조계에 진출할 수 있는 인자를 가진 것으로 보는 것이죠. 丙庚이라는 글자 자체가 있다는 것만으로도 그렇다고 하는 것이죠.

丙은 물성이 다 드러났으므로 이미 판단 시비를 정확히 할 수 있는 상태라고 하는 것이죠.

그래서 이 사람이 년에 丙과 같은 글자가 있다면, 년에 드러났다는 것은 소년시절이나 젊은 날부터 무엇을 터득했다는 것입니까? 판단력을 터득했다는 것이죠. 사물의 물성을 명철하게 분석할 수 있는 판단력을 얻었다는 것입니다. 소년에 판단에 대해서 공부를 한 놈이 판사거든요. 그렇잖아요? 도둑놈인지 아닌지 가리는 것이 검사이고 그렇잖아요?

그래서 丙이라고 하는 논리는 판단하는 것이고, 그다음에 상기 팔자에 庚이라고 하는 글자가 하나 놓여 있다고 합시다.

時	日	月	年
			庚

命

대체로 年干에 있는 것이 평생에 영향을 주는 인자이면서 어렸을 때 뛰어놀던 마당이라는 것이죠. 마당의 색깔을 그려보라고 하면 이 사람이 그리는 그림은 庚이라고 하는 것이죠. 마당에서 본 색깔이 그렇다는 겁니다.

그러면 무엇이냐? 庚金은 만물을 응축하여서 결실하여 매듭을 짓는 것입니다. 그다음에 너의 것, 나의 것을 가릴 수 있도록 이미 분리하기 직전의 단계이죠.

辛金은 무엇입니까? 분리가 시작이 되는 것이죠. 늦가을 만추가 시작되면서 분리가 시작되는 것이니까 베어내는 아픔이 되는 것이죠.

그래서 이 庚金은 乙木이 초가을(庚)의 陽운동을 통해서 무엇을 합니까? 乙木이 더이상 펼쳐지지 못하도록 庚金으로서 잡아 가두는 것이죠. 잡아 가두는 것이 결국은 검사라는 겁니다. 돌돌 말아 넣는다고 하죠. 돌돌 말아서 집어넣는다. 이것이 돌돌 말아 넣는 논리가 이 사람 庚金이라고 하는 것이죠.

그것을 소년에 경험하거나 보거나 이미 정신적인 인자로서 강하게 가지고 있는 것이고 이 사람의 해결 양식은 무엇이냐? 바로 이 庚金이 젊은 날에 보았던 해결 양식이라고 하는 것이죠.

일반적인 사주책에서 庚일주로 태어난 사람 군인, 경찰 하여본다. 즉 돌돌 말아 잡아넣는다는 것입니다. 이 글자 자체로 이 사람의 정신적인 역량이나 요소나 해결 양식이 그런 것이라는 겁니다.

그렇게 좌표로서 그것이 차지하고 있는 위치만 가지고서도 무한정 확대 가능하겠죠?

장인(天)		부	
장모(地)	처	모	고향

　그다음에 좌표론에서 다루겠지만 처자 인연법 같은 경우에는 상기 그림과 같은 좌표를 다룹니다. 앞부분이 아가(我家) 즉 나의 집이고, 굵은 선쪽은 타가(他家)입니다. 남의 집이라는 것입니다. 남의 집에서 天하고 地가 결국 무엇이냐 하면 처를 낳아준 아버지 그리고 처를 낳아준 어머니 즉 천지 부모 그것이 나의 처자리 처가 되어서 결국 조화를 이루고 그다음에 아버지 어머니의 기운이 드러나서 가지고 있는 이 기운이 我家고, 년이 고향이라고 해도 좋고 故家라고 해도 되겠죠. 년은 자기 집안의 가문이 연고(緣故)한 곳이라고 하는 것이죠.

　그리고 그것이 나에게 日支와 時자리가 혜택을 미치느냐 못 미치느냐 하는 것인데, 하여튼 年月과 일간이 우리집, 日支와 태어난 時를 他家로 본다는 것이죠.

　처자 인연법에서 일반적으로 財星이 년월에 드러나서 한 동네에서 짝을 만나거나 또는 年月에서 官星을 만나서 한 동네에서 남편을 만나는 모양이 아니면 日과 時의 조화작용에 의해서 결국 배우자와 짝이 지어진다는 것입니다.

　가장 일반적으로 많은 케이스가 이 時支 三合에 의해서 결국은 좌표원리의 보편적 원리에 가장 잘 맞는 것이죠. 아니면

日支 즉 日支 자체를 쓸만하면 그대로 쓰는 것이에요

　예를 들어서 己未일에 태어났다고 합시다. 일반적으로는 뭐라고 봅니까? 처의 인연이 불안한 모양이라고 하더라도 이 사람이 未生 부인을 만나니까 즉 未로 포장을 해 놓으니까 멀쩡하게 잘 살더라는 것이죠.

　그러니까 이 껍데기에 드러나 있다고 하는 것은 외부적 환경에서 물론 물성이 드러났다 하지만 캔하고 아주 똑같다는 것이죠. 캔에 내용물이 진공 포장만 잘 되어 있으면 안에 있는 그대로 그 물성을 잘 지킨다고 하는 것이죠.

　干如支同인데도 불구하고 未生 부인을 만나니까 잘 살더라 이 말이죠. 여자가 壬子일주에 일반적으로 干如支同이 이루어져서 이런 경우 우선적으로 처자인연법을 정하기 어렵다고 해서 다른 곳에 있는 財星을 삼든지 喜神요소를 찾아서 배우자 인연을 삼아야 되는데, 머리 아플 것 없이 쥐띠 남편을 만나니까 그냥 무난하게 잘 살더라고 하는 것이에요.

　이 地支의 모양이 결국은 어떻게 포장이 되어 있느냐고 하는 것이죠. 그래서 그 포장을 잘 따르니까 별 문제없이 사는 경우가 10에 8~9가 됩니다.

　그럼에도 불구하고 상대방이 처자인연법에 의해 굉장히 불리한 요소가 강할 때 그럴 때는 1~2케이스 깨어지는 경우가 있지만 10에 8~9는 다 원만하더라고 하는 것이죠.

　좌표를 잘 나누어서 그 사람에게 작용하는 인자를 干支로서 五行으로서, 六親으로서, 神殺로서 그대로 적용하기만 해도 해석이 충분합니다.

格따질 시간이 없고 用神따질 시간이 없다는 것입니다.

좌표론이라고 하는 것을 확장을 하면 해석할 것이 엄청나게 많은 것이죠.

時	日	月	年	命
金			木	

子平에서 말하는 것처럼 이러한 논리에 의해서 설명하는 것이 즉 子平에서 주로 말하는 것인 年에 있는 五行的인 인자가 대체로 木이면 時에 金이 있어서 오르려고 하는 木과 내리려고 하는 金의 비중이 서로 힘이 맞을 때 그 운명은 대체로 좋다고 보는 것이죠. 그리고 어느 것이 실현이 되느냐 즉 木이 실현이 되느냐 金이 실현되느냐 대체로 따져서 子平에서는 그런 비율을 설명을 해놓은 것이죠.

처음에는 木이 성하여 있으면 時의 金은 씨앗이 되고, 時의 金이 먼저 움직여주면 木이 씨앗이 되고 이렇게 해서 年月의 木 기운이 강화되었을 때 時의 金은 숨은 인자가 됩니다. 金과 木이 서로 표리가 되는 것이죠. 木이 表가 되고 金이 裏가 되고, 金이 表가 될 때는 木이 裏가 되는 것이죠. 이런 식으로 서로 表裏관계로서 공존할 수 있느냐 하는 것이죠.

그런데 팔자에 干支가 동일하게 모였을 때는 그 명조에서

방향성을 지어줄 때 즉 짝을 지어줄 때 전체적으로 좋아졌다가 전체적으로 나빠졌다가 하는 이런 식으로의 변화 과정을 겪는다고 보는 것이죠.

年月과 日時를 나누어서 年月을 父로 보고 日時를 母로도 본다는 것이죠.

時	日	月	年
足	身	肩	頭

이렇게 頭肩身足으로 신체에 적용하는 논리도 다 공부해 봤었죠? 이렇게 쪼개는 것은 워낙 논리가 많으니까 그렇죠?

좌표론에서 이렇게 생각하고 접근해 볼 수 있다는 것을 여러분이 여러가지 사례를 보면서, 실제로 적용되는 예를 보면서 많은 팔자들을 분석할 때 앞의 설명들을 먼저 생각하면서 봐 나가면 됩니다.

적으면서 바로 설명을 한다는 것이 바로 좌표론의 그런 논리와 똑같다는 것입니다. 日干을 적기 전에 年干을 적으면서 바로 한마디 하고, 그다음에 年支가 午生이니까 한 마디, 月干에 辛이 들어와 있다면 辛이니까 한마디, 月支가 巳이니까 한마디 하는 것이죠.

時	日	月	年	命
			卯	

예를 들면 이런 것이죠. 年支에 卯 토끼가 한 마리 있다고 합시다. 이것만 가지고 그 사람의 운명을 말하라는 것이죠. 토끼가 가지는 사물의 물성인데 땅이 되어야 되는 근거지가 어떤 물성을 가지고 있다는 것입니까? 토끼처럼 튀어 나가 쪼개어지는 요소가 되는 것이죠.

卯는 이미 四陽이 진행되어서 이제는 陰이 陽을 억누를 수 없는 상태 즉 陽이 더 점증해서 밖으로 튀어 나가게 하고 있는 상태가 이 卯라고 한다면 이 卯의 물성이 그 사람 인생에 전체적으로 작용을 하고 있다는 것은 이 卯를 어떻게 해서든 잘 제어해주지 않으면 卯에 의한 작용력이 여러가지로 발생을 하겠죠.

예를 들면 토끼가 집이 없다는 것이죠. 토끼는 원래 집을 짓지 않습니다. 남이 파놓은 굴에 살다가 돌아 다니고 합니다. 이 토끼띠만 가지고도 그 사람은 생애에 주거전변이 무조건

다발한다는 것이죠.

대운에서도 토끼 대운을 만나면 그 시기에는 반드시 주거변동을 많이 이룩하게 되고 그것이 일에 의한 것이든 육친관계에 의한 것이든 자꾸 옮겨다녀야 되는 일이 다발하게 된다는 것이죠. 그것이 年에 드러나 있다는 것은 근본적으로 토대가 되는 자리에 드러난 것이므로 평생 그렇다고 하는 것이죠.

그런 식으로 干支에 의한 요소, 위치에 의한 요소 그대로 해석을 해 나가면 됩니다. 그러니까 간단하게 말하면 이런 것입니다. "팔자 안에 酉가 있는 사람은 한 번은 부자가 된다. 팔자에 辛이 있는 사람은 한 번은 부자가 된다." 이렇게 보는 방법이 있다고 하는 것이죠.

辛 글자 자체가 五行的으로 金을 의미하고 분배가 끝이 난 금전을 의미하는 것입니다. 네 것, 내 것을 다 가려놓은 즉 분배가 이미 완료된 재화라고 하는 것입니다. 분배가 끝난 재화가 있다는 것은 분명히 부자 세월이 따른다는 것입니다.

좌표론적인 요소에 의해서 년에 있든, 월에 있든, 일에 있든 어디에 있든지 간에 한 번은 있다는 것입니다. 한 군데만 들어와도 마누라가 부자라서, 아버지가 부자라서, 자식이 부자라서, 아무튼 부자라고 하는 환경 요소에 놓이게 되는 것이죠.

辛 글자가 상대적으로 뭐냐하면 분배가 끝난 금전으로도 보지만 분배의 아픔을 의미하기도 하죠. 그래서 이것을 神殺로 쪼갤 때 辛을 枯草殺 즉 풀을 마르게 하는 殺이라고 해서 枯草

殺 이라고 하기도 하고 이 酉金 자체를 呻吟殺로 그대로 취급 한다고 했죠? 呻吟殺로 그대로 취급을 한다는 것입니다.

즉 재화라고 하는 것이 오랫동안 붙들고 있으면 반드시 몸을 상하게 하는 인자가 되는 것이니까 그 자체로서 枯草殺이 되는 것이죠. 질병이라든지 그 사람의 살아가는 과정에 있어서 그런 재앙의 요소로도 보는 것이죠.

더 큰 의미의 좌표 속에 넣을 수 있는 것이 있습니다.

時	日	月	年
	乙	丙	辛
	未	申	酉

命

설명을 위해 만든 팔자임

六親도 버리고 五行도 버리고 다 버려 버리고 상기와 같은 팔자가 있다고 칩시다. 팔자는 모르겠고, 그냥 金이 3개라고 생각하지 말고 이 사람이 남자라고 한다면 좋겠다, 안 좋겠다? 이 사람이 여자라면 좋겠다, 안 좋겠다?

남녀라고 하는 이미 정해진 고정적인 좌표와 상기 팔자의 글자와 생각을 해보는 것이죠. 그다음에 인간이라고 하는 것이죠. 인간은 언제 태어나야 좋으냐? 상기 팔자와 같이 金을 많이 가지고 태어나야 좋으냐? 아니면 다른 것을 많이 들고 있어야 좋으냐? 그러니까 이것이 밖에 있는 좌표가 되죠.

그다음에 辛酉같이 팔자에 있는 干支가 그 사람에게 영향을 준다고 할 때, 남자이기 때문에 당하는 어려움이나 고통은 무엇이고, 이것이 인간이기 때문에 당하는 요소는 무엇이겠느냐 하는 것이죠.
　남녀, 인간 이것도 사실은 밖에 있는 좌표와 같은 것이라는 겁니다. 좌표와 같은 역할을 한다는 것이죠. 기본적으로 그것으로서 답을 내어놓고 해보시라는 것입니다.

　대운은 다른 수업에서 한 것인지 모르겠는데 '대운은 고정이다.' 누구나 乙丁辛癸 대운을 지난다고 했었죠? 인간의 대운은 누구나 乙丁辛癸라는 것이죠.
　소년은 누구나 乙의 기운적인 내용의 속성에 사는 것이죠. 이것도 대운에 고정시켜서 그대로 하나의 좌표로 쓸 수 있는 것이죠. 그래서 20살 전후까지는 무조건 乙木처럼 뻗어 나가고 무럭무럭 자라다가 그다음에 丁의 기운이 오면 가장 활발한 움직임을 가다가 그다음에 辛의 대운이 오면 내 것과 남의 것을 정확하게 가려 정리하기 시작하여 보상을 이루다가 癸가 되면 누구든지 癸의 영향을 받으면서 산다는 것입니다.
　이것도 하나의 좌표로 볼 수 있다는 것입니다. 좌표론에서는 이런 부분을 가지고 적용하는 논리를 관찰해 볼 것입니다.

2. 地藏干

地藏干 하는 것 한번 봐 보십시오. 地藏干은 좌표론과 뗄 수가 없는 것인데 뒤에 다시 종합적으로 다루어집니다. 命大歲論이나 地藏干의 운의 흐름 등 이렇게 적어 놓았는데 이 강좌와 연결해서 다루어지는데, 이것과 그대로 연결되어 다루어지는 것이 分論입니다. 이것은 12運星과 그대로 또 맞물립니다.

時	日	月	年
	丙		

坤命

어느 여인이 丙일날 태어났다 이겁니다. 여기에 官星을 쓰는 방법이 여러 가지가 있을 것인데 官星의 분야를 한 번 봅시다. 바닥에 亥子丑 어느 것이든 들어올 수 있죠? 亥중의 壬水, 子중의 癸水, 丑중의 癸水 그다음에 辰중의 癸水, 天干에 드러난 壬癸가 있고, 申중의 壬水가 있겠죠?

▣ 丙일주에 官星으로 쓸 수 있는 경우
   壬, 癸, 亥, 子, 丑, 辰중의 癸水, 申중의 壬水

남편이 몇 종류가 됩니까? 7종류잖아요? 칠종남편이라는 것이죠. 칠종남편의 삶의 모양이나 내용이 다 다르다는 것입니다.

　남편을 의미하는 별이 여러 개가 드러난 사람 말고 하나가 드러난 경우를 봅시다. 丙일날 태어난 사람이 天干에 드러난 癸水를 남편으로 쓴다면 이 사람의 직업인 환경이나 특성은 무엇일 것이다? 그다음에 癸水가 나에게 하는 작용은 무엇일 것이다. 그다음에 '이 사람은 어떤 운의 흐름으로 흘러갈 때 어떻게 살것이다.'라고 하는 것입니다.

　그래서 申중의 壬水를 남편으로 두고 있는 사람은 이 사람의 직업적인 특성은 무엇일 것이다? 그다음에 경제적인 활동력은 어떨 것이다? 그런 것을 그대로 꼽고 연습을 해야됩니다.

　申金을 쓰는 남편, 辰 속의 癸水쓰는 남편, 丑중의 癸水남편, 子, 亥, 壬, 癸 이렇게 7종류의 남편을 연구하면 답이 다 나온다니까요.

　그다음에 하나가 더 있는데 丙일주 같은 경우에는 辛을 봐서 合을 봐서 돈을 따라가다가 만나는 남편이 있거든요. 丙이 辛을 안아서 다시 化해서 五行的 水를 얻어서 남편이 나오죠. 돈 따라 가다가 만난 남자. 이 8가지를 전부 다른 모양으로 볼 수 있어야 된다는 것이죠.

　포장은 丑이요 안에 들어 있는 것은 癸水다. 또는 子水다. 子水라고 해도 좋습니다. 水氣끼리 힘의 경중 즉 드러난 것과 숨어 있는 것의 실질적인 작용력의 범위 이런 것들을 무엇을 통해서? 地藏干을 통해서 완전히 구별해 놔야 된다는 것이죠.

時	日	月	年	**命**
	丙	壬		
		午		

 예를 들어서 이런 경우가 있습니다. 기본적으로 월에 劫財나 羊刃이 있어서 서방을 분탈 즉 빼앗아 가려는 작용력이 활발하므로 성혼의 운에서 사연을 거친 남편을 만나거나 투婚을 하거나 하면 반드시 그 남편이 어떻다고요?

 壬을 중심으로 볼 때 丙 자신은 偏財가 되죠. 壬이 丙을 보면 偏財죠? 그리고 午를 보면 正財죠? 그러니까 어느 것이 더 아름답습니까? 正財를 먼저 끌어 안겠죠? 투婚을 하면 반드시 부부간에 문제가 생기고 그다음에 성혼이 늦는 것이 좋다는 뜻인데, 어찌 되었든 드디어 壬이 나와 짝이 지어졌다는 것이죠. 짝지어졌을 때 壬水남편의 직업은 무엇이겠느냐 하는 것이죠?

 지금 설명하는 것이 좌표론하고도 맞물리고 地藏干하고도 맞물리고 다 맞물립니다. 반드시 이 사람은 名에 있는 사람이냐? 實에 있는 사람이냐? 하는 것이죠.

 名에 속해 있는 사람이다. 그렇다면 조직사회에 활동하는 사람인데 丁이 옆에 있어서 合에 의해 탁해있지 않으면 반드시 만인이 그 사람은 그래도 방송출현이든 무엇이든 아무튼 밖으로 남들이 다 알만한 그런 사회적인 직책 즉 그것을 公이라고 한다는 것이죠.

공직 또는 명예직 형태의 직업특성을 가진 남편이라면 무조건 그 범위내에서 '발전 세월을 거치게 되고' 입니다.

時	日	月	年	命
	丙			
		亥		

거꾸로 월에 돼지 亥자가 있어서 돼지 亥자 남편을 쓴다면 이 사람은 어디에 있는 사람이라고요? 명예에 있는 사람이 아니고 實力에 있는 사람이라는 것입니다. 이 實力은 주로 경제적인 실력을 의미합니다. 사업 활동을 왕성히 이루는 남편이 된다는 것이죠.

時	日	月	年	命
	丙			
		丑		

地藏干으로 들어갑니다. 丑에 있다는 것은 거의 子水와 흡사하게 보면 되는데 포장이 丑으로 놓여 있어서 子水로서의 작용이 약 10분의 6정도 이루어지는 사람이 됩니다. 그래서 열흘 동안에 正官작용이 6일정도 이루어지고 4일 정도는 비리

비리하다 이 말이죠. 비리비리하다는 표현은 좀 그런데 사업이 잘되는 것도 아니고 안 되는 것도 아니고 비리비리하면서 가는 것이죠.

그런 식으로 조건부로 들어간다는 것이죠. 地支에 있다고 하는 것은, 天干에 있는 것은 혼자 외롭게 있어도 名으로 따라가면 됩니다. 名으로 따라가면 아무 이상이 없다는 것입니다. 地支에 세력이 하나도 없어도 됩니다.

그러면 名으로 가는 사람 중에 땅바닥에 타협해서 살아갈 것이 없는 모양이 있다고 합시다.

時	日	月	年	命
壬	丙			
午	辰	辰		

여기에 보면 壬水가 辰월 辰일 午시라고 합시다. 壬水가 辰을 12運星으로 보면 辰에 墓, 午에 胎가 되어서 땅바닥에 자신의 뜻을 이룩하기가 어렵죠? 완전 名으로 간다는 것이죠.

이 名은 완전 名으로 가면 뭐가 되느냐면 하늘의 이치를 깨닫는 건달(乾達)로 간다는 것이죠. 뜻이 하늘에 엄청나게 높은 곳에 있는데 이 세상에 나의 뜻이 하늘에 이르렀으나 뜻을 펼칠 공간이 없어서 그것을 땅에 내려오게 할 힘이 없는 존재가 되는 것입니다.

이러한 달건(達乾) 팔자의 중에서 상기 丙辰일주의 부인의 운명이라고 칩시다. 부인의 운명이 대운이 흘러흘러 어디로 가느냐? 뒤에 亥子丑으로 흘러 壬水가 내려오는 자리가 있죠? 그 시기로 가면 辰 辰 午와 어울리면서 이미 불러놓은 노래가 있습니다. 이것이 詩란 말입니다. 乾達과 詩人은 건달의 경지에 이르기 직전에 詩人이 되거든요.

　그것이 무엇이냐? 天干的으로 던져놓은 뜻과 씨앗과 현실과 한정없는 괴리속에서 겪는 마찰음이 결국은 詩라고 하는 것입니다. 그래서 詩는 애절해야 되고 거기에 魂이 깃들어야 되는 것이죠. 魂이 깃든다는 것은 결국 반대것끼리 조화를 갖추는 것이 되는 겁니다.

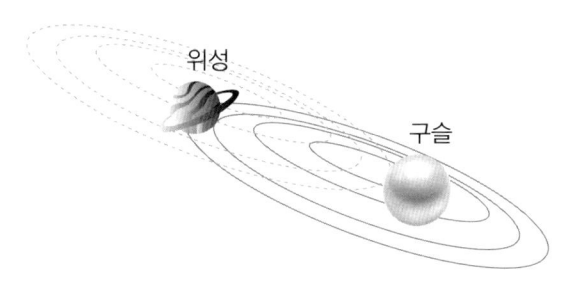

　이런 것과 같은 것이죠. 자그마한 구슬과 큰 위성이 있는데 작은 구슬이 딸려 돌거나 위성이 작은 구슬을 돌아가기 위해서 버텨야 되는 압력인데 작은 구슬과 위성을 줄을 달아서 한쪽을 잡고 휙휙 돌리면 어떻게 됩니까?

　휙휙소리가 되죠. 이것이 詩가 되고, 위성과 구슬의 크기가 비슷할 때 나오는 것이 뭐냐하면 노래(歌)가 됩니다. 이것이 내 것이 될 것도 같고 내가 딸려 갈 것도 같고 하게 되는 것이죠.

時	日	月	年	命
壬	丙			
午	辰	辰	申	

申金이 년에 있다면 이런 경우에는 가까이는 내 뜻을 이룰 수 없고 壬水입장에서 멀리는 나의 뜻을 알아주는 申이 있으니 분명히 될 수 있는 인자는 땅바닥에 드러나 있죠?

그러나 '오늘은 잊어야 한다고'가 되고 내일은 '기다려!'가 되는 것이죠. '내일을 기다려!' 라는 노래도 있죠? 기다릴 수밖에 없으니까 壬일주의 노래는 詩가 안되고 노래가 된다는 것입니다. 그래서 건달, 詩, 노래가 되는 것이죠.

時	日	月	年	命
壬	丙			
	子			

그다음에 상기처럼 日支에 가까이 내려와서 壬水의 뜻을 실현시킬 수 있는 이런 경우에는 사실은 무엇입니까? 이것에 가까운 것이 글정도가 됩니다.

時	日	月	年	命
壬	丙			
	申			

대충 세력이 있는 경우가 위의 경우 정도입니다.

時	日	月	年	命
壬	丙			
			亥	

 그 외에 그 글자 그대로 땅바닥에 실현이 되어있어서 자기 天干的인 뜻과 地支的인 뜻이 서로 마찰이 없을 때는 이미 이루어졌기 때문에 말이 없는 것이죠. 먹은 놈이 말이 없는 것이죠. 그것과 똑같은 것입니다. 그래서 天干에 壬水가 드러나 있을 때 그런 식으로 따라가 버려서 서방이 완전히 맹해지거나 건달로 갔다면 아무런 상관이 없는 것입니다.

 子가 오든, 丑이 오든, 寅이 오든 뭐가 오든 아무 상관이 없는 것입니다. 서방님이 매일 아침되면 나가서 골프치고 와서 점심을 먹고 바둑을 한 수 두고 그렇게 사니까 子丑寅卯, 木火土金水 다 돌아도 아무 이상이 없더라는 것입니다. 50년을 아버지가 물려준 건물 임대료만 받으면서 이빨만 쑤시고 해도 아무 이상이 없더라는 것이죠. 그러니까 木火土金水의 운동에 영향을 안 받더라고 하는 것이죠.

그것이 무엇이냐? 分을 따랐다는 것입니다. 壬水처럼 이렇게 태어나서 세상에 별로 할 것이 없어서 나는 무엇을 하였노라? 乾達을 한다는 것입니다. 건달은 원래 자기를 높이는 말이죠.

"건달이라 불러다오!"

건달이라고 하는 것이 아주 긍정적인 의미이죠. 주먹쓰는 사람들이 자꾸 건달이라고 하면서 건달의 의미가 많이 퇴색이 되었습니다.

그다음에 이 壬이 땅 바닥에 내려와 있는 형태를 볼 때를 잘 한번 봐 봅시다.

3. 地藏干과 運의 흐름

地藏干속에 있는 형태

時	日	月	年	命
癸	丙			
			辰	

아까 辰속에 있는 형태가 있었죠? 辰중의 癸水, 辰 속에 있는 癸水를 남편으로 쓴다면 드러난 癸水와는 다를 것 같다는 것이죠.

드러난 癸水는 무엇이냐? 비록 돈은 없지만 명예가 대충은 높은 명예이거나 순수한 명예직 성격의 명예라고 하는 것이죠. 高官이나 대체로 높은 성격의 명예로서 되는 것은 天干的으로 드러나서 훼손이 없는 경우가 됩니다.

辰중에 숨어 있는 癸水는 무엇이냐? 五行的으로는 土라고 하는 인자에 꽉 갇혀버린 癸水인 것이죠.

時	日	月	年	命
癸	丙			

天干 癸水

여기서의 癸水는 이미 名을 얻었으므로 세속의 일을 부인에게 맡기고 살아버리면 아무 이상이 없습니다. 훈장 받은 사람 비슷하게 취급을 해서 놀이터에 가서 훈장만 보여주면 그냥 공짜로 들어가고 하는 것이죠.

時	日	月	年	命
癸	丙			
			辰	辰중 癸水

이 경우에는 辰 중의 癸水를 쓸 때는 어떤 서방과 짝을 지어야 되느냐? 말 그대로 지게꾼서방, 밤도깨비, 등대지기 남편 즉 地藏干속에 있다라고 하는 것은 결국 사회적인 역량이나 활동이 주변 인자에 의해서 가변적이라고 하는 것이고 가장 일반적인 형태는 사회적으로 크게 자기의 이름이나 역할이 드러나지 않는다고 하는 것이죠.

지게꾼 서방

그래서 그 사람의 사회적인 활동이나 행위가 지게꾼 서방이 장사를 한다면 아침에 지게를 하나 짊어지고 가서 손님을 하나 받아서 짐을 옮겨주고 나서 집에 들어오면 되는 것이죠. 망할 것이 없는 사업이죠.

❖ 밤도깨비 서방

그다음에 밤도깨비는 무엇이냐? 낮에는 생수나 떠다주고 왔다갔다 하다가 낮에 드러날 수 없으니 밤에 설치고 돌아다니는 것이죠. 그런 활동력 즉 밤에 술장사를 하든지 밤에 무언가를 하니까 즉 팔자에 드러난 공간은 무엇이냐? 낮이요 드러난 공간이라고 하는 것이죠. 드러난 공간에서 드러날 수 없는 것은 그래도 밤에 드러내니까 되더라 이것이죠. 언제를 전후하여? 子時를 전후하여 드러내니까 사회적인 활동력이 어떠하더라고요? 낮에 사업가는 아니지만 밤에 사업가는 되더라고 하는 것이죠.

❖ 등대지기 서방

등대지기는 그 활동력이 지극히 소극적이고 안정적인 형태일 때가 되고 그다음에 팔자 주변에 거드는 인자가 있어서 무리를 지을 수 있는 인자가 있을 때는 지방관(地方官) 즉 天干 癸水가 高官이나 먼 곳에서 볼 수 있는 감투라고 하면 辰중의 癸水는 地方官이 되더라는 것이죠. 그다음에 그것이 변화가 많지 않은 교수직, 자격증 형태로 이 辰을 움직이게 해주거나 열어주거나 활동력을 부여할 수 있는 인자가 주변에서 간섭을 하니까 이렇게 되더라는 것이죠.

그래서 이 辰자 하나에서 갈 수 있는 범주를 머리 속에 그려

놔 버려야 됩니다. 그래서 이 팔자는 어디까지가 한계다 하고 범주를 그려놔야 됩니다.

時	日	月	年	**命**
	丙			
			辰	

 이 범주를 그려 놓아야 癸水가 없는 사람이 "우리 서방이 이번에 지역구에 출마를 합니다." 하면 지역구 사이즈를 들어보고 "이건 운이 아니라 운 할아버지가 와도 안된다." 할 수 있는 것입니다.
 그러면 그 글자에 놓여 있는 패키지의 한계라고 하는 것입니다. 패키지에 담을 수 있는 한계가 되는데 그것이 주변인자에 의해서 변폭은 주어지지만 이렇게 제한이 되어 버리는 것이죠.
 그것을 어떻게? 그것을 따르니 즉 수분(守分)을 지켜버리니까 100년이 지나도 아무 이상이 없더라 이것이죠.
 그런데 이 辰에 있는 癸水 사람이 지방관, 교수직, 자격증… 등 이러한 사람의 형식을 남편이 가지지 않고 장사를 하니까 辰을 열어서 辰중의 癸水가 활발하게 활동을 할 수 있는 亥子丑 이런 대운이나 시기에는 장사를 해서 돈을 좀 벌었다가도 그 운이 끝이 나자 말자 일시에 다 빠져나가고 다시 지게꾼 자리로 돌아오더라고 하는 것이죠.

그래서 이 分論과 앞뒤로 다 연결이 되었다고 했죠? 地藏干에 있다는 것, 드러났다는 것, 그다음에 地藏干이 드러나 있을 때에 언제 튀어나오고 들어가느냐?

남편이 어떻게 움직였다가 어떻게 다시 제자리로 돌아가느냐? 그다음에 分은 따랐느냐? 하는 것이죠. 分을 따르지 않으니 반드시 어려움이 따르게 되더라고 하는 것이죠. 五行하고 아무런 상관이 없습니다.

4. 分論

제가 제목을 달아 놓은 것의 개념을 아시겠죠?

分이라고 하는 것이 그 干支의 한계 즉 干支가 天干에 드러난 것과 地支에 있는 것이 지배할 수 있는 영역과 변화할 수 있는 변폭의 한계점을 어느 정도 이미 설정을 해놓음으로써 밖에는 무조건 아니고, 한계의 안이면 웬만하면 된다는 것입니다.

직업의 특성적 요소가 아까 설명한 지게꾼 사업과 비슷한 사업을 할 때,

"선생님, 저는 지게꾼 사업을 하면 됩니까? 군밤 장사를 하면 됩니까?"

"게나 고동이나 그게 그것이니까 아무것이나 해라!"

"그래도 선생님이 군밤을 하라고 하든지 지게꾼을 하라고 하든지 해 설명을 해주어야 할 것 아닙니까?"

그것이 다 分의 영역과 한계에서 뛰어노는 이야기이니까 이것을 해도 똑같고 저것을 해도 똑같다는 것입니다.

그런데 어떤 사람에게는 "당신은 절대로 군밤 장사는 안되고 꼭 지게꾼 장사를 해야된다."

이렇게 분리해서 설명을 해주는 사람이 있습니다. 그것이 地支의 요소에 의해서 변폭이 다른 것입니다. 分의 영역과 한계가 다른 것입니다. 그 사람은 반드시 驛馬에다가 밥그릇을

두고 있어서 한 자리에 앉아서 군밤을 구워서 팔면 망할 것이고 지게꾼처럼 뛰어다닐 때에는 어떻다고요?

밑에서 공부를 하는 제자들이 선생님을 가만히 관찰을 해보면 글자는 다 무엇이 비슷한 것 같은데 어떤 사람에게는 "너는 군밤장사를 해도 되고 지게꾼 사업을 해도 된다." 이렇게 표현을 하기도 하고, 어떤 사람이 물으니 "너는 군밤장사는 절대로 안되고 꼭 수레바퀴 장사를 해야 된다." 이렇게 설명을 하는 것이죠. 발에다가 수레바퀴를 달고 뛰는 것이라야 된다.

이렇게 구분하게 되는 벽이나 선이 바로 글자 자체가 가질 수 있는 범위 이것을 어떻게 구분하느냐에 따라서 답은 달라진다고 하는 것이죠.

공부하는 학생들의 입장에서 바라보니 비슷한 팔자 같은데 어느 팔자 보고는 바퀴달린 장사를 하라고 하고, 辰중의 癸水 보고는 "너는 군밤장사나 지게꾼 장사하나 똑같다."라고 하는데 선생님 마음대로 떠드는 것처럼 보고 공부를 하게 되는 것이죠. 그런데 사실은 엄격한 차이가 있는 것이죠. 그것이 分의 범위라고 하는 것이죠.

地藏干, 地藏干 흐름의 운, 分 이것이 전부 연결이 다 되어있습니다. 그러니까 팔자를 한눈에 보고 이 글자는 어디에서 어디까지 가고 어디에서 쓰러진다는 것을 아는 것입니다.

5. 格과 旺者

時	日	月	年
壬	丙		

坤命

　그다음에 12運星이 나오죠? '格또는 旺者의 의미'에서, 丙일주가 壬水남편을 쓸 때, 子平이론을 엄청나게 공부를 하다가 어느 분이 깨고, 제가 강의를 한 12運星論을 가지고 "야! 그렇구나!" 하고 자기는 막 장담을 한 것이에요.
　상기 명조가 여인의 운명인데 壬水가 남편이죠? 여인의 대운이 巳午未 대운을 지나가더라는 것이죠. 이때에 壬水의 사회적인 활동력이나 역량은 어떻게 되겠느냐 해서 12運星으로 壬水의 모양을 보면 巳에서 보면 絶이요 午에서 보면 胎, 未에서 養으로 해서 巳午未 火운에서 壬水의 활동을 극해하죠?
　이런 大運속에서 이분이 무엇을 상담을 했느냐 하면 예를 들어서 명예직 모임이 있죠? 약사회 모임도 있고 여러 가지 모임이 있겠죠? 그 모임에서 남편이 출마를 하려고 왔는데, 남편의 명조를 보면 좋은 것 안 좋은 것 어지럽게 섞여 있어서 부인의 명을 보니 남편의 별이 확연히 드러나서 巳午未대운에 낙방이라고 한 것이죠.

"만약에 붙으면 12運星이 없는 것입니다." 한 것이죠.
그런데 내용은 붙은 것이에요. 그래서 쫓아 온 것이에요.
"박청화씨! 12運星도 안 맞는 것도 있습니다."
"그게 뭔데요?"
"이런 모양에서 巳午未대운으로 가면 분명히 사회적인 역량을 잃어야 되는데, 아니면 몸이 아프든지 돈이 나가든지 해야 하는데 왜 출마해서 당선이 되는 것도 있습니까?"
출마해서 당선된 것을 묻는 것은 아니고, '왜, 되는 것도 있느냐?' 묻는 것이죠.
"필시 그 사람은 명예 출마를 하였거나 해외비즈니스를 하였다." 하는 것이죠. 사업이라고 하면 해외 비즈니스가 되는 것이죠.
그러나 그 사람은 그런 대운에 섰다면 사업적으로 활동을 구하면 반드시 거덜이 났을 것이라는 겁니다.
사실 사업적으로 힘들게 지나고 건달처럼 8개월 정도 있다가 주변에서 "나가라, 나가라!" 하는 바람에 나가서 당선이 된 것입니다.
"1단계 말고 2단계까지 공부를 하고 가야 될 것 아닙니까?"
그렇게 이야기를 했는데 이런 巳午未운에도 名은 이루어진다는 것이죠. 그리고 사업적으로 큰 성공은 많지 않지만 작은 성공이 이루어지는 경우에는 표면에서 이루어지지 않으니 이면에서 이루어진다는 것이죠. 앞쪽 마당이 巳午未이니까 뒤쪽 마당은 亥子丑이잖아요. 그래서 實로 내려오려고 하면 즉 재물로 내려오려고 하면 이 巳午未 땅에서는 힘을 못쓰니까 반대땅으로 가라고 하는 것이죠.

그래서 해외비즈니스를 하면 경제적인 보상은 이루어지는데 그런데 그 돈을 싸서 한국에 오면 또 녹아서 없어져 버립니다. 왜냐하면 이 땅은 무엇을 용납하지 않는다? 巳午未로 亥子丑을 용납하지 않는다고 하는 것이죠.

이것이 위에 말한 分도 되고 透干, 地支의 관계도 되고 다 되죠? 주제가 거의 다 연결이 되어 있는 것이죠.

12運星에 의해서 결국 名을 일으킬 수 있느냐, 實을 이룰 수 있느냐? 그리고 사회적으로 어떤 일을 성취해 나갈 수 있느냐? 이런 것들을 12運星에서 어떻게 움직여주느냐 하는 것을 보는 것이죠.

時	日	月	年
壬	丙		
	子		

命

12運星과 같이 봐야 할 것이 地支입니다. 命大歲論에서 다시 다루어지지만 地支에서 어떻다고요? 子가 다른 12神殺에 의해서 어떻게 움직여 줄 것이냐? 그다음에 子가 가지는 순수한 요소가 되는 癸水가 어떻게 움직여 줄 것이냐? 이때도 '分을 따르면 살 것이요.'가 되거든요.

하늘끼리는 반드시 五行的 반대 기운과도 스스로 풀어지더라도 地支끼리는 어떤 형태로든 희생시키는 양상을 가지는데 午가 와서 子를 어떻게 하니까? 子가 午를 만나서 땅 속으로 기어들어가 버리니까 午가 밖을 아무리 왔다 갔다 하면서 지키더라도 子의 훼손이 되지 않더라고 하는 것이죠.

인체에서도 마찬가지이겠죠. 인체에서도 어떤 기운이 밖으로 드러나기 시작을 할 때 그 밖에 있는 기운이 안으로 들어가 버리면, 그 사이에는 사실은 어떤 작용이냐고 하면 수축과 발산이라고 하는 아주 건강한 작용이 되어 버리는 것이죠.

밖에 튀어나올 것이 튀어 나와 있고, 안으로 들어갈 것은 들어가 버리고 또 들어가 있던 놈이 어느 주기 속에서 튀어나와서 안으로 들어갈 것을 밀어 넣어 버리는 것이 이게 잘 되는 것이 생명활동이 아주 건강하게 이루어지고 있다는 것이죠. 五行的인 순환도 아주 건강하게 된다는 것이죠.

12運星하고 12神殺하고 天干에 움직이는 것, 地藏干에 있는 것들의 12運星 그다음에 地支에 드러난 것의 12運星 이런 것들을 비교를 한 번 해보자고 하는 것이죠.

時	日	月	年	命
	丙			
			辰	

丙일주가 辰중에 있는 癸水남편을 쓰는데 이 辰중의 癸水가 子년에 祿을 이루죠? 이러니까 '어떤 일들이 이루어지더라!' 하는 것이죠. 辰 중의 癸水가 天干에 드러난 癸水와는 양상이 다르다고 하는 것이죠.

天干에 드러난 癸水가 子운이 왔을 때는 말 그대로 명실공히 또는 자타가 인정하는 사회적 경제적 성취가 이루어지고 즉 명실공히가 되는 것이고, 辰 중에 癸水는 원래 名은 없었는데 實만 따랐으니 우연히 넓은 집을 사게 되거나 경제적인 보상을 이루게 되더라는 것이죠.

"좋다, 좋다." 하는 것으로 묶어 버리면 되겠죠? 무식하게 점을 보는 방법은 子년이 오면 天干 癸水를 쓰는 사람이나 辰 중에 癸水를 쓰는 사람이나 "어찌 되었든 좋다.", "운수가 대통했다." 이런 포괄적인 말로 묶으면 되겠지만 그러나 전문가의 눈에서는 이것을 구분해 주어야 된다는 것이죠. 天干의 癸水가 子운을 만났을 때와 地藏干 辰중에 癸水가 子운을 만났을 때 일어나는 일들은 다르다고 하는 것이죠.

그래서 12運星的으로 똑같은 癸水가 子운에 建祿을 띄운다고 하더라도 드러난 것의 결과는 다르다고 하는 것이죠.

辰중에 癸水는 이런 경우 코쟁이 지갑 잡고 갯돈타고 하는 것이죠. 그런데 天干의 癸水는 큰 용역이나 이권을 따서 경제적인 보상을 크게 이루어내는 것이죠. 상기 설명의 요소에 의해서 12運星을 다루어 볼 것입니다.

6. 干支와 현실

干支와 현실에서 다루어질 것들은 동일한 干支속에서도 사는 모습이 다른 것도 사람의 사는 모양이 다 다른데 다 다를 수 있는 것의 가변적인 폭을 干支배열을 통해서 보자고 하는 것이죠.

어떤 팔자 중에는 이런 팔자도 있습니다. '복불복' 팔자도 있습니다.

복불복 팔자가 왜 오느냐 하면 오늘 예문으로 쓰려고 했던 팔자가 복불복이 된 이유가 있습니다.

91년도인지 언제 있었던 일인데 이분이 농담 비슷하게 하면서 이분이 사주를 엄청 많이 보러 돌아다니면서 자기 팔자를 제산 선생님한테 가서 물어본 적이 있었다는 겁니다.

제가 한참을 보다가 뭐라고 했느냐 하면 "당신 팔자를 보니 복불복이다. 되면 크게 되고 안 되면 아무 것도 안 된다." 그렇게 이야기를 하니까 이분이 박장대소를 하는 것이에요.

제산 선생님한테 가니까 자기 팔자를 보고 "당신 팔자는 복불복이니까 중요한 일이 있을 때마다 꼭 보러 오라!" 했다는 것이에요.

복불복이라고 하는 공통적인 답이 얻어지는 것이 무엇이냐 하면 자체가 어느 정도 변화의 폭을 줄 수 있느냐를 생각을 해서 아주 확률적으로 올 수 있는 것을 이해해야 하는 것입니다.

이것을 안 틀리게 적는 방법이 있습니다. 안 틀리게 적으려고 하면 사주의 干支가 가질 수 있는 가지 수를 다 적는 것입니다.

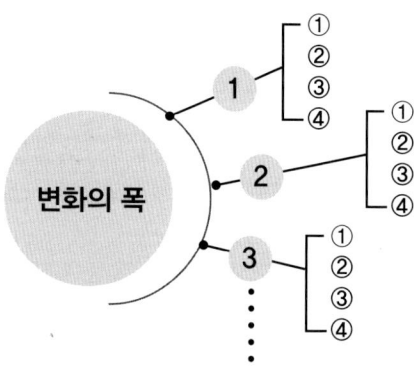

1~4번의 선택의 가지 수 안에 걸려 든다고 하는 것이죠. 이것을 다 쓰려고 하면 엄청나게 적을 것이 많은 내용으로 길어지겠죠? 특정한 시기에 선택적으로 갈 수 있는 기로에 서 있을 때 구체적인 상황이 자기 현실 속에서 자기가 어느 방향으로 기울어서 가기 때문에 어느 한쪽으로 휘어져 나간다면 이렇게 저렇게 흘러가는 방향성을 알 수 있겠죠? 그러니까 특정 시기가 되면 문의하라고 제산 선생님은 적어 놓았다니까요.

그것이 바로 선택적이고 확률적인 상황이 오는데 큰 범위를 몰라서가 아니라 이런 선택적인 환경에서 이런 결과로, 저런 결과로 드러날 수 있다고 하는 것이죠.

사람들은 무엇을 원하느냐 하면 과녁에 적중하는 것을 원한다고 하는 것이죠. 운명을 향하여 또는 숙명을 향하여 정해진 것이 있다고 하면 이 가운데를 정확하게 꼽을 것을 기대한다는 것이죠.

이것이 아니라는 것입니다. 그러면 다 짜고 치는 고스톱이니까 우리가 공부를 할 필요도 없습니다. 3을 내면 2를 먹고, 팔광 나오고 이런 식이면 우리가 이 공부를 해야 할 이유가 없다고 하는 것이죠.
실제 干支와 현실에는 차이가 상당히 많이 생길 수가 있는데 대가의 눈이라고 하는 것은 다른 것이 아닙니다.
대가의 눈은 장담할 수 있는 것과 장담할 수 없는 것의 경계점을 어느 정도 파악하고 있다고 하는 것이 대가의 안목이나 눈이라고 하는 것이죠.
전문가의 손길도 마찬가지이거든요. 이것이 올 수 있는 범주와 한계점들을 미리 파악하고 있는 것이 전문가죠. 어떤 상황이라든지 문제점이 발생했을 때 이것은 아무리 봐도 여기가 한계다. 그리고 이 안에 있는 것은 분명하다. 그 범주를 정확하게 잡아 낼 수 있다고 하는 것이 전문가이고 이 학문에서도 마찬가지로 대가의 눈을 터득하는 것이죠.

干支와 현실사이의 차이점이라고 하는 것은 전에 타이틀에서도 다루어 봤지만 사중생(死中生)이라고 했었죠? 죽었는데 살아 있더라고 하는 것이죠. 몇 종류 했었죠.

팔에 쇠고랑을 차고 법무부에서 주는 밥을 먹고 있으니까 살아있고, 그다음에 大雄과 함께 있으니까 운명의 그물에 걸려들지 않더라고 하는 것이죠. 그다음에 발목에 쇠고랑을 걸고 누워있다. 그다음에 완전한 건달이라서 뭐든지 면제라고 하는 것이죠. 완벽한 달건이가 되면 모든 것이 면제가 되거든요.

이것이 이제 죽었는데 살아 있는 것과 같은 현실이 오는 이유는 앞에서 설명한 것처럼 이면에 들어가야 할 때 들어가 버리니까 서로의 존재 양식이 완벽하게 짜지더라고 하는 것이죠.

햇빛이 비치는데 내가 그늘에서 빌붙어 살려고 하니까 계속 문제가 발생을 하다가 자기가 숨어 버리니까 문제가 없더라고 하는 것이죠.

그런데 여기서 자기가 햇빛을 쬐어서 말라 죽는 존재 그 결과는 죽고 살고의 차이가 되는 것입니다.

食神이나 傷官이 활동성을 열어주는 별인데 똑같이 食神 傷官을 쓰더라도 丙일주 같은 경우에는 地藏干에 餘氣로서의 土氣가 굉장히 많거든요. 寅申巳亥에 다 들어있죠. 그다음에 辰戌丑未는 다 食傷이고, 그다음에 戊己가 다 食傷이고 그다음에 午중에도 傷官이 들어가 있죠.
그러니까 丙이 食傷을 쓰는데 이렇게 많다고 하는 것이죠.

	木	火	土	金	水
1	甲, 乙	丙, 丁	戊, 己	庚, 辛	壬, 癸
2	寅, 卯	巳, 午	午중己	申, 酉	亥, 子
3	辰중乙	未중丁	未	戌중辛	申중壬
4	亥중甲	寅중丙	辰	巳중庚	丑중癸
5	未중乙	戌중丁	戌	丑중辛	辰중癸
6			丑		
7			巳중戊		
8			寅중戊		
9			申중戊		
10			亥중戊		

寅중의 戊土, 申중의 戊土, 巳중의 戊土, 亥중의 戊土 다 다르고 辰戌丑未 다 다르고 天干의 戊己 土 다르고 午중의 己土가 다 다르다고 하는 것이죠.

이것의 나누어진 모양을 잘 쪼개어서 보면 戊己라고 하는 것은 말 그대로 수(秀)이죠. 밖으로 투(透)가 秀에다가 쉬엄쉬엄 갈 착 자를 붙여 놓은 것이니까 밖으로 확연하게 그 모양이 드러나 있는 것이죠.

戊己 같으면 말 그대로 폼이 나는 모양이 있든지 브랜드가 있는 모양이라고 하는 것이죠.

'드러나서 수려하다.', '투출 되어서 광이 난다.' 그다음에 辰戌丑未 食神도 있고 傷官도 있는데 食神의 용도는 주거나 생활양식으로서 필요한 것이고 그다음에 실용이라고 하는 것입니다. 컨셉트 카라고 하는 것이죠. 자기의 생활이나 활동의 용도적인 차원에서 사용되는 컨셉트카라고 하는 것을 알 수 있죠.

傷官은 유흥성이나 오락성이나 다른 용도로 쓰여질 수 있는, 여러 가지 용도로 바꿔쓸 수 있는 그런 용도 형태의 모양일 것이고 寅申巳亥에 있는 것은 단순하게 그 글자 자체로서 단순하게 驛馬로서 움직여지는 형태가 되겠죠. 단 드러나지 못하였으므로 무리 속에서 어울려 있는 정도이다. 무리지은 것은 1500~1800cc 정도다.

그다음에 컨셉트카는 용도따라 다르겠죠? 컨셉트카는 용도 따라 다른데 그래도 땅바닥에 있다는 것은 실용 즉 용도에 따라서 얼마든지 배기량이 커질 수 있다고 하는 것이죠. 커질 수 있는 것이니까 용도 따라서 1800에서 3000cc 정도까지, 그런데 디젤도 있을 것이고 까스차도 있을 것이고 전부 다 용도 따라 넘어가는 것이죠.

그다음에 戊己는 地支에 세력이 있느냐 없느냐 따라서 다르겠지만 1800~3000cc까지 있다고 하면 적어도 브랜드가 고급 외제차입니다. 그런 식으로 드러나서 보기가 좋다고 하는 것이죠.

그다음에 午중의 己土 이런 것이 겁이 나는 것인데요 午중의 己土가 사실은 地藏干에 있는 것 중에 엄청나게 파워가 쎈 놈입니다.

"나는 2등만 할 것이다." 하거든요.

戊己가 1800~3000cc 정도라고 하면 午중의 己土는 여러가지 브랜드가 있지만 2등쯤 되는 명차가 있죠? 2등 브랜드인데 4000~4500cc 정도가 되는 것이에요. 하여튼 그 食神이나 傷官의 성능이 빵빵한 것이라는 겁니다.

丙의 食傷이 되는 형태의 모양을 보고 寅申巳亥속의 食傷밖에 없는 사람이 寅중에 있는 戊土정도로서 食神을 삼는 사람이 3000cc 타니까 유지하지 못 할 일이 생기더라고 하는 것이죠.

그것이 무엇이냐 하면 기본적인 分이 무엇이냐 하는 것하고

分은 무엇에 의해서 바뀔 수 있습니까? 命大歲 즉 대운이나 세운의 변화에 의해서 결국은 이런 것을 얻었다.

時	日	月	年	命
	丙			
	寅			

丙寅일주라고 寅중의 戊土 밖에는 食傷으로 못썼는데 午대운을 만났다 이 말이죠. 그러니까 食神 傷官이 득세를 하죠? 득세를 하니까 1800cc 팔아버리고 갑자기 고급외제차로 넘어가 버리더라고 하는 것이죠.

그러니까 시기에 따른 分이죠. 시기에 따른 分이 어떤 식으로 변화가 된다고요? 午를 만나서 午의 작용이 활발하여지니까 고급외제차 급으로 바뀌더라고 하는 것이죠.

그래서 그것이 경험적으로 누적을 하면 이 사람은 대강 몇 평 정도에서 살고 있고, 이 사람은 새 집 지어서 들어가 있고, 저 사람은 헌 집에 들어가 있고 이런 것을 다 볼 수가 있습니다.

공부를 한 참 열심히 해서 맞추기 중심으로 넘어갈 때,,, 分이 다 다르다고 하는 것이죠.

팔자를 볼 때는 그냥 그림책 읽듯이 읽으면 됩니다. 寅 중의 戊土가 食神이므로 차는 새차인데 무리속에 섞이어 있는 차라고 하는 것이죠. 그래서 1500~1800cc의 차이다.

1500~1800cc가 가장 흔한 차라고 한다면 그렇다는 것이죠.

그렇게 설명을 하면 딱 그대로 삶니다. 팔자를 분석하기 위해서 맞추기만 하기 위해서 할 때는 이런 논리로서 결국은 쪼개어 놓고 가야 된다는 것이죠.

7. 三合과 武器論

삼합과 무기론은 본 과정에서 상세히 하기로 하겠습니다.

8. 三子宮論

이것은 사실 인간을 만물에 대비해서 본다면, 만물에 대비했다고 하는 것은 陽的인 존재라고 하는 것이죠. 즉 움직임이 있는 존재라고 하는 것이죠.

어떻게 보면 모든 동물은 陽的인 역할을 많이 하고 있는 것이죠. 인간이 가장 큰 변화를 주도하여주는 인자이기 때문에 만물하고 대별했을 때 만물이 陰이라고 한다면, 만물에 대비해서 陽的이라고 볼 때 누구나 다 三子宮에 의해서 개인의 운명에 영향을 받는데 운명에 영향을 주는 첫번째 자궁이 母體가 되는데 누구든지 태어나면 떠난다고 하는 것이죠.

그다음에 여기서 두번째 子宮이라고 하는 것은 이성의 뜻을 얻어서 결국은 陰陽의 뜻을 얻는 자궁입니다. 여인은 남자를 만나는 것이요. 남자는 여인을 만나는 것이라는 겁니다.

자식을 만든다는 것은 子라고 하는 것이 모든 것의 씨앗, 모든 것의 원인 이런 뜻이죠. 모든 것의 원인이 누구나 다 母體로서 시작이 된다는 것입니다.

두번째의 子宮은 배우자입니다. 여인에게는 남자가 하나의 자기 삶을 만들어내는 씨앗과 같은 역할을 하는 것이죠. 현실이 그렇죠?

이때부터는 무엇의 영향을 받는 다는 것입니까? 배우자의 영향을 지속적으로 받으면서 살아요. 그것을 운명적인 논리가 아니라 상식적으로 생각을 해도 알 수 있는 것이죠.

이것이 고정되어 있는 것이 아니라고 하는 것이죠. 가변이라고 하는 것이죠. 그래서 어떤 배우자에 의한 인자를 얻느냐에 따라서 자기 삶의 방향은 또 새롭게 시작이 된다고 하는 것이죠. 그리고 모체를 떠나 새로운 자궁을 만나기 전까지는 지속적으로 영향을 받더라고 하는 것입니다. 새로운 자궁을 만나기 까지 일정기간동안 영향을 받더라고 하는 것입니다.

두 번째 자궁을 만날 때가 되면 복잡한 양상으로 들어가는 것이죠. 모체의 運氣的인 변화, 배우자의 運氣的인 변화 이런 것에 의해서 자신이라고 하는 존재는 끝임없이 영향을 받으면서 결국은 자기의 타고난 干支的인 실현을 만들어나가더라 하는 것이죠.

극단적인 경우에는 충분하게 자기 干支的인 삶의 실현의 인자가 있음에도 불구하고 그것을 그러한 영향 때문에 결국은 이루지 못하는 것이죠. 대체로 모체가 주는 영향은 양적(量的)인 높낮이를 주는데 경향성은 개인적인 것을 더 많이 따라요.

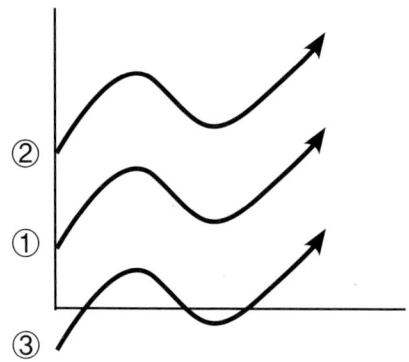

 자기 개인적인 운이 그림처럼 ①번의 모양새로 흘러가겠죠? 모체가 주는 영향력이 관여를 하고 있으니까 주기를 타더라도 그림상의 ②의 형태로 다른 주기를 타더라고 하는 것이죠.
 그다음에 그 인자가 상승적인 인자가 아닐 때는 그림의 ③의 형태로 이렇게 타더라고 하는 것이죠. 그래서 어느 시기에 ②번의 사람은 이런 것이죠. 호주머니에 1000원을 들고 있으면서 100원을 더 번다고 하면, ③번 주기의 맨 밑의 사람은 -200원에서 100원을 더 벌기 때문에 절대적인 수준은 더 나아졌다고 하더라도 현실적인 상황은 여전히 힘든 상황이 전개되고 있다는 것입니다.
 ②번의 사람은 내리막으로 들어갈 때 10억을 들고 있는 사람이 그해에 1억을 까먹었다고 합시다.
 ①번 사람은 1억을 들고 있는데 1억을 까먹었다. ③번 그래프 사람은 뭐냐? 0에서 즉 아무것도 없는 것에서 1억을 까먹었다.

주기는 똑같이 자기 개인적인 운을 겪었는데 실제 그 사람들의 현실은 어마무시한 차이가 있더라고 하는 것이죠. 똑같이 손재수가 들어서 1억원을 까먹었는데 10억에서 1억을 까먹은 사람은 "돈이라고 하는 것이 있다가도 없다가도 하는 것 아닌가?" 하고 가볍게 받아들이고, 1억밖에 없던 사람은 거의 거덜이 난 것 아닙니까? 맨 밑의 사람은 0에서 -1억이 되어 버리니까 완전히 죽는 것이죠. 그래서 그런 현실적인 차이에서 양적(量的)인 수준을 가늠해주는 상승 효과를 모체에서 그대로 받더라는 것입니다.

저번 시간에 우리가 전생의 직업이라든지 이런 것을 테마 중에 다루어 보았죠? 전혀 새롭습니까? 태중에 있을 때 아버지의 직업이 그 사람의 직업적인 성향이라고 하든지 또 그 사람이 보상받아야 하는 즉 아버지가 남을 위해서 열심히 봉사활동을 했다면 자식의 직업적인 현상이 보상을 받는 직업의 형태로 잘 이루어져 나가더라고 하는 것이죠.

아버지가 고리 대금업을 했다고 합시다. 그렇게 하니까 자식이 뭔가 열심히 갚아 주어야 되고 돌려주어야 되는 별로서 똑같은 별을 두고 커의 작용이라고 하는 것은 서로를 일정 부분을 희생시켜서 용도를 맞추는 것인데 아버지의 대에서 고리 대금업을 해서 많이 빼앗아 오니까 자식대에서는 그것을 도리어 나누어 주더라고 하는 것이죠.

그다음에 모체와 배우자를 떠나서 영향을 주는 것이 지태(地胎)입니다. 어떤 터전에서 가느냐 하는 것입니다. 이것도 陰陽관계라고 하는 것입니다. 그런 식으로 이런 인위적인 환경의 요소가 영향을 주더라고 하는 것입니다. 우리가 이땅을 선택했습니까? 이 땅에 태어났다고 하는 것이 이렇게 행복한 것인지 몰랐다는 것입니다.

우리에게 영향을 주고 있는 이런 환경인자가 상승의 인자나 불안의 인자로 영향을 주고 있다는 것입니다. 그래서 팔자를 보면 별 볼일없는 팔자들도 그렇게 잘 사는 것은 상기 三子宮의 요소가 영향을 주더라고 하는 것입니다.

현금은 안 들고 있지만, 四柱의 干支에 의해서 드러나는 것이 있죠? 이런 것들에 의한 특징은 있지만 실제 살고 있는 내용을 들여다보면 현실에서 보여지는 내용은 차이가 많이 납니다.

팔자를 봐서 "당신, 농사꾼이지요?" 하면 "예, 맞습니다." 하고 대답을 합니다. 그런데 땅값이 올라 큰 부자가 되어서 점을 치러 오면 "야, 대부가 왔네!" 적어줍니다. 점을 잘 보는 사람에게 가면 그렇게 이야기를 한다는 것이죠.

도대체 이것이 뭐냐 이거에요. 분명히 5년 전까지만 해도 농사를 지었는데, 5년 뒤에 점을 치러 가니까 대부가 왔다고 적어주는 것이죠. 그러한 것을 어디에서 알 수 있습니까? 바로 모체, 배우자, 地胎에 의해서 현실적인 결과가 드러나는 것을 알 수 있다고 하는 것입니다.

모체, 배우자, 地胎 중에서 하나만 잘 만나도 잘 삽니다. 하나만 잘 만나도 최소한 바닥은 안 치고 잘살게 됩니다. 아무리 그림과 같은 주기가 흘러도 그래프상 윗 그룹에 주기를 띄워 놓고 잘살거나 헤매는 것하고, 바닥에서 헤매는 것하고 사는 것이 다릅니다.

　모체, 배우자, 地胎 어느 것도 못 만났다고 합시다. 즉, 인간과 짝을 짓는 大陰陽을 하나도 못 만났다고 합시다. 그래서 즐거운 일이 없었다고 하는 것이죠. 60년이 아니라 80년이 지나도 즐거울 일은 별로 없다는 것입니다.

　干支的인 표현에 의하면 분명히 좋은 세월이 있어야 되잖아요? 만약에 지금이 金水운으로 흘러가면 火土운으로 흘러갈 때 이 火運에 최소한 뭐라도 하고 있어야 됩니까? 친정집이 아주 부자라서 어려움을 모르고 살았을 것이잖아요. 단순하게 운의 흐름만 보면 그렇게 되어야 되잖아요. 나한테 돈이 없었지만 아버지가 돈이 많았든지, 나는 그 덕에 호의호식했다는 것이잖아요. 친정집이 원래 가난해서 원래 먹고 사는 것이 힘들어 매번 헤매다가 중년에 뼈가 부서지게 일을 해서 돈을 모았는데 서방이 매번 돈을 가져다 버리고 그다음에 나는 땅이라고 샀다 하면 물려가지고 떡을 사먹는 것이죠.

　그래서 이 모체, 배우자, 지태 중에 하나만 잘 만나더라도 상위의 그래프로 올라가는 것이죠. 그래서 인간과 큰 음양을 이루는 인자를 잘 관찰해야 하는 것이죠. 현실 속에서 살아가는 것의 삶의 내용을 볼 수 있다고 하는 것이죠.

9. 六親의 가족확장

육친의 가족확장도 마찬가지입니다. 마찬가지로 아버지의 직업적 특성이나 환경 그다음에 어머니의 직업적인 환경 여기서 드러나는 食神, 아버지의 官星 이런 요소가 어떻게 자식에게 지속적으로 영향을 주고 있는가 하는 그런 것들을 확장해 보고 그다음에 더 나아가서 三合이론을 중심으로 보면 이렇습니다.

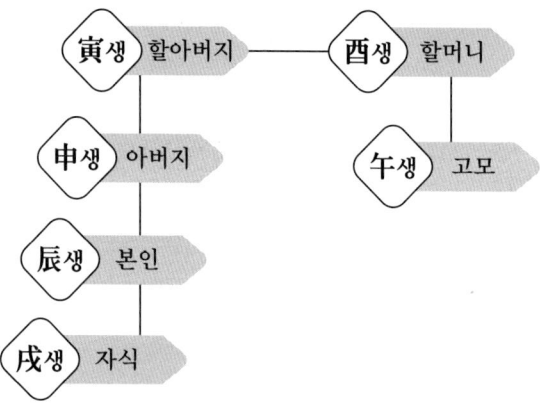

할아버지는 寅생, 할머니는 酉생, 아버지는 申생, 고모는 午생, 나는 辰생, 아들은 戌생으로 태어나서 그 집안에 그림처럼 연결되어 나가는 행위적인 업(業)이 연결되고 또 辰생 나의 干支가 어떻게 드러나느냐 하면 예를 들어서 할머니는 酉생인데 예를 들어서 나의 팔자에 丑월로 딱 내려와서 꽂히는 식으로

내려오더라고 하는 것이죠. 그다음에 고모의 띠를 타고 내려와 나의 팔자에 寅시 이렇게 내려오든지 아니면 戌시 이런 식으로 됩니다.

또 아버지의 띠에서 내려와서 또 子일이 되더라는 것이죠. 나의 팔자를 구성하는 辰丑子戌은 무엇입니까?

그 집안의 家運的인 요소를 드러내는 거울과 같은 것입니다. 그러니까 四柱捷經에 보면 〈년월이 相冲하면 이향객지 한다.〉 이렇게 나오죠. 그러면 분명히 년과 월에 뭔가 조부와 자신의 그림자를 띄워놓은 것이라고 하는 것이죠.

그다음에 日과 時에 처가와 처가속에 들어오는 인자들이 드러나서 다시 이것이 三合인자에 의해서 다시 午생 자식으로 태어나게 하고 다시 나의 辰생은 월로 三合으로 드러나고, 이렇게 해서 그 가계의 은원(恩怨), 즉 은혜와 원수가 막 치고 받으면서 밀고 나가고 하는 것이죠. 그게 어떻게 되더라고요?

띠에 의해서 그 특성이 가장 강하게 드러나는데 띠에 의해서 드러나는 것이 결국은 그 조상의 어떤 존재의 직업적인 특성이나 행동적인 성향을 그대로 떠안아서 다시 넘겨주는 작용을 한다는 것이죠.

할아버지가 범띠였고 아버지가 원숭이띠, 당신이 용띠라고 한다면 "당신은 반드시 이러한 삶의 형식과 역경을 거쳐서 어떠한 삶을 실현하게 된다." 하는 것이죠.

이것은 단순하게 陰陽 五行的 六親이 아니라, 三合에 의한 그 집안의 六親的 인 형성과 소멸과정 이런 것을 그대로 보여주는 것입니다. 그런 사례들을 몇 가지 봐서 이 집에 무슨 띠가 사니까 이 집에 이런 변화가 있다고 하는 것입니다.

時	日	月	年	命
	壬			
午		寅	申	

예를 들어서 할아버지 명조가 午가 있고 寅이 있는데, 자식은 예를 들어서 巳생이 되어서 년지 申과 六合을 한다고 칩시다. 巳생 자식이 다시 子생 자식을 낳으니까 이 손자 子생이 이상하게 자기 팔자에서 水로 쓰든 뭐로 쓰든 무시하고 조부의 財星을 무너뜨리는 작용을 하더라는 것입니다.

상기 예문의 팔자에서 申은 누구였느냐 하는 것이죠. 寅과 午의 뜻을 구축할 때 무엇의 뜻을 져버렸어요? 申의 뜻을 져버렸죠? 이 조부는 자기와 아버지가 물려준 가업이 되었든 아니면 아버지가 주는 재산적인 바탕, 食神 寅이 財星 午와 合하면서 월이 무리 지으면 그렇죠? 부친과 연관되어 있는 것이죠.

이 부친(申)이 子생의 할아버지의 할아버지가 되죠? 여기서부터 서로 적대적인 이질감을 가지고서 결국 서로 이반하는 것이죠? 그 뜻을 저버렸다는 것이죠. 저버리고 나서 어느 대에 가니까? 자식대까지는 버티다가 손자대(子생)에 가니까 申의 인자가 子생으로 드러나는 것이죠. 이 子생이 태어나자 조부가 몰락하기 시작하고 신체적인 고통까지 같이 동반하기 시작하는 것이죠. 그래서 그 집안에 조부라든지 아버지 팔자도 있겠죠? 결국은 짝을 어떻게 짓고 이런 자식을 낳았으니까 결국 그 집안의 家運이 기울더라는 것이죠.

時	日	月	年	命
	壬			
	子	子	申	

거꾸로 이런 羊刃이 중중하여 조부가 열심히 세상을 살면서 희생적인 양상으로 살았음에도 불구하고 번영이 되지 않다가 자식대에 가서 申을 冲하거나 子를 冲하여 무리지어 할아버지의 해로운 신을 하나씩 털어내니까 그 집안에 번영하기 시작을 하는 것이죠. 절묘하다니까요.

 그 집안에 원수는 멀리 있는 것이 아니고 그 집안의 이모 삼촌 고모들이 뒤섞여서 서로 두들겨 패고 "다음 생에 다시 또 만나자!", "다음 대에 결판을 내자!", "손자대에 결판을 내자!" 하고 있다는 것입니다. 그런 것이 가족 확장입니다. 그런 측면에서 어떤 상징성을 낳느냐 하는 것입니다.

10. 宮合

궁합이라고 하는 것은 앞에서도 설명을 했지만 인간이기 때문에 陰陽을 짝짓는 인자가 배우자라고 하는 것을 통해 짝을 짓는 행위를 통해서 이루어지는데 궁합적인 인자가 서로 얼마나 상승작용을 하는 것인가에 따라서 반드시 그 사람의 삶의 내용에 크게 영향을 받게 된다는 것이죠.

배우자가 그 배우자의 운을 상승을 시켜주는 인자가 있느냐? 또 본인도 마찬가지로 배우자에 대한 상승 인자가 있느냐?

물론 기본 그릇에서 六親的으로 쪼개어 보는 논리도 있지만,

時	日	月	年	命
	壬			
午	寅	子	申	

남자의 명조에서 아까 이런 명조를 가진 사람이 戌생 부인을 만나니까 말 그대로 어떻다고요? 재물 번영의 기틀을 크게 이루어주는 상승 작용이 기본적으로 이루어지더라는 것이죠.

그다음에 내용상으로 고유적인 조화력이 있을 것이고 여러 가지 궁합적 조화력이 있겠죠? 그런 조화력에 의해서 크게 달

라진다는 것입니다. 그래서 궁합이라고 하는 것이 8번 주제 三子宮論하고도 맞물려 있죠?

이것도 다 매치해서 결국은 어떻게 봐야 하느냐? 앞의 설명 分論하고 다 섞이어야 되는 것이죠. 申중의 壬水를 쓰고 있다면 申중의 壬水도 대단한 대세를 가지고 있습니다. 申중의 壬水가 地藏干에 있지만 드러난 놈보다 더 영양가 있는 놈입니다.

巳중의 庚金, 亥중의 甲木, 申중의 壬水, 寅중의 丙火 이 요소들은 天干에 튀어나와 있는 놈보다 훨씬 영양가 있고 실속이 있습니다. 최소한 금전적인 활동이나 사회적인 능력에 있어서 그 자체로서 뭐를 안고 있느냐 하면, 보통 偏印이나 正印 이런 식으로 長生地를 가지고 있어서 그래서 대체로 자격인이나 또는 공인이 되죠.

자격인이면서 재정적인 기반에서는 그 글자를 크게 훼손하지 않을 때는 적어도 지역의 유지 형태의 재산기반을 가집니다. 최소한 동네 부자 형태의 재산기반을 이룩하고 있더라는 것입니다.

時	日	月	年	命
	丙			
	寅	申		

그래서 이 申중의 壬水가 상당히 막강 세력을 가지고 있는데, 안방 동거를 방해하는 寅午戌 申子辰 驛馬殺 관계가 되죠? 이렇게 되어 있으니까 이때 이 남편의 직업적 특성이 해외나 객지에 많이 출입하는 특성을 살려서 즉, 寅申의 특성을 살려서 이것을 刑으로 써서 직업적으로 사람의 생사 즉 죽고 사는 것을 다루어서 의약이나 형벌의 요소에 가담하여 활동을 하니까 남편의 덕을 원만하게 이루더라고 하는 것이죠.

그래서 "남편이 이러한 직업적 특성을 가지고 있느냐?" 물어서 "그렇다."라고 대답을 한다면 이 관계는 지속이 되고, 그 다음에 그런 것이 아니고 그냥 집에서 동거하여 장사를 한다고 합시다. 장사를 하니까 즉 재물의 뜻을 이루니까 내 몸의 훼손 즉 내 몸이 상해지고 그다음에 내 몸이 건강하고 재물이 같이 생기니까 항상 부부갈등 요소가 발생을 해서 남편이 재물을 다른 곳에 즉 다른 여인에 뜻을 두거나 다른 곳에 희생하는 것이죠.

이것도 조건부라는 말도 되고 分을 따르느냐 하는 것이죠. 分을 따르고 사니까 아무 문제가 없더라는 것이죠.
궁합이라든지 여러 가지 요소에서 상승 하강 인자가 작용을 하고 명조 내에서 그런 불안한 인자가 있다고 하더라도 그런 사람을 만나니까 멀쩡하더라는 것이죠.

재미있는 예를 한 번 봐 봅시다.

時	日	月	年	乾命
丁	辛	丁	辛	
酉	酉	酉	巳	

時	日	月	年	坤命
壬	癸	丁	丙	
戌	巳	酉	戌	

이 사람은 부인이 있겠습니까? 없겠습니까? 이런 명조에서 부인이 있다고 보기에는 정말 어렵겠죠? 실제는 부인이 있고 자식도 있고 부인이 원만하게 교직생활을 23년을 하고 마쳤습니다.

백화점의 쇼핑백있죠? 이 부인은 백화점, 마트 이런 곳에 쇼핑백 같은 것을 납품하는 납품업을 합니다.

도대체 남자의 명조만 가지고는 과연 상기와 같은 처를 만나서 살아갈 것이라고 할 수 있겠습니까?

남편분의 팔자를 보면서 1번 특수행정, 2번 교육 육영, 3번 전문기술 이렇게 죽 적었는데 학위를 많이 취득하여 교수직으로 자리를 잡고 있습니다. 官星이 정확하게 득세하여 있으니까 교수직으로 있으면서 時에 있는 官星을 통하여 선출직 즉 교육청이라든지 그분이 속해 있는 관련기관의 선출직 명예를 성취하려고 하는데, 직업적으로 만약에 이 팔자에 官星이 無勢 無根입니다. 官星이 3개나 있는데 巳가 酉를 따라가 버리는 것이죠. 丁이 五行的으로 木에 의한 보호를 받고 있지 못하죠. 地支대세는 金이 득세해 있고, 地支 巳火는 酉에 딸려가 버렸습니다. 그래서 丁火는 순수하게 名으로 움직입니다.

상기의 두 사람 사이를 잘 봐보세요. 무엇이 같이 끼여있습니까? 부인의 壬癸와 남편의 辛과 三奇가 채워져 있잖아요. 이 여인의 운명에서 巳는 亡身이면서 貴人입니다. 그래서 巳생을 만났잖아요.

남자분의 팔자에는 無財는 無妻라는 것이죠. 아무나 쓴다는 것이죠. 그래서 이 사람이 쓰는 것 중에 가장 강하게 쓰는 것은 결국 가까이 쓰는 것이 이 天干에 있는 名(丁)이겠죠?

그래서 정신적 유정이나 무리를 짓는 존재가 三奇가 되고 그다음에 정신적 유정이나 공감을 줄 수 있는 것이 어디에 있습니까? 부부가 다 같이 丁을 쓰고 있죠? 그다음에 이 부인의 丙火가 남자분의 辛과 서로 짝이 되어서 견인작용을 일으키는데 이 경우가 아무 불만없이 잘 살고 있습니다.

남자분은 名을 중심으로 쓰고 있는 것이죠. 그런데 대운이 財대운이 한 번 들어오더라는 것이죠. 토끼 대운이 한 번 들어오거든요. 지금 걸쳐 있든지 아니면 막 지났든지 했을 것입니다. 辛卯대운이거든요. 辛卯 財대운이 들어올 때 뭐라고 써주었느냐 하면 '큰 조직과 손을 잡은 납품, 용역, 대리점, 인허가, 매장 등의 형태로 자기사업 변신이면 성공'이라고 적어줬습니다.

이때 무슨 힘을 쓴다고요? 이 丁火가 힘을 쓰는 것이에요. 큰 조직이라고 하는 대세를 이용해서 큰 조직과 손을 잡은 자기사업의 형태면 성공이라고 적어주었습니다.

본인은 교수직으로 있으니까 직접나서기에는 그렇죠. 그다음에 기본적으로는 위원, 기타 교육위원도 있고 여러가지 명예직으로 있으니까 직접 나서서 가담하기에는 그렇죠.

부인이 무엇을 하느냐? 큰 조직과 손을 잡고 하는 납품, 용역 사업을 하는데 그것을 따내온 사람이 누구냐? 남편이라고 하는 것이죠. 그렇게 해서 쇼핑백 사업있죠?

부인도 대운이 어디로 가느냐 하면 食傷이 없죠? 그렇죠? 食傷이 없는데 가을의 秋水 즉 가을의 물기운이, 食傷이 有情해 있거든요. 木이 반가운 모양이라는 것이죠.

기본적으로 가을에 물기운하고 가을에 金기운이 대체로 교육적인데, 남편의 일주 辛일주도 대체로 마찬가지로 가을의 金기운이죠. 食傷이 有情이잖아요. 그래서 교육적이라고 보는데 대운이 부족하여 갈 때 그러니까 丙申 乙未, 甲午, 癸巳 壬辰, 辛卯 이런 식으로 가서 활동성은 있는데 財의 근원을 만들어주는 요소가 약하죠.

그러니까 食傷운이 辛卯 壬寅 대운이 들어오니까 무엇을 하게 되느냐? 남편으로 인해서 사업적인 일에 가담하게 되고, 기본적으로 酉金 偏印이라는 기술요소가 되는데 食神이라고 하는 것이 만드는 행위가 된다는 것입니다. 그런데 종목은 寅卯 食傷이 되는데, 나무는 曲直의 성질을 가진다는 뜻인데 섬유, 의류가 되고 그다음에 財星이 化했죠? 이 酉金 기술의 별에 무엇이 있습니까?

日支의 巳火라고 하는 財星이 官星의 祿분야가 되는데 財

巳火와 酉가 巳酉로 化해서 있죠. 그래서 化學이라고 하는 것입니다.

 이 내용을 수업시간에 설명한 것이 기억이 납니까? 官星이 또는 財星이 化하면 화학이다. 그다음에 굽혔다 펼쳤다 하는 물성을 가진 것은 종이, 지물이라는 것이죠. 그러니까 섬유, 의류는 아니고 화학하고 지물이라는 것이죠. 쇼핑백. 그래서 그러한 행위와 연관되는 것이죠.

 이 팔자에서 도저히 처자 인연을 논할 수 없음이죠. 처자 인연은 모르겠고 자식 인연은 있겠다는 것만 잡히는 것이죠. 官星이 어찌되었든 合하여 딸려 가더라도 어찌 되었든 분야를 이루었으니 官星이 땅바닥에 자기 지분을 차지하고 있음으로 자식은 있으되 뭐가 없다는 것입니까? 財(妻)가 없다는 것입니다. 그런데 벌써 40년을 같이 살았다는 것입니다.

 그런데 이것이 뭐냐? 궁합적인 요소라고 하는 것입니다. 팔자에 財가 하나도 없어도 이럴 수 있습니다. 천생연분 인자가 하나만 있어도 잘 먹고 잘 산다는 것입니다. 三奇를 채우는 인자 하나만 있어도 잘 먹고 잘 산다는 것입니다.

 그런 사례들을 잘 들여다보면 얼마나 干支라고 하는 것이, 干支만 가지고 제한할 수 있는 것이 좁으냐? 가변적이냐? 처자인연이 바로 꼽히는 것도 있고 이렇게 확률적인 것도 있습니다.

11. 命大歲論

命大歲論은 말 그대로 대운, 세운 분석이야기 입니다. 대운, 세운을 어떻게 쪼개어 나갈 것이냐? 이것을 대운이 지나갈 때, 세운이 지나갈 때 팔자에 있는 각 글자들이 어떻게 움직여질 것이라고 하는 것을 쪼개어 보자고 하는 것입니다.

단순하게 五行的인 강약에 의해서 단언해서 하는 것이 아니고 여기서도 分 즉 '무엇 무엇이라면...' 그래서 이러저러한 운에 엎드린다면 이 때에 금전적 어려움이 전혀없고, 이때 엎드렸기 때문에 저 때 크게 도약을 한다는 것입니다.

97년 IMF가 왔을 때 부동산 문서를 취득하였다면 2001년에 재산 꽃을 크게 피울 것이오. 08년에 어차피 돈이 나가는데 丙이나 丁일주가 地支에 寅卯辰을 지나가면 현금 유동성이 되는 庚辛이 상당히 답답해지죠? 그렇죠? 地支에 세력이 없어지죠? 그래서 무엇인가 돈이 묶이는 행위를 하게 되는데 부동산을 샀다고 합시다.

그렇게 하니까 巳년에 이르러서 庚金이 巳에서 長生을 하니까 부동산의 가격이 팍 올라간 것이죠. 현금화를 하느냐 마느냐? 그것은 확률적인 문제이고 그다음에 巳午未 申에 가서 현금화를 하니까 寅년에 벌어진 것이나 卯년에 벌어진 것을 申년에 가서 현금화하니까 엄청나게 벌더라는 것이죠.

그러면 寅卯辰 이때 어떻게 했다? 돈을 빌려주었다 이거죠.

보증관계를 서 주었다고 합시다. 巳午未에 比劫의 해로움이 크더라고 하는 것이죠. 比劫의 해로움이 이미 比肩과 劫財를 생성시키는 작용으로 봐서 현금유동성을 그대로 힘들게 만드는 것이죠. 그래서 이때 결국〈무엇무엇이라면〉이라는 것이죠. 그래서 '~무엇이라면'이라고 한다면 '무엇을 하고'가 되는 것입니다. 결국 조건부라고 하는 것입니다.

命大歲論이 흘러가는 과정은 드러난 것을 일반적인 특성으로서 다 아는데 드러난 것을 다루는 사람은 보통 사람이 아니고 유명인이라는 것입니다.

유명인이나 드러난 干支로서 길흉을 말할 수 있는 것이고, 앞의 교수님처럼 丁火를 소중하게 쓸 때, 유명인에 이르렀을 때 傷官이 와서 丁火 官星을 훼손할 때 이 官星이 傷官에 의해서 훼손되는 어려움을 겪게 되는 것이죠.

앞의 명조 교수님이 범부필부라면 傷官이 와도 좋고, 뭐가 와도 좋고 아무 상관이 없습니다.

결국은 分이 끝까지 따라다니는 것입니다. 유명인이 아니면 아무 상관이 없습니다. 단 유명인이면 반드시 곤란을 겪는다는 것입니다.

그다음에 地藏干에 의해서 오히려 보통 사람들은 地藏干에 의한 행복들이 더 많습니다. 남들이 모르는 돈이 생겼다든지, 남이 모르는 문서를 잡았다든지 그럴 때가 地藏干에 있는 글자들이라든지 대운이나 세운에 의해서 어떻게 움직이는지 본다면 범인의 사람들은, 그다음에 남에게 드러나지 않는 부자들은 이런 地藏干이 움직이는 것에 의해서 경제적인 번영이나 실속이 그대로 따라가는 것이죠.

인생의 의미

인생의 의미 이것은 무엇이냐 하면 이렇게 '~무엇 무엇이라면' 또는 '~무엇을 한다면' 어떻게 될 것이다. 이렇게 될 것이다. 저렇게 될 것이라고 하는 제한적인 조건 속에서 삶이 살아진다는 것이죠.

결국은 인생을 사는 방법이 결국은 어떻게 되느냐 하면, 결국은 安分이라는 것입니다.

안분(安分)이라고 하는 말이 얼마나 어려운 말이냐 하는 것이죠. 分을 알아야 즉 分이 어디까지인지 알아야 그것을 지킨다는 것이죠. 安分이라고 하는 말이 얼마나 어려운 행위이냐 하는 것이죠. 그런데 安分이라는 말이 어렵기는 해도 사주팔자 하나도 안 배워도 알 수가 있습니다.

어느 불심이 강한 신도가 이런 말을 합니다.

"스님, 요즘 장사가 안됩니다. 어떻게 하면 좋습니까?" 하니까,

큰 스님이 한 참 듣고 있다가 "그러면 장사를 안하면 안되나?"

신도가 그 말을 듣고 자기가 그 절에 좋은 행사가 있으면 다

가져도 주고 했는데 한순간에 실망으로 돌아서는 것이죠. 스님이 미워서 죽는 것이죠. 자기는 장사가 안되어서 속이 타서 죽는 마음에 그 말을 드렸는데, 큰 스님이 한참 듣다가 "그럼 장사 안하면 되지!" 하는 것이죠.

이분이 원망하는 마음을 가지고 세월을 지내면서 장사를 2~3년 동안 고생하고 결국은 정리를 하고, 다시 다른 장사를 시작해서 어느 정도 궤도에 올라선 것이에요.

정상 궤도에 올라선 후 가만히 생각을 해보니까 "아! 큰 스님 말이 맞다!" 하는 마음이 드는 것이에요.

장사가 안된다는 것은 이미 사주팔자를 안 보더라도 운이 없으니까 장사가 안되는 것이다. 장사가 안되더라도 다른 곳에서 돈이 융통이 된다는 것은 기본적인 운이 뭔가 어떤 형태로든 있기 때문인데 장사가 안되었다는 것은 묻지 않아도 결국은 운이 없다는 것을 알 수 있는 것이었다는 것입니다.

그래서 이미 무엇이냐? 대자연은 미리 사인을 해준다는 것입니다. 이미 대자연은 미리 사인을 해준다는 것입니다. 몸에 병이 날 때도 마찬가지입니다. 큰 병이 오기 전에 "너는 잘못하면 죽는다." 하면서 미리 아침 저녁으로 표를 내주죠? 똑같은 것입니다.

명을 묻지 않더라도 결국은 현실적인 상황 이런 것이 어느 정도 흐름을 보여주고 있다는 것이죠. 그런데 安分하지 못하는 것은 결국 우리가 쓸데없는 욕심을 내니까 결국은 무엇을 잃어버린다고요? 分을 잃고 그다음에 삶의 궤도도 다 잃어버린다는 것이죠. 그것이 개인적인 것이면 좋은데 남에게까지 고통을 주면서 인생을 힘들게 만들게 되는 것이죠.

결국은 이 안의 것을 잘 들여다보면 결국 어느 선생님이 말씀하셨는데 주역 만독을 한 분이 주역을 한 글자로 줄여 보라고 했을 때 '삼가할 愼'이라고 했다는 것입니다.

이것을 통해서 가면 나중에는 이 글자가 이제 "이것이 분명하구나!" 하게 되죠. 이렇게 하니까 분명히 살고, 그러니까 총알이 이쪽으로 날아갈 때는 머리를 조금 낮추고 엎드려 있으니까 1센티만 낮아도 총알이 머리위로 지나가고, 여기서 우리가 머리를 쳐들면 머리에 총알이 꽂혀서 결국은 온몸을 잃더라고 하는 것입니다.

주역에 있는 만구절을 다 합쳐서 한 글자로 줄이니까 '삼가할 愼' 이라고 하는 것이나 安分이나 결국은 이 전체 속에서 인간의 선택 여지라고 하는 것을 확연히 알게 되면 절대로 운명의 그물 속에 걸려들지 않고 대자연과 함께 춤추면서 살아갈 수 있다는 것입니다.

겨울이 춥지 않으면 무엇에 쓰리오? 여름이 덥지 않으면 무엇에 쓰리오? 여름이 더워야 만물이 번성하고, 겨울이 추워야 만물이 응축하고, 절대로 하늘은 사람을 죽이기 위해서 木火金水나 春夏秋冬을 주지 않았다는 것입니다.

그래서 分을 알고 安分을 스스로 할 정도이면 자기가 결국 자유인이 되는 것입니다. 그래서 그런 의미에서 사주명리와 인생을 생각해보자 하는 것입니다.

1. 座標論

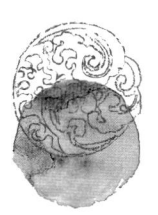

1. 座標論

年月日時 위치에 의한 것만 능통해도 사실 사주 해석의 기초가 대부분 제공된다고 보면 되거든요. 年月日時에 의한 것 외에 8가지 干支 모양이 부여되었을 때 여러 가지 형태로 좌표를 쪼개어 볼 수 있다고 하는 것이죠.

天干하고 地支에 있다고 하는 것은 地藏干 부분에서 다시 다루어질 부분이지만 天干과 地支의 의미를 개념적으로 구분할 필요가 있다고 하는 것이죠. 우리가 공부해 본 것을 다시 정리해 봅시다.

◈ 天干

天干이라고 하는 것은 정신적인 요소 그리고 추상적, 형이상학 이런 요소 정도로 기본적으로 정리해 볼 수 있는데 정신적 요소를 지향 또는 정신적 지향, 정신적 수단 그런 요소로서 天干과 地支 요소를 먼저 떼서 분리해야 된다고 하는 것이죠.

天干과 地支 요소에서 분리를 했을 때 어떤 요소를 우선하느냐? 天干 자체의 干支입니다. 단순하게 어떤 팔자에 甲午생이든 甲午시가 되었든 甲이 있다는 그것만으로 이 사람의 삶의 수단이나 해결방식은 부정을 긍정으로 이끌어내는 힘 또는 응축을 발산으로 되돌리는 힘을 가지고 있다고 보는 것이죠.

甲乙丙丁,,, 壬癸가 가지는 의미를 말하는 것입니다. 사주해석을 해 나갈 때 많이 참작되는 것들이 丙이라고 하는 운동입니다. 丙이라고 하는 것이 陽이 점증해서 확실히 펼쳐지는 것이죠. 확실히 펼쳐지는 운동성 속에 있다고 하는 것인데 丙이라고 하는 글자가 있다고 하는 것은 문제 해결의 양식이 타인에게도 공개되거나 객관화될 수 있게 즉 만방에 드러날 수 있도록 하는 수단 또는 방식 이런 것들을 그 사람이 좋아한다고 하는 것이죠.

丙다음에 丁도 마찬가지로 외부적으로 드러나는 속성에서 가장 운동성이 강한 것이 丙이죠. 丙다음에 丁은 그 운동성이 거의 드러나 있는 상태, 丙은 운동성으로 가해지는 상태가 됩니다.

庚과 辛도 마찬가지입니다. 사물이 응축하여 들어와서 분별되는 상태가 되죠. 초가을 庚과 늦가을 辛이 뭐가 다르다는 것입니까? 낙엽과 열매가 다른 계절이라고 하는 것이죠. 잎은 떨어지고 열매는 열매를 맺고 그렇죠? 그렇게 해서 분리가 확실하게 된 것이니까 丙丁이나 庚辛이라고 하는 것이 드러나 있다고 하는 것은 세상살이에 있어서 자타 즉 남과 나의 경계, 분배 이것을 뚜렷이 하려는 인자로 작용하려는 수단이 되는 것입니다.

  丙丁 庚辛이 있다고 하는 것은 어떻게 해서든 자타공인 즉 남과 내가 공인할 수 있는 방식을 해결수단이나 지향수단으로 삼는다는 것이죠. 天干자체에 드러나 있는 것 만으로도 이 사람의 해결 양식이나 정신적인 지향점은 丙丁 庚辛 이것의 속성을 추구한다는 것입니다.

  三奇라고 하는 것은 乙丙丁이나 甲戊庚, 辛壬癸라고 하는 것은 天干的으로 정신적인 요소로 한 방향으로 순일(純一)하다는 것입니다. 즉 한 방향으로 몰려있다고 하는 것이죠. 섞이지 않고 한 방향성으로 뚜렷해졌다고 하는 것이죠.

  정신은 한 방향으로 무리지을 때 좋다고 하는 것이죠. 그래서 궁합을 볼 때 어떤 사람의 天干의 干支요소에 甲하고 戊가 드러나 있다고 할 때 상대방의 干支구조 속에 庚이 들어와 있다고 하는 것은 甲戊庚이 봄을 열고 가을을 열고 하는 중재하는 정신적으로 균형된 작용이 통일된 형태가 되므로 이것을 三奇를 채워 이룬 모양이 된다는 것이죠. 三奇를 채우니까 정신적으로 방향이 한 방향으로 정해지더라고 하는 것이죠.

  그래서 정신적인 유정 또는 삶의 해결 양식이나 목표를 이루는 방향이 통일된 모양을 가지게 되는 것으로서 天干끼리

三奇를 채워주는 습을 정신적으로 상당히 유정한 궁합이다. 이렇게 보는 것이죠. 地支조건이라든지 이런 것을 떠나서 아무튼 뜻을 맞출 수 있는 존재가 되는 것이죠.

그것이 팔자 干支내에 다 드러나 있다고 하는 것은 그 사람의 삶의 방향성이나 지향성이 동일해진다고 하는 것이죠. 그래서 干支的으로 어떤 글자가 드러나 있느냐? 그것만 가지고 그 사람의 해결수단, 지향점을 생각해 보시라고 하는 것입니다.

干支자체의 속성 다음 두번째 六親的인 환경이라고 하는 것이죠. 丙을 財로 쓰는 사람도 있을 것이고, 官으로 쓰는 사람도 있을 것이고, 比肩으로 쓰는 사람도 있을 것이죠. 이런 것이 天干에 드러나 있다면 六親的으로 그 속성이 정신적인 해결 양식, 지향점, 수단 이런 것이 六親的인 요소에 의해서 구현된다는 것입니다.

時	日	月	年	命
	戊	壬		

六親的 으로 돌아온 것이죠. 예를 들어서 天干에 壬이라고 하는 偏財요소가 드러나 있다고 합시다. 이 사람은 금전이나 사회성에 대한 정신적인 요소가 대단히 강화되어 있는 사람이

라고 하는 것이죠. 地支的인 환경을 떠나서 그 사람 생애의 지향점 즉 어떤 것을 이루고자 한다는 것입니다.

時	日	月	年	**命**
	甲	庚	辛	

예를 들어서 天干的으로 甲일주에 庚이나 辛이나 이런 요소가 있으면 이 사람은 정신적으로 官星이 무리지어 있으니까 명예적인 측면에서 크게 집착을 하고 최종의 위로나 보상은 명예로 받는다고 하는 것이죠.

地支라고 하는 것이 대체로 현실적인 요소라고 한다면 이 현실적인 요소를 떠나서 정신적으로 자기 자신을 위로하거나 지향하는 방향성은 天干에 떠있는 인자로서 가는데 六親的인 환경이 그대로 그 사람에게 영향을 미친다고 하는 것이죠.

天干자체를 가지고 생각해 볼 수 있는 것이 여러 가지가 있는데 예를 들어서 年月日時라고 하는 수단을 섞어서 생각해 봅시다.

時	日	月	年	**命**

年月의 天干 이 부분은 무엇이겠느냐 하는 것이죠. 상기의 부분은 젊은 날의 무기라고 보면 됩니다. 또는 정신적 환경이 됩니다. 또 여기에 五行的으로 甲이나 乙이나 또는 庚이나 辛이라고 하는 金과 木이라고 하는 요소가 五行的으로 드러나 있을 때 그 사람은 어떻다고요?

壬癸 丙丁이라고 하는 水와 火라고 하는 것은 대체로 융통성, 유동성, 운용 측면이라고 하는 것이죠. 만물이 변화하는 것에 바뀌어질 수 있는 운용 또는 환경 이런 것을 제공하는 것이 되는 것이죠.

金과 木은 대체로 실질적인 사물이나 물질이라고 하는 것이죠. 기운이 형태로 드러난 것이라고 하는 것이죠. 金과 木의 형태적인 변화를 水와 火가 끊임없이 간섭을 해서 바뀌게 되죠.

드러난 것은 형태라고 하는 것이죠. 水와 火가 무형적이라고 하면 즉 따뜻하고 추운 것이 무형적이고 환경적인 것이라면 金과 木은 형태를 드러낸 것이라고 하는 것이죠. 실질적인 것이라는 것이죠. 이런 실질적인 것을 먼저 정신적인 무기로 쓰느냐, 현실적인 환경으로 쓰느냐 하는 것을 이해 해야 됩니다.

時	日	月	年
		丙	甲

命

만약에 여기에 丙과 甲이 있는 사람이라고 하면 五行的으로 년과 월에 木火를 만나서 터득되는 환경이 되죠. 저 사람의 해결 양식은 무엇입니까?

우리가 경찰에게 길에서 잡혔다고 하면 말을 잘해서 "아, 형님!" 하면서 융통성이나 유동성으로 해결 양식을 삼는 사람이 있고, 상대적으로 金과 木으로 구성된 사람은 "그냥, 빨리 돈을 줘라!" 하는 것입니다.

실질적인 것으로서 이 사람은 해결 양식을 구한다고 하는 것이죠.

時	日	月	年
		癸	丁

命

상대적으로 이 水火라고 하는 인자 癸하고 丁이 있다고 합시다. 이 사람은 무엇으로 해결 양식을 삼겠습니까? 말로 때우자고 하는 것이죠. "형님, 삼촌!" 해서 안되면 "우리 삼촌이 어디에 있는데…" 끝까지 말로 한번 밀어보자고 하는 융통성이나 운용적인 수단을 젊은 날에 자기 문제를 풀어나가는 수단으로 삼는다는 것이죠.

年月의 天干에 무엇이 있느냐 하는 것에 따라서 무기나 환경으로 삼고 살아가는데, 일단 생각은 金木은 사물이나 현물 중심이 되고 水火는 융통성 중심이 주어지겠죠.

時	日	月	年	命
		癸	丁	
		酉	卯	설명을 위한 예시

물론 더 나아가서 좌표론으로 확장을 하면 地支에 있는 환경에서, 天干은 癸丁으로 구성되었는데 地支는 酉金과 卯木 이런 식으로 놓여 있다면 생각은 그렇게 하지만 행동이나 환경속에서는 "그래도 이것은 돈으로 때우자!" 손과 발은 그렇게 일을 하고 있다고 하는 것이죠.

지금 수업은 天干중심의 요소를 더 생각하고 있으니까 天干 중심으로 공부를 더 해 봅시다.

天干을 五行的으로 쪼개어 보는 것은 기본적으로 부여되어 있는 속성인데 甲乙丙,,, 壬癸 중에 어떤 것이 놓여 있느냐 따라서 그 사람의 젊은 날의 무기, 정신적인 환경과 요소가 어떻게 부여되어 있다고 하는 것이죠.

이 내용을 그대로 따서 四柱捷經에 설명해 놓은 것들이 한

두군데 발견이 됩니다.

時	日	月	年	命
		庚	丙	

사주 年月에 丙庚이 있는자, 물론 日까지도 포함을 시키지만, 丙이나 庚이라고 하는 것은 판단을 하는 것이죠. 모든 것이 밖으로 드러나서 사물의 물성이 실현된 상태 즉 丙은 나무로 치면 이미 꽃이 피었다는 것이죠. 나무를 봐서 판단을 할 수 없는 것을 꽃을 보아 그 나무의 성질을 안다고 하는 것이죠. 이 상태가 丙이라고 하는 것이죠. 그래서 만물이 이것과 저것이 구별된 상태가 丙의 상태라고 하는 것입니다. 그래서 이것이 구별을 한다고 하는 것이죠.

죄를 지은 사람과 죄를 짓지 않은 사람, 판단 시비의 별로 이 丙火가 작용을 한다는 것입니다.

庚金은 잎과 열매를 구분지어 주는 것이죠. 그다음에 만물이 발산운동을 마치고 서서히 내려오는 운동을 함으로써 결국은 붙어있는 놈과 떨어져 있는 놈의 환경을 庚辛 이것에서 주어진다고 하는 것입니다. 丙하고 庚하고가 결국은 구분 하는 것, 남과 나의 경계를 쪼개는 것 그다음에 이 庚은 초가을에 수확을 했을 때 내 것과 남의 것을 분리하는 행위도 속합니다. 그래서 이 丙과 庚 두 글자가 드러나 있는 사람은 수사, 시비,

판단에 관련된 직업활동을 갖는다고 해놓고 일반적으로 법무 이런 것들을 가장 많이 삼고 있는 것이죠.

時	日	月	年	命
			辛	

天干에 예를 들어서 辛金 이런 것이 드러나 있다고 합시다. 辛金 자체를 무엇으로 볼 수 있느냐 하면 말 그대로 '매울 辛' 자가 되죠? 매울 辛자는 잎도 떨어트리고 열매도 나무에서 분리되는 상태를 의미하는 것이죠. 그래서 이 자체를 가지고 枯草殺 즉 풀을 마르게 한다는 것이죠. 그리고 이것이 인체에 작용을 할 때는 呻吟殺이 되죠. 바늘로 자른다. 찌른다고 해석을 하는 것이죠.

辛金이나 酉가 빵구를 낸다고 수업을 했었죠? 그래서 앓는다고 하는 것이죠. 이 사람의 무기는 명확하게 판단하여 잘라버리는 것이죠. 이 사람의 젊은 날의 무기는 무엇이냐? 아닌 것은 빨리 잘라버리라는 것이죠. 이것이 꼭 나쁘다 좋다 하는 기준은 아닌데 판단에 관련된 일이라든지 분배에 관련된 일이라든지 그런 속성의 일을 가짐으로써 이 辛金의 별을 잘 써먹을 수 있다고 하는 것이죠.

상대적으로 丙丁이나 壬癸는 유동성이 되는데 乙정도까지는 대체로 陽氣가 서서히 펼쳐지려는 상태를 의미하는 것이니까 대체로 웅변, 필설, 교육 이런 것들에 관한 논리나 인자가 乙이 하나 있다는 것만으로도 그 사람의 요소나 기질이 강하게 부여되어 있다고 보는 것이죠.

유추를 해보시면 "이 사람은 저런 자리에 저렇게 있기 때문에 말을 잘한다." 하게 되는 것이죠.

六親을 떠나서 다른 인자나 五行的환경을 떠나서 말을 잘한다고 하는 인자가 바로 乙이라고 하는 것이죠. 甲이나 乙이 있을 때는 응축되어 있는 것을 다시 끌어내는 힘이죠. 끌어내는 힘이 젊은 날에 그 사람의 무기로서 되는 것이고, 그리고 그 사람이 그런 환경 속에 살았기 때문에 잘 터득이 되어 있다고 하는 것이죠.

그것을 天干的인 측면에서 먼저 살펴보시고, 五行的인 측면에서 그 속성을 따져보시고 그다음에 六親的인 환경 즉 그것이 財星이라면 財星의 논리, 官星이라면 官星의 논리, 印星이라면 印星의 논리 이런 식으로 쪼개어 보시라고 하는 것이죠.

金과 木이 天干에도 없고 地支에도 없다고 합시다.

命

時	日	月	年
		丁	癸
		巳	亥

이런 식으로 年月에 드러난 것이 水와 火라고 하는 五行的 요소로서만 다 채워져 있다면 이 사람은 자기 생을 살아가는 해결의 수단이나 양식이 실질적인 힘으로 사용하기 어려운 사람이고 상대적으로 일반적인 생활에서는 행동력이 크게 떨어진다고 하는 것이죠.

행동력이 크게 떨어진다고 하는 것은, 공을 차서 넣어야 되는 상황에서도 "저것은 공을 차서 들어가겠구나!" 이런 생각만으로 끝을 잘 낸다는 것이죠. 그래서 세상살이에 있어서는 오히려 金과 木이 年月에 드러나 있지 못함으로써 해결수단이나 능력이 크게 약화된다고 하는 것이죠.

그래서 이런 사람들이 정신적이거나 순수하게 행동이 필요 없는 분야의 일을 한다면 모르지만 그런 분야가 아닌 경우에는 문제해결능력이나 해결수단이 굉장히 미약한 사람이다. 말로만 해결을 하려고 한다는 것이죠. 天干하고 地支를 분리했을 때 쪼개는 방법입니다.

地支

그다음에 地支는 더 중요합니다. 地支는 처음에 개념을 어떻게 설정해주느냐에 따라서 사주 전체를 이해하는 눈을 얻느냐 못 얻느냐 하는 것이 됩니다.

기본적으로 地支는 바꿀 수 없는 땅이라고 보면 됩니다. 정신은 바꾸면 되죠? "생각은 그렇게 생각하지만, 현실은 아니구나!" 하고 바꾸면 됩니다. 地支는 바꿀 수 없는 땅이나 환경을 의미합니다. 그래서 地支만 가지고도 그 사람의 직업환경을 충분히 추측할 수 있다고 하는 것이죠. 일주나 일간이 필요없다는 것입니다.

時	日	月	年	命
丑	午	戌	巳	

이런 干支 구조를 가진 사람이 오늘 왔습니다. 이 사람의 직업은 무엇이겠습니까? 이 사람이 떨어진 땅, 자기가 밟고 다니는 땅은 이 地支안에 있다는 것입니다.

이 정보만 가지고 직업을 추측한다고 하면 명리의 큰 개념을 무너뜨리는 것 같이 생각들 하시는데 사실은 이 地支안에서 놀게 되어 있습니다.

이 巳의 속성을 생각해 보자고 하는 것이죠. 이 巳라고 하는 것이 발이 없어도 陽氣가 六陽 즉 陽氣가 외부적으로 극대화되어서 발이 없어도 돌아다니는 동물인데 六陽의 속성을 가지고 있는 물건은 무엇이겠습니까?

자동차, 항공이 되고 그다음에 巳는 독을 가지고 있습니다. 독은 주로 사람을 죽이고 살릴 수 있는 속성을 가진 별이라고 하는 것이죠. 그것은 주로 의료, 법무, 세무 그리고 실제로 사람을 죽일 수 있는 물건을 제조하는 곳(무기)이 되는데 그러면 무기를 제조를 하는 곳은 어디에 있느냐? 요즈음 사람이 죽고 사는 것은 전부 항공, 자동차, 조선 등 이런 금속을 활용하는 것이겠죠? 그다음에 요즘에 사람을 살리고 죽이는 것은 금융입니다. 돈을 가지고 사람을 살리고 죽일 수 있는 인자로서 이 뱀 巳자는 이렇게 신통력을 가지고 발이 없이도 날아다니는 통신 등 이렇게 그 속성을 정리해 볼 수 있다고 하는 것이죠.

개 戌자는 戌時는 인간활동이 멈춘 곳, 인간의 활동이 왕성한 곳이 아니고 인간의 활동이 멈춘 곳이고 대체로 문명에 관한 것을 저장하는 곳이죠?

여기서 戌을 가지고 생각해 볼 수 있는 것은 도서관, 창고, 보관 등이 되고 이 戌자 자체는 인간활동의 부산물이 금융이든 재화든 그것을 지키는 것이고 그 자체로도 금융으로 봅니다.

물론 개도 신통력을 가졌기 때문에 대체로 의료, 법무, 세무, 제조, 금융, 통신 등 이런 속성을 공통적으로 가집니다. 그 활동이 주로 중앙이나 본부에서가 아니고 저장성을 가진 곳이나 또는 소극적인 곳에 있는 것이라는 겁니다.

午라고 하는 것은 가장 밝은 곳이죠. 午時가 되면 만물이 다 외부적으로 다 드러나 있어서 사람들이 가장 많은 곳이죠. 도로, 사람들이 많이 모이는 시장, 모든 것이 다 드러나서 밝혀

지는 곳이 언론방송 이런 것들이죠. 그런데 거기에는 뭐가 없습니까? 독성은 별로 없다는 것입니다. 말(午)이 주로 전달적인 것만 하는 것이죠.

丑 이라고 하는 것은 亥子丑 즉 丑時에 사회활동을 적극적으로 하는 것이 아니라 소극적으로 하겠죠. 소극적인 사회활동이 이루어지는 곳은 교육에 관련된 것, 정신적인 요소가 강화된 것, 庚金을 入庫시키고 다시 인간활동을 열어주는 작용을 하죠? 이것은 주로 피로를 풀어주는 행위를 하는 의료나 정신적인 요소가 되고 주로 사업적인 활동을 한다면 대체로 시끄러운 곳이나 사람이 많이 모인 곳이 아니고 조용한 곳이니까 남들에게 드러내지 않고 하는 임대사업 이런 형태로 그 활동성이 아주 소극적인 것이 된다는 것이죠.

이 사람은 이런 땅에서 살아가고 있을 것이다. 地支를 먼저 분석을 해놓고 天干만 가져놓고 펼쳐보면 직업이 바로 나오게 되어 있습니다.

甲일주가 되든, 戊일주가 되든, 뭐가 되든 天干만 가져도 보면 보입니다.

命

時	日	月	年
	壬		
丑	午	戌	巳

예를 들어서 이 사람이 壬일주였다고 합시다. 그러면 이 午戌이 財局이 되죠? 그다음에 巳가 財星으로서 활동성으로 무대를 제공하는 것이죠? 이 巳午戌이 그 사람의 사회적인 활동력을 의미하는 것이 되고 丑이 대체로 亥子丑이라고 하는 인자로서 활동력이 떨어지는 곳이 되겠죠?

이 사람은 巳나 午나 戌이라고 하는 활발한 활동력이 있는 곳에 직업이 있을 것이다. 그다음에 공통적으로 드러나는 것이 무엇입니까? 戌 자체가 官이 되죠? 官星이라고 하는 것을 그대로 따른다고 하는 것은 큰 조직속에 자기가 속하거나 또는 조직과 관련된 금전활동으로 보면 되겠죠? 그런데 그 조직은 금융, 항공, 재무가 되는데 財務와 금융은 중복이 되죠. 食傷은 地支에 없죠?

食傷이 없으니까 자기가 생산을 하는 곳입니까? 아니면 용역에 관한 것입니까? 아니면 운송이나 유통에 관한 곳입니까? 일단 제조에 관한 것은 없으니까 또는 교육적인 행위는 아니라는 것입니다.

天干을 하나 얹어놓고 다시 생각을 하면 이 사람은 상기와 같은 환경속에 살고 있을 것이다. 그러면 실제로 이 사람이 어떻게 살았느냐? 항공회사에 취직을 했다가 그만 두고 나와서 항공 운송에 관련된 작은 회사로 옮기면서 거기에서 지분을 얻든지 대리사장이나 관리사장 형태로 활동을 했다는 것이죠. 그리고 지금도 그런 쪽에 관련하여 활동을 하고 있더라는 것입니다.

기본적으로 그 사람의 직업운을 보면 地支환경 속에 그대로 다 드러나 있어요. 거꾸로 이것을 가지고 유추를 해나가는데 그러면 地支가 가진 의미들 중에서 더 디테일하게 쪼개어 본다면 이 사람이 天干的으로 年月의 天干에 살벌한 무기를 다루고 있다면, 官印이 소통이 되거나 食傷이 財를 생한다면 그 수단이 특별한 수단이 되는데, 年月의 天干에 印星이 드러나지 못했다는 것입니다.

　年月에 印星이 드러나지 못했으니까 이 사람은 의료라든지 법무라든, 세무처럼 자격증을 따서 이루는 일은 잘 안되더라고 하는 것입니다.

　地支환경을 자기 것으로 끌어당기는 수단이 天干的으로 여러가지 추상적인 어떤 허가라든지 자격이 되는데, 추상적인 허가나 자격이 드러나지 않으니까 이런 자격이 필요한 부분은 잘 써먹지 못하더라고 하는 것이죠.

　제조라고 하면 창작이나 만들어내는 요소가 있어야되니까 食傷이라도 드러나 있어야되겠죠? 食傷이라고 하는 것이 강하게 작용하지 않더라고 하는 것이죠.

　그 사람의 활동분야라든지 환경은 그런 환경 속에 살고 있더라고 하는 것이죠. 地支자체는 바꿀 수 없는 환경, 땅 이렇게 볼 수 있는데, 그래서 地支끼리는 이렇게 巳戌 元嗔 작용을 하죠? 이 元嗔 작용은 반드시 일어난다고 봐야 됩니다.

　沖이 있다면 沖작용이 반드시 일어난다고 봐요. 地支끼리는 서로 바꿀 수 없는 땅을 가지고 이미 경마처럼 운동장에 뛰어

들어온 말 4마리이라는 것입니다. 운동장에 뛰어 들어온 말 4마리.

이 말들은 자기들 나름대로의 포장이 되어서 달리는데 포장끼리 相沖的인 작용 또 合에 의한 작용 이런 것이 반드시 이루어지고 있다고 이렇게 보면 됩니다. 인간의 모든 금전활동이나 그 사람의 생존환경은 전부 다 地支로 해결을 한다는 것입니다.

天干을 덮어놓고 地支를 잘 관찰하는 연습을 할 필요가 있다고 하는 것이죠. 地支를 놓고 갈 수 있는 가능성을 봐야 되는데, 이 사람은 최소한 시끌벅적하고 사람들 많이 왔다 갔다 하고 그것이 잘못하면 사람을 죽일 수도 있고 살릴 수도 있는 어떤 직업환경이나 생활환경속에 살고 있다고 기본적으로 地支만 보면서 먼저 설정을 해놔야 된다고 하는 것이죠.

그리고 해결수단도 巳가 있고 戌이 있다는 그것만으로도 이 사람은 독극물, 독약, 무기라고 하는 것을 사용할 수 있는 사람이라고 보면 됩니다. 그런 것을 자연스럽게 얻을 수 있는 환경에 놓여 있다고 하는 것이죠.

독극물에 속하는 글자는 巳, 寅, 申, 戌 이런 동물들이 대체로 대단한 능력이나 초능력을 가지고 있는 동물에 속한다고 보죠. 이런 동물들이 사람을 살리고 죽일 수 있는 그런 역량을 가진 동물로 본다는 것이죠.

地支를 巳, 寅, 申, 戌로 채우고 있다는 것만으로도 그 사람은 地支 자체가 삼촌이 그렇든, 아버지가 그렇든, 누가 그렇든 반드시 그러한 환경이나 존재가 가까이 있다고 보는 것입니다.

그러니까 四柱捷經에 보면 예를 들어서 '三刑殺을 가진자는 자기가 의약이 아니면 아버지가 그 業이다.' 이렇게 표현을 하죠. 그런 인자가 아버지에게 있든지 나에게 있든지 刑殺의 작용이 地支는 서로 양보하지 않고 그대로 이루어진다고 하는 것입니다. 地支에 있는 글자만 가지고 그 사람의 기본적인 활동무대, 역량을 봐 나간다고 하는 것입니다.

時	日	月	年	命
卯	亥	酉	丑	

예문을 한 번 봅시다. 이 사람의 팔자에는 뭐가 없습니까? 신통력 동물이 없죠? 酉가 그나마 상당히 쪼아먹는 동물로서 酉도 일종의 무기입니다. 그 자체가 사물로서 표현할 때는 '칼이다. 보석이다.' 표현을 하는데 자연에서는 가을서리처럼 끊고 매듭짓는 마음이 이런 것이 되는데 상기의 사람은 신통력 동물이 없다는 것입니다.

그다음에 강화되어 있는 것이 方合을 먼저 보라고 하는 것이죠. 亥子丑이라고 하는 요소를 가지고 있음으로써 결국 亥子丑의 方合요소로 볼 때는 道門的인 요소가 강하다고 하는 것이죠. 그다음에 토끼 卯는 陽氣가 4번째 즉 子丑寅卯 즉 陰氣를 뚫고 陽氣가 밖으로 드러나 있는 것이니까 토끼가 있다고 하는 것이 활동성을 강하게 대동하였다는 것이죠. 활동성을 제공함으로써 완전히 道門一色도 아니고 卯하고 酉하고가 같이 걸쳐져 있어서 세속을 떠난 모양도 아니라고 하는 것이죠.

그런데 정서적으로 亥와 丑이 강화되어 있어서 한 참 대화하고 나서 뭐라고 하느냐 하면 "선생님, 저는 산에 가서 도닦으면 안되겠습니까?" 하는 것이죠.

그런 이야기가 나오는 이유가 뭡니까? 이 亥라고 하는 글자와 丑이라고 하는 道門的인 정서 즉 무형이나 정신으로서 해결을 하려고 하는 수단, 겨울이라고 하는 어떤 활동이 없는 공간을 통한 해결수단이나 양식 이런 것을 정서적으로 대단히 좋아한다고 하는 것이죠. 그런데 닭 酉자 이것 때문에 속세의 문턱을 잘 벗어나지 못하고, 卯 때문에 싫어도 사회활동을 왕성하게 해야 한다는 것이죠.

이 팔자에서 그나마 무기에 속하는 것은 이 닭 酉자 입니다. 닭 酉 자는 대체로 판별, 시비를 주관해 주는 인자가 되니까 판단에 관련된 비즈니스, 내 것과 남의 것을 분리하는 것 그것은 국가공직도 있고 회계, 보험 금융업에서도 나의 것과 남의 것을 판단해야 하는 것 그리고 酉 자체가 금전이나 금융을 의미하죠. 그다음에 국가간의 경계를 설정하는 군조직이라든지 이런 것으로도 해석을 할 수가 있는 것이죠.

이 사람은 회계분야의 직장형태로 활동을 하고 있더라고 하는 것이죠. 이 분야의 직장형태라고 하는 것은 일주만 올려보면 알아요.

時	日	月	年	命
	乙			
卯	亥	酉	丑	

이 일주가 乙일주였는데 酉가 官星이죠. 丑이 偏財죠? 偏財가 官星과 무리지으면서 그 분야가 금융, 재무 파트라는 것입니다. 그런데 이 酉가 空亡입니다. 空亡이 되니까 자기가 주도권을 쥐고서 관리자로서 올라가는 것이 아니라 대가나 보상이 강하지 않은 형태로 회계사무소에 그냥 근무만 하게 되더라고 하는 것이죠.

기본적으로 이것을 먼저 보면서 이 사람이 놓일 수 있는 환경을 머릿속에 그려보면 일주만 딱 보여주면 그 사람의 직업환경이라든지 할 수 있는 수단, 그것을 六親的으로 쓸 수 있는 것 그것이 그대로 다 드러난다고 하는 것이죠.

地支는 바꿀 수 없는 땅, 환경이라고 했는데, 수업 뒷 시간에 가면 旺者라고 하는 파트를 다시 다룹니다. 바꿀 수 없는 땅, 환경을 그대로 이용하라고 하는 것입니다. 그것을 그대로 쓸 때 반드시 성공을 한다는 것입니다. 이것은 뒤에 地支자체로 쓰기도 하고 그다음에 六親的으로도 씁니다.

地支자체를 쓰는 것을 원리를 잘 터득을 하면 정말 도사님이 됩니다. 주술적인 행위와 관련이 된 것도 완벽하게 고안해 낼 수 있습니다. 그 분야를 가지고 힌트를 얻었다고 합시다.

"야! 그렇구나! 무기구나!" 이것을 터득해 버리면, "그러면 망하게 하는 것도 이것이구나!" 답이 딱 나오겠죠?

"망하게 하는 것도 이것이겠구나!" 그러면 주술적인 방법이 이 地支안에 다 나와 있는 것이죠. 地支라고 하는 글자를 잘 볼 때 알수 있게 됩니다.

그다음에 이것을 六親的으로 상기 명조에서 酉를 食神으로 쓴다고 합시다. 만약에 酉를 食神으로 쓸 때 이런 물성을 지닌 食神은 내가 어느 정도 행위적인 요소가 가해져서 자연스럽게 부산되는 부산물입니다. 그 부산물을 어떻게 한다고요? 무기로 쓰니까 반드시 성공하더라는 것입니다. 가장 가까이 있는 것이 즉 달에 있는 것이 강한 무기가 되고 그다음에 년이나 일시가 태어난 무기가 되는데 酉金을 어떻게 하니까?

酉金을 食神으로 쓰더라고 한다면 이 사람이 무슨 장사를 하니까? 酉金이 식품으로 쓰여질 때 이 酉金은 무엇입니까? 대체로 숙성 또는 형태상으로 볼 때 캔 속에 들어가 있는 것이죠. '갇혀있는 것', 물성이 펼쳐져 있는 것이 아니고 즉 '야채가 아니고 열매다.', '캔 속에 들어있다.', '젓갈이 되었다. 숙성되었다.' 그다음에 '약성을 지닐 정도로 원래 나무에 매달려 있을 때와 다른 형태가 되었다.'

이 자체를 약도 되고 식품도 되는 종목, 숙성된 것, 캔에 들은 것 이런 속성을 그대로 쓰는 직장에 들어가니까 그 직장을 다닐 때 이 닭 酉자만 안 깨어지니까 그냥 생활하는데 별문제가 없더라고 하는 것입니다. 이 닭 酉자가 깨어지니까 반드시 내 생활의 기반이나 근간이 의심을 받더라고 하는 것입니다.

時	日	月	年	**命**
	亥	酉	卯	

卯시처럼 먼 곳에 있어서 자극만 주는 것이 아니라 卯가 년에 있어서 뛰어다닌다고 하는 것이죠. 卯酉 冲에 의해 이렇게 뛰어 다니니까 "나르는 식품이구나!"

날아다니는 식품이라고 하는 것은 무역거래에 의한 식품입니다. 장거리 유통에 의한 식품업을 하니까 되더라는 것입니다. 내가 장사를 하는데 장사를 어디서? 한 자리에서 쭈그려 앉아서 하는 것이 아니라 움직여 다니면서 커피를 파니까 돈을 벌더라고 하는 것이죠. 한자리에서 하는 장사는 안되더라고 하는 것이죠.

冲에 의해 그 물성을 환경을 만들어 주어서 변화를 시키니까 즉 冲을 맞은 그 모양 그대로를 가지고 일을 하니까 잘 되더라 이것이죠.

전에 이 부분을 조금 깊이 다루어 본 적이 있는데 잘 봐보세요.

時	日	月	年	命
	戊			
	寅	寅	酉	

이런 팔자를 가진 사람이 있었습니다. 寅에서 酉를 보면 空亡이 됩니다. 酉 자체를 자유롭지 못하게 하는 글자가 寅寅 酉로 元嗔이 거듭하여 있어서 酉의 모양을 온전하지 못하게 하죠?

酉金이 六親的으로는 傷官이죠. 이분이 사상공단에 제조업을 하다가 결국 IMF가 오기 전에 규모에 따른 부담 때문에 문을 닫은 것입니다. 문을 닫고 나서 이 양반이 어디로 갔느냐? 부산에 있을 수가 없으니까 서울로 갔다가 경기도 촌구석으로 간 것이죠.

제가 이분 팔자를 분석을 해주면서 뭐라고 했느냐 하면, 이분이 傷官이 있기는 있죠? 생산요소라고 하는 것이 있기는 있는데 空亡을 맞아 있죠? 그래서 일반적인 생산양식은 되지 않는다. 그다음에 食神과 傷官의 차이는 傷官이라고 하는 것은 대체로 인공적인 요소가 강화되어 있는 것이고, 食神이라고 하는 것은 자연스러운 생산수단이라고 하는 것이고, 자연스러운 기운을 대체로 이용한 것이니까 농업이라든지 원예라든지 이런 것이라고 하면 酉는 인공적인 요소가 많이 가미된 것이라는 겁니다.

인간들이 하는 제조, 생산 이런 것이 되니까 대체로 傷官星인데 그것마저 寅酉 元嗔으로 해서 酉의 꼴을 갉아먹고 있더라는 것이죠. 元嗔은 대체로 '갉아먹는다.' '원천적으로 서로 용납하지 않는 불편한 상태' 이렇게 보시면 됩니다.

그래서 만약에 제조업을 한다면 "먼지가 날리면서 구질구질하거나 보기에 조금 더러워 보이고 추하게 보이는 그런 제조업을 하면 성공을 할 수 있되, 도시처럼 깨끗한 환경, 좋은 제품을 만들려고 하면 당신의 팔자에 부합이 되지 않는다. 당신의 제조 생산의 창고는 구멍나고 일그러진 것이다."

일그러졌다는 것 자체가 특용, 약용 즉 약성을 가진다는 것 자체가 기운이 약간 기울어진 것이 약성을 가지는 것이죠. "특용이나 약용이나 하여튼 특수라는 이런 것들이 붙어야 당신의 생산하에서 돈 벌이를 삼을 수 있는 밥그릇이 된다."

그분이 도시 속에서 할 수 있는 여건이 되지 못해서 공장의 문을 닫고 경기도로 가서, 경기도에서도 한참 촌구석으로 가서 북한강 가까이 가서 뭘 했느냐 하면 유황오리를 해서 유황오리알을 한 것입니다. 유황오리알이 얼마 되지 않으니까 롯데백화점 소공동 지점에 납품을 하고 영등포하고 몇 군데만 납품을 하다가 이것이 자꾸 수요가 커지니까 덩달아 자기사업도 커지기 시작을 한 것이에요.

무일푼으로 내려가서 그 촌구석에서 오리똥 냄새를 맡아 가면서 특수하고 약용이 될 만한 일을 하니까 6~7년 사이에 거의 20억 재산을 모았다는 것입니다.

그분이 다시 도시에 폼이 나는 유통업을 해보면 어떻겠느냐고 물으러 온 것입니다.

이때 우리가 상담을 해주는 입장에서 어떤 함정에 빠지느냐 하면 五行이나 운세적인 흐름의 함정에 빠지는 것이에요.

"지금부터 財운이 오니까 당신 유통업을 해도 됩니다." 라고 하면 안됩니다. 절대 안됩니다. 물론 財운이 와서 유통될 수 있는 시장성이라고 하는 그 시간만큼은 2~3년은 됩니다. 유통업을 하기 위한 기본적인 환경을 만들어나가다가 그 환경이 끝나자마자 손을 들게 됩니다.

그것이 바로 分이라고 하는 것과 통하는데 分이라고 하는 포괄적인 의미 속에 들어가기도 하고 地支가 어떻게 생겼으므로? 地支의 모양이 범 寅자를 쓰자니 닭 酉가 울고, 닭 酉 자를 쓰자니 범 寅자가 괴롭히고, 그런데 그 괴로운 형태로 밥그릇을 들고 있으니까 돈이 담기더라고 하는 것입니다.

경기도 하고도 한 참 더 들어가서 북한강 주변에 얄궂은 그런 곳에 가서 오리똥 맡아가며 유황가루 뿌려가며 사니까 길지 않은 시기에 상당한 재산을 모으더라고 하는 것이죠.

그런데 돈이 있으니까 이것을 들고 내려와서 대형유통업체를 하고 싶은 그런 욕심이 생기는 것이죠.

"이런 것을 하려고 합니다. 하면 되겠습니까? 안 되겠습니까?"

 이렇게 질문을 할 때 운을 잘 못 봐주었다가는 완전히 작살 난다는 것이죠. 운을 봐주어서 되는 것이 아니라 地支의 환경이라고 하는 分을 따르는 것이 좋다고 하는 것이죠. 이해가 됩니까?

학생 - 결국 저 사람은 하게 되지 않습니까?

답변 - 아니에요. 밥그릇이 일그러진 사람들은 시키면 말을 듣습니다.

 해결 양식이나 구도에 있어서 만약에 운이 나쁜 쪽으로 간다고 합시다. 지금은 운이 약간 괜찮은데 다가오는 운이 나쁜 쪽으로 간다면 하지 말라고 해도 합니다. 그런데 기본적으로 운의 흐름이 나쁘지 않을 때는 그 이야기는 기본적으로 일그러진 밥그릇을 들고 사니까 그대로 살더라는 것이죠. 거꾸로 冲에 의한 대결양상 구도라든지 이런 것이 강한 사람들은 사실 묻는 것이 형식상 묻는 것이거든요. 고개만 끄덕거리다가 가서 자기가 하고 싶은데로 하는 것이에요.
 "시킨 대로 하지도 않으면서 왜 묻습니까?" 하거든요.
 "그래도 신중하게 참작을 해야 하지 않습니까?" 대답을 합니다.
 그렇게 해서 언제까지? 좋다고 하는 점괘가 나올 때까지 돌아다닙니다. 유명하다고 하는 집은 다 돌아다녀서 좋다는 말을 듣고 난 뒤에 결국 자기 위안의 수단으로 삼는 것이죠.

아픈 사람들의 심리도 마찬가지잖아요. "낫습니다." 하면 "우리 원장님 최고입니다." 하는 것이죠. "나을 수 있다." 답을 못질을 해주기를 원하잖아요? 답을 어깨에 매고 오잖아요? 그런데 사실은 "나을 수도 있고 안 나을 수도 있습니다." 이것이 정답인데 그렇게 이야기를 해주면 "우리가 인연이 별로 없는 것 같습니다."하고 그냥 도시락 싸서 가버리는 것이죠.

그것과 똑같은 것입니다. 자기가 이미 답을 들고 와서 검정을 하는 것과 똑같다는 것입니다. 그런 경우에는 사실은 이야기를 안 듣죠.

이분은 그전에 한번 엎어져 봤다는 것입니다. 제조업을 폼이나게 해보고 나서 "이게 답이 아니구나!" 그것을 어느날 터득을 했다는 것입니다.

"그렇게 하렵니까? 어떻게 하시렵니까?" 하니까

"생각을 한 번 해보겠습니다."

그 뒤에 소식을 들었는데 그돈을 가지고 그냥 땅을 샀다고 합니다.

지금 庚辰년 辛巳년이 들어오면서 庚하고 辛이라고 하는 것이 天干的으로 食神이라고 하는 어떤 환경을 제공하니까 뭔가 새로운 것을 만들어내고자 하는 정신적인 요소가 따르게 되죠.

地支환경은 辰巳午未가 대체로 印綬를 열어주는 쪽으로 가는 것이죠. 결국은 巳午未에 문서형태로 재산증식을 도모하고, 현금형태를 묶어버리고, 巳午未때 印綬가 대세이니까 현금형태를 묻고 싶어서 그런 것이거든요. 그러니까 작년에 문서를 산 것으로 소식을 들었는데 차라리 그렇게 문서형태로 묶어 놓은 것이 아주 현명한 것이죠. 그전에 자기가 한 번 바닥을 기어봤으니까 그런 것이죠.

아무튼 地支환경이라고 하는 것을 뚫어지게 한 번 들여다보라고 하는 것이죠. 그러면 이 사람은 생활력의 측면에서 상당히 생활력이 있습니까? 없습니까? 상당한 생활력이 있는 사람이죠. 범 寅자 자체도 그렇고 닭 酉자 자체는 작두이지 않습니까?

작두를 들고 있다고 하는 것은 무엇인가 몸으로 때우고 자기가 세운 계획대로 실천하고 행동하는 것이 상당히 강한 사람이니까 다른 요소에 그것이 財星이든 印星이든 어떤 요소에 의한 것이든 이 사람은 기본적인 행동양식이나 요소가 부지런하거나 실천적인 사람이라는 것을 알 수가 있는 것이죠. 그래서 地支 환경을 잘 보시라고 하는 것이죠.

地支환경요소에서 子丑寅卯,,, 戌亥라고 하는 地支모양을 생각해 볼 필요가 있는 것이 地支에 대한 이해나 소양이 "이 사람의 직업적인 환경, 생활적인 특성은 이러하겠구나!" 하는 것을 기본적으로 각 地支의 글자 하나씩만 가지고도 충분히 이해를 할 수 있다고 하는 것이죠.

뒤에 命大歲論하고도 결국은 중복이 되지만 地支의 글자를 운으로 쓸때 이 운도 결국은 무엇입니까? 地支라고 하는 요소에 가장 포괄적인 영향을 주는 인자라고 하는 것이죠. 그러니까 아무리 엄동설한에 차가운 흙도 여름이 오면 녹아내리고 그 기능을 여름의 글자 영향 하에서 사용하게 된다고 하는 것이죠.

그러니까 운의 글자의 영향을 자기 팔자의 干支가 무엇이든 상관없이, 월에 正財가 있고 무엇이 있고 상관이 없이, 운이 되는 글자에 대체로 順하게, 흐름에 맞도록 즉 여름에는 반팔을 입고 다닌다 이거죠. 반팔을 입고 다니니까 팔자가 그릇이 크든 작든 어떻든 대체로 하는 일이 순조롭더라고 하는 것입니다.

밥그릇을 봐서는 대충 개밥그릇 비슷한데 그래도 여름에 맞도록 등에는 무엇을 매고 다니더라? 아이스크림통을 들고 아이스크림 장사를 하더라 이거죠. 아이스크림 장사를 하니까 큰 돈을 버는 것은 자기 그릇에 있어서 어차피 들어와서 나간다 하더라도 아이스크림 장사가 안되서 힘들어하는 일은 없더라고 하는 것이죠.

마찬가지로 이 여름의 운에 시원한 보리차나 아이스크림 장사를 하는 것이 아니라 따뜻한 군밤 장사를 하니까 어떻게 되요?

팔자에 그것이 조금 바람직한 인자라고 하더라도 운에 순조롭지 못하니까 군밤이 잘 안 팔리더라고 하는 것이죠. 그래서

地支的인 환경, 타고난 환경 그다음에 운에 의해서 간섭이 되었다가 영향을 받는 놈들에 따라서 그대로 운을 써먹느냐?

그것을 안 써먹고 팔자에 있는 것을 그대로 고집하여 가느냐가 또 현실적인 결과에서 큰 차이를 만들어내더라고 하는 것이죠. 그러니까 시민회관 앞에서 여름에는 시원한 보리차, 겨울에는 콩국, 그다음에 사계절 샌드위치를 판 사람은 지금 범일동 주변에 최고의 요지에 식당을 6개를 하고 있습니다. 거기에서 공연을 한 사람은 20년 뒤에 다 망했습니다.

결국은 인자나 계절의 환경을 그대로 써먹은 사람은 즉 여름에 보리차 장사를 하고 겨울에 콩국 장사를 하고 계절 그대로 몸을 바꾸어서 산 사람은 20년이 지난 뒤에 식당 6개를 둔 큰 부자가 되었고, 사계절 계속 똑같은 춤을 춘 사람은 결국 20년 뒤에 쪽박을 차더라는 것입니다.

결국은 운에 의해 地支는 반드시 간섭을 한다는 것이죠. 계절에 의해 반드시 간섭을 받는다는 것입니다. 그것을 地支에 대한 근본적인 이해에 대한 틀이나 접근 방식으로 생각을 해야된다고 하는 것이죠.

"땅은 바꿀 수 없다. 땅의 영향을 받는다. 땅은 서로 깎인다. 땅은 잘 쓰면 최고의 무기가 된다. 최고의 생산력을 가져준다."

그래서 地支的인 해결이 가장 큰 현실적인 수단이라고 하는 것입니다. 일단 이렇게 기본적으로 天干과 地支를 해석을 해주라고 하는 것이죠. 조금 쉬었다가 다른 논리로 쪼개는 것을 하도록 하겠습니다.

대운수 1

학생 - 상기 팔자가 올해 죽는다고 어느 철학원에서 이야기 했다는데 왜 그렇습니까?

선생님 - 戊戌운에 와 있기 때문에 다 죽는다고 했다고 합니까?

학생 - 올해 죽는다고 했다고 합니다.

선생님 - 올해 죽는 것은 아니죠. 이분은 무슨 논리에 의해서 사주해석을 그렇게 했느냐? 말 그대로 用神論에 의한 풀이입니다.

상기팔자는 雜氣財官이죠. 辰중의 乙木이 일간으로 투출되어 있는데 아무튼 雜氣格이다. 命의 身旺 身弱을 논한다고 하면 身이 弱이다. 그런데 印綬가 있으니 印綬로서 用한다. 印綬

가 五行的으로 水인데 辰巳午未 대운이 戌대운에서 五行的으로 土가 외부적으로 득세해 있는 모양에 流年이 어디로 흐릅니까? 辰巳午未 水가 庫藏地에 들어가므로 수명이 위태롭다. 이렇게 해석을 하는 것이거든요. 그렇게 해석을 하면 말짱 꽝입니다.

학생 - 선거는 어떻게 봅니까?

선생님 - 선거 자체는 그렇죠. 시에 正官이 있으니까 선출직 명예를 구할 수 있는데 땅바닥에 身弱에 庚金이 내려와서 地支에 득세를 해주거나 印綬를 소통시켜 주어야 되는데 申年이 되면 空亡이 됩니다.

空亡의 요소가 간섭을 하고 있어서 결국은 공천여부, 그리고 辰과 申이 무리를 지어서 財와 官이 무리를 짓거나 印綬局을 형성시킬 수 있는 환경일 때 어떻다고요? 결국은 되는데 申年에는 한 번 空亡이라고 하더라도 공천이 된다면 한번 해볼만한 상승의 운기가 된다고 보는 것이죠.

壬午年에는 개인적으로 의식주나 살림살이 확장요소, 부동산이나 재정적인 확장요소인데 12運星으로 庚金이 午에 浴池에 들어가죠. 浴池에 들어가기 때문에 단체장 선거 이런 것은 印綬의 보조나 官의 보조가 있어야 되고요, 그다음에 완전 선출직 또는 無官帝王格 이런 경우에는 충분히 가능하다고 보면 되겠죠.

만약에 이런 팔자를 가지고 촌에서 선출직을 했다고 하면 됩니다. 선출직 중에서 의회라고 하든지 食傷의 활동을 충분히 도와줄 수 있는 인자 이런 부분이 필요한 부분 같으면 되는데 단체장은 안되죠.

학생 - 이분이 간경화가 있으면서 지금 산청에서 청소년수련원을 짓고 있습니다.

선생님 - 올해가 壬午년에 戌이 午의 작용을 거들어서 食傷이 무리를 지으니까 의식주의 확장이나 살림살이의 확장 이런 것들을 도모할 수 있는 운인데 기본적으로 봄 만춘(辰)의 계절에 五行的으로 壬水나 亥水의 보조가 있으면 간이 기운적으로나 五行的으로 보조가 잘 되어 있는 상태가 되죠.

이 양반이 술을 많이 먹어 간을 많이 썼을 것 아닙니까? 많이 썼기 때문에 쓴 것이 탈이 났을 때에 고물이 되는 것입니다.

우리가 고물론 수업을 했었죠? 고물이 되었다고 하는 것은 상당히 다루기 어렵다는 것이지만 地支대세에서 五行的인 보조가 되어있는 인자를 가지고 있다고 하는 것은 충분히 관리할 수 있는 흐름이나 인자를 팔자 내에서 가지고 있다고 하는 것입니다.

申酉戌 대운이 끝이 나면서 金의 기운이 사실은 五行的으로는 土에 속하지만 사실은 辰辰이 養金之土일 뿐이지 기본적인 족보는 木에 속하는 놈들이죠. 金이 약한데 金을 언제 다 썼다고요? 申酉戌에 다쓰고 金이 탈이 난다면 이 경우에는 심각한 형태로 드러난다는 것입니다.
　그다음에 종양성 질환의 인자는 어디에 있습니까? 丙戌 白虎, 壬辰 魁剛, 庚辰 魁剛에 의해서 드러났을 때는 폐쪽으로 드러나거나 대장쪽으로 드러났다면 이 경우에는 정말 다루기 어려운 것이라는 겁니다.
　약한 것을 다 사용해서 고물이 된 것이고, 강한 것이 고물이 된 것은 기본적으로 강하다고 하는 베이스가 있는 것이죠. 그래서 어지간히 관리를 하면 충분히 극복 가능하다는 뜻인데 뒷날에 戌운이 끝이 났을 때, 폐나 대장으로 드러났을 때는 극복하기가 대단히 어려울 것이라고 보면 되겠죠.
　用神論에 입각해서 보면 올해 죽는 것이 아니고 辰년이나 巳년 정도에 죽어야 됩니다. 이미 壬水가 辰 墓 庫藏地나 巳 絶地에 이르렀기 때문에 이때 죽어야 되는 것이죠. 그다음에 인타발을 둔다 하더라도 신체적으로 기운이 작용해서 드러나는데 3개월~6개월 편차를 둔다고 하더라도 올 여름에 세상을 떠나야 될 것 아닙니까? 그런 사람이 어떻게 선거를 치릅니까?

　결국은 뒷날에 이 학문에 대한 가장 깊은 이해는 결국은 '짝'

입니다. 짝의 조건은 결국은 陰陽인데 몸이 아무리 身弱하더라도 다른 것과 짝을 지으면 반드시 명이 빛이 나게 되어있다는 것입니다.

時	日	月	年	命
庚	丁	癸	壬	
子	丑	丑	寅	

이 팔자에서도 일간 중심으로 사주해석을 하면 해석이 안됩니다. 사주책대로 하면 偏官이 드러나 있죠? 雜氣財官에 癸子丑 偏官이 무리지어서 있는 모양과 같은 것이죠. 偏官득세에 寅 印綬가 유정이 되기 어려울 만큼 거리가 있는 형태이면서 格이 賤格이라고 보게 됩니다.

그런데 天干을 보지 말라는 것입니다. 보지말고 子丑丑寅 해서 이 地支의 모양이 안정이 되어 있습니까? 안 되어 있습니까? 아주 안정이 된 모양이죠. 어지럽지 않다는 말입니다. 그러므로 이 팔자는 길한 명조의 조건을 가지고 있는 것입니다. 이 사람이 내려앉아 있는 땅은 확실하게 얼어붙어서 봄이 순서대로 잘 펼쳐지고 있는 모양이다. 풀이 날 자리에 풀이 나있고 얼음이 있을 곳에 얼음이 있는 것이에요. 이 사람의 일간이 丁이든 乙이든 己든 무엇이든지 상관없이 이 사람은 어떤 환경? 금전이든 생활환경이 안정적인 형태의 삶을 이룰 수 있는 사람이라는 것입니다. 그리고 이것을 내가 허약하면 짝으로 쓰면 됩니다.

時	日	月	年	命
	癸	癸	壬	
子	丑	丑	寅	

그다음에 내가 旺하여 졌으면 淸을 얻는다는 것입니다. 淸을 얻는 이유는 무엇이냐? 이 땅바닥이 고요하다고 하는 것입니다. 癸일주가 된다면 이 사람은 명교수가 될 것이요 財官으로 쓴다면 이 사람은 반드시 부자로 살 것이다. 땅이 어지럽지 아니하면 반드시 부자다 이 말이죠.

최소한 이것이 比肩이 되더라도 명이 淸하여 지므로 교수라는 것입니다. 그래서 기본적으로 땅의 조건을 보라는 것입니다.

時	日	月	年	乾命	己	戊	丁	丙	乙	甲	癸	大運
庚	乙	壬	丙		亥	戌	酉	申	未	午	巳	
辰	亥	辰	戌									

대운수 1

이 팔자는 개 戌자와 용 辰자가 무한한 생산력을 가져다 주는 인자가 됩니다. 개 戌자가 근본적으로 乙의 入墓地면서 午

를 통해서 끊임없이 食傷과 財局을 이루어지게 하는 인자가 됩니다.

戌을 고요히 잠들도록 놔둔 것이 아니고 즉 戌로서의 작용만 하도록 해놓은 것이 아니고 戌이 뛰어다니도록 만들어놨거든요. 그다음에 다시 辰이 와서 乙木의 활동력이 극대화할 수 있는 五行的 地支的인 환경이 자연스럽게 주어졌다고 하는 것입니다. 그래서 辰도 쉬지않고 움직인다고 하는 것입니다. 거기에 五行的인 인자가 보조가 되지 않는데 壬水가 있어 五行的인 보조가 되어 있죠?

辰戌이라고 하는 것 자체가 의미하는 것이 水와 火를 조절하는 인자를 가지고 있다는 것입니다. 그것을 놨다가 붙들었다가 놨다 붙들었다 하는 것을 서로 밀고 당기고 하는 작용을 해준다고 하는 것입니다. 그러면서 그 자체가 五行的으로 土죠. 재산 형성의 수단은 무엇입니까?

水火라고 하는 것이 융통성인데 이루어지는 것은 土를 통하는 것이니 부동산이나 전택을 통해서 재산증식이 크게 이루어진다고 하는 것이죠. 그것을 가만히 놔두지 않고 冲을 통해서 끊임없이 운용하는 것이죠. 그래서 이 사람이 乙일주가 아니라 무슨 일주라고 하더라도 이 사람은 이러한 활동성이 辰戌의 작용력에 의한 상승요소 인자가 작용한다고 하는 것이죠.

地支的인 환경을 한참 우선하여 보라고 하는 것입니다. 天干은 볼 필요도 없어요. 알고 보면 일간이 무엇인지 볼 필요도 없다니까요. 제일 간단하고 무식하게 보는 방법이 天干과 地支에서 地支는 무엇이 무리지으면 좋습니까?

男子 (陰物)	申子辰 水 巳酉丑 金
女子 (陽物)	寅午戌 火 亥卯未 木

수업에 분리적인 입장을 했었죠? 남자는 치마를 어떤 것을 입어야 좋더라? 음물(陰物)에 속하는 것을 입어야 좋더라는 것이죠. 음물(陰物)을 만들어 내어주는 인자는 地支운용의 모든 것이 三合을 통해서 결과물이 이루어진다면 申子辰은 水에 속하여 기본적으로 陰에 속하고, 巳酉丑은 金에 속하고 즉 이것을 가지고 있으니까 좋더라는 것이죠.

申子辰 巳酉丑이 偏財이든 正財이든 무엇이든 간에 申子辰 巳酉丑을 많이 가지고 있는 사람은 잘먹고 잘 살더라고 하는 것입니다. 반만 가지고 있더라도 무기는 있더라고 하는 것이죠.

그다음에 여인은 무엇을 가지니까? 인연이 寅午戌 亥卯未를 가지고 있으니까 이것들이 자기들끼리 막 합치고 지랄병하고 해서 만들어 내는 것이 火木에 속하여 그 물성이 밖으로 드러나서 움직이는 것이 되므로 여인이 陽에 속하는 地支의 물건을 들고 오니까 팔자가 身弱하여 빌빌거려도 시집이 부자고 친정집이 부자더라는 것입니다. 안 그러면 서방이 똑똑해서 먹고살 것, 생활환경 모든 것을 해결을 해주더라는 것입니다.

거꾸로 남자가 寅午戌 亥卯未 를 많이 가져오니까 엄청나게 뛰어 다녀야 되더라는 것입니다. 거꾸로 여인이 申子辰 巳酉丑을 많이 가져오니까 재정적으로 좋더라도 마음에 애달픈 고달픔이 오더라는 것입니다.

남자는 地支에 무엇을 많이 가져오니까? 申子辰 巳酉丑을 많이 가져오니까 빌어먹어도 멋진 곳에서 빌어 먹더라는 것입니다. 비서는 비서인데 대통령비서실장이더라는 것입니다. 수위가 되어도 중앙청 수위가 되고, 빌어먹을 곳이 멋진 곳이 빌어먹을 곳이더라는 것입니다.

그런데 생긴것이 안정되어 있으면 그것은 만고 특별한 변수가 아니면 흔들리지 않는 밥그릇을 확보해 놓은 것과 똑같더라고 하는 것입니다.

時	日	月	年	命
	丁			
子	丑	丑	寅	

앞에서 설명한 명조와 같이 남자가 위와 같은 것을 가져오면 즉 丁일주라고 하고 봅시다. 丑은 庚金이라고 하는 것의 入庫地입니다. 그래서 상속분 형태의 正財는 묶여버리는 모양이

되는데 辛金의 형태가 丑에 숨어 있으면서 12運星으로 따지면 養地에 속하죠. 偏財 재산이 내포된 큰 부동산과 땅을 받더라고 하는 것입니다. 상기 팔자처럼 받는 것이 있습니다.

時	日	月	年	命
丙	丙	壬	癸	
申	午	戌	巳	

오늘 온 손님입니다. 地藏干은 다음 시간에 다루게 되는데, 이 양반도 부모가 학교재단을 하고 있어서 받을 것이 있는 모양입니다. 물론 형제가 있으니까 분탈은 되긴 되겠지만 받기는 받는데 丙午일주의 예가 받는 것하고 丁丑일주가 받는 것하고 어떻게 다르냐 하는 것입니다.

丁丑일주는 火일주에 丑중의 辛金이 섞여 있는 것이고, 丙午일주는 戌 중에 辛金이 섞여 있는 것입니다. 다르죠? 地藏干의 내용과 맞물리죠? 戌중의 辛金은 무엇에 의해서? 午와 한번식 무리를 지으면서 기본적으로 자기의 족보가 申酉戌 金局에 속하면서 그 모양이 훼손이 된다는 것이죠. 損耗 즉 모양이 훼손될 수 있는 인자를 가지고 있다는 것입니다.

그래서 이 양반이 戊寅년에 어떤 사업에 투자를 해서 아버지 돈을 좀 거덜을 내고 지금은 아버지와 유정하지 않아서 갈등 속에 세월을 보내고 있는데 결국은 받기는 받겠죠? 戌자도 食神이요 丁丑일주의 丑도 食神이죠. 丑 食神은 고요하여 이 사람은 움직이지도 못하는 것이죠. 일을 안 저지르는 것이죠. 저지르려고 하다가도 아무리 봐도 "응, 그렇나? 생각해볼께" 하는 것이죠.

丁丑일주가 祿을 띄우는 午년이 왔다고 합시다. 丁이 午를 보면 무엇인가 자기가 가지고 있는 본연의 기질을 땅에 실현시키려고 하겠죠? 그래서 명이 身弱한 사람이 祿을 만나면 그 때 남자는 결혼, 조직생활을 하는 사람은 독립사업 이런 것을 구하게 되는데 午가 와서 時의 子를 건드리면 子가 흔들리겠죠. 그러면 옆에 있는 丑이 붙들고 있죠?

친구가 와서 "돈이 엄청나게 되는 사업이 있다."고 하면 고민을 엄청나게 해보는 것이죠. 고민의 결과는 결국 丑으로 간다고 하는 것입니다.

"그냥 너해라! 나는 안 하련다."

이런 식으로 하는 것이죠. 이 사람은 가만히 앉아서 엄청난 부모혜택을 받더라고 하는 것이죠.

時	日	月	年	命
丙	丙	壬	癸	
申	午	戌	巳	

이 사람은 옆에서 펌프질하면 어떻게 됩니까? 태어난 時에 偏財가 놓여있죠? 時에 偏財가 드러나 있고, 그다음에 태어난 날을 중심으로 볼 때는 申이 驛馬가 되고, 그다음에 년의 巳는

比肩요소에 巳중의 庚金이 어떤 때는 金으로 놀았다가 어떤 때는 火로 놀았다가 왔다 갔다 하겠죠? 친구 만나 재미도 봤다가 피도 봤다가 하게 되겠죠?

잘하면 돈이 된다는 것을 항상 생각하고 있는 사람이라는 것이죠. 그렇게 하다가 사업의 자본을 아버지 자리 戌이 있는 자리에 생일의 午 劫財가 끌어 당기면 그것이 午火에 의해서 드러나서 결국 멍이 드는 것이죠.

그래서 상기 癸巳생 사주 전체의 그릇을 볼 때는 地支의 火局, 그다음에 일간의 丙火, 시간의 丙火가 있는데 사실은 이 팔자도 淸한 팔자입니다. 대체로 글자들이 서로 괴롭히지도 않고 있는 모양이죠. 다만 팔자에 午와 申이 隔角이 되어있을 뿐인데 전체적으로 서로 글자가 갈등요소가 주어져 있지 않은 모양에 壬水 癸水는 天干에 떠 있어서 水火交戰이 그렇게 강하지 않고, 그래서 그나마 교수직이나 적어도 학교의 특수행정직이라도 볼 수 있는 그릇은 된다고 하는 것이죠. 아니면 언론방송 등에도 관련할 수 있겠죠?

官星과 食傷이 어우러져 있죠? 그래서 그 정도는 충분히 할 수 있는 그릇인데 문제는 재정적인 부분에서는 그렇게 되더라고 하는 것이죠.

그래서 이 양반은 어디로 가야 된다? 驛馬로 가야 되는데 내국에서 한다면 무역이요 아니면 驛馬에 偏財星을 안고 있으니까 자기가 해외출입의 비즈니스를 통해서 경제적인 성취를 하는 것으로 넘어가는 것이죠. 결국은 말년에 그렇다고 봅니다.

본래 주제로 돌아와서 地支에 있는 환경이라고 하는 것은 바꿀 수 없는 환경이요 잘만 쓰면 무기가 됩니다. 地支에 있는 것을 팔아먹는 것은 충분히 성사되는 일이 됩니다. 그러한 환경으로서 하늘과 땅의 조건을 먼저 보라는 것입니다.

그전에 우리가 분리적 입장이라고 하는 것을 수업중에도 한 번 말씀을 드렸지만 분리적 입장에 같이 들어간 것이죠.

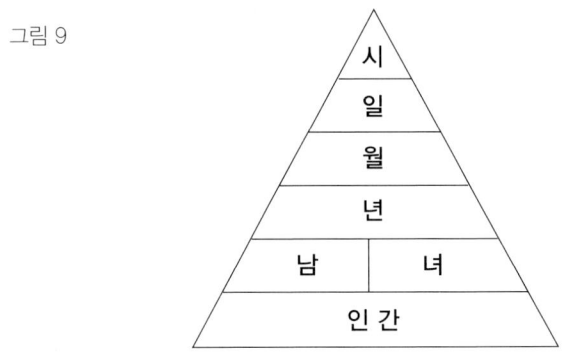

그림 9

사주팔자 이전에 인간, 인간의 위에 남녀가 있었다. 남녀의 위에 年月日時가 있었다는 것입니다. 時日月年보다 남녀의 운명이 우선하고, 남녀의 운명 이전에 인간이 우선한다는 것입니다.

대운이 흘러가는데 어떻게? 대체로 15년 정도씩을 끊든지 20년 정도를 끊어서 봅니다. 乙丁辛癸는 누구의 운명입니까? 인간의 고정적인 대운이라고 했죠? 누구든지 태어나면 乙丁辛癸의 과정을 거칠 수 밖에 없다는 것입니다. 年月日時 이전에 이미 인간에게 부여되어 있는 좌표라고 하는 것입니다. 시간적인 좌표가 되죠.

 그다음에 남자에게 부여된 좌표, 여자에게 부여된 좌표라고 하는 것은 우리가 상식 속에 생각해 보면 되는 것이죠. 그다음에 年月日時라고 하는 인자가 결국 여자이냐 남자이냐? 하는 것과 그다음에 이것이 인간이냐 아니냐?

時	日	月	年
		辛	乙

命

 아까는 팔자 내에 연월에 어떤 것이 있느냐? 乙과 辛이 있다면 이것은 인간과 干支라고 하는 것의 분리적으로 놓고 생각을 한 것이죠.
 일주를 사람이라고 생각하는 것 자체가 잘못되었다고 하는 것이죠. 그림 9번과 같이 분리해서 볼 수 있는데 이것도 일종의 좌표라고 하면 좌표론이 되는데 분리적으로 생각을 해보라고 하는 것이죠. 사람하고 年月日時하고 이렇게 되고 그다음에 남녀이기 때문에 부여되는 운명, 그런 것을 확장을 해보면 쥐 子자라고 하는 것 하나만 가지고도 생각을 해볼 수 있어야 돼요.

	남	여	
子	○	×	三合
	×	○	☵
	○	×	五行的 (木火 陽) (金水 陰)

　남자에게 여자에게 어떻게 상승작용을 한다. 남자에게 상승작용, 여인에게 하강작용 즉, 申子辰 巳酉丑이라고 하는 것을 했었죠? 三合의 결과론이죠.
　그다음에 운동성을 볼 때 子는 一陽 즉 陰으로 가득에워 싸여져 있고, 운동성의 방향성으로 볼 때는 남자에게 불리해요. 여인에게는 좋기는 좋은데, 껍데기는 陰으로 많이 싸여있죠?
　그다음에 쥐 子자는 五行的으로 木火를 무엇으로 봅니까? 陽으로 보고, 金水를 陰으로 봐서 점수를 매기면 쥐 子자는 五行的으로 水에 속하니까 陰의 뜻을 기본적으로 얻었으므로 子는 남자에게 유리하다. 그러나 여인에게 불리하다.

　이것을 외우시라고 하는 것이 아니고 그런 측면을 가지고 생각을 해보시라고 하는 것입니다. 그러면 대체로 남자에게 유리하고 여인에게 불리하다는 것인데 그런데 인간에게는 이 子운이 어떠하냐? 다 불리하다는 것입니다.
　子시가 되면 어떻게 됩니까? 인간의 활동성이 왕성해집니까? 약해집니까? 소극적이 되고 둔화가 된다는 것이죠. 子라고 하는 것이 남녀에게는 상기의 표와 같이 사용이되지만 인간에게는 대체로 다 불리한 작용이 됩니다.

그런데 국소적으로 유리한 것이죠. 생식작용은 부분적으로 유리한 작용을 일으키고 인간의 활동성 측면에서 볼 때는 子는 여러가지 면에서 지체 지연을 주는 것이죠. 동짓달의 기운이 되니까 추워서 오늘 할 것을 내일하고, 웬만하면 추위가 물러날 때까지 기다려야 되고, 어두워서 앞이 잘 보이지 않으니까 더듬으며 가야되고, 그러니까 인간에게 이 子라고 하는 인자는 전체적으로 다 불리한 인자가 됩니다.

이것도 일종의 좌표론에 속하는 것인데 생각을 한번 해보시는 자료로 삼으시라고 하는 것이죠.

아무튼 地支는 땅바닥에 차지하고 있으니까 무시할 수 없다고 하는 것입니다.

實	花	苗	根
	⑤	③	①
		④	②

天干과 地支를 생각을 안 해볼 수 없는데 年月日時를 쪼개는 좌표를 생각을 해봤죠? 여기서 제일 생각해 두어야되는 것이 사람이 젊어서부터 하나의 생이 완성되어 나가는 과정이 1~5(그림참조)가 됩니다.

여기 와서야 무엇을 알았다는 것입니까? 앞에서 설명할 때

꽃을 봐서 물성을 안다고 했죠. 日干이 결국은 나의 물성 즉 고유의 특질을 드러내는 공간이라고 하는 것이죠.

	實	花	苗	根

그다음에 實로 넘어가기 전에 이루어지는 것이 상기 그림처럼 年干 年支, 月干 月支, 日干 까지를 하나의 좌표로 보시라고 하는 것이죠. 년에 뿌리가 있다. 월에서 싹이 자랐다. 싹의 방향성에 가장 영향을 많이 주는 것이 月支라고 하는 계절 환경, 땅의 환경이라고 하는 것이죠.

	實	花	苗	根
②	④			
①	③	⑤		

①과 ②부분은 干支의 조화에 의해서 드러나지 않죠? 사실은 우리가 干支부여를 하려면 干支부여를 할 수도 있는데 ①과 ②부분에 뿌리를 두고 時에 줄기를 삼아서 드러나서 日에 꽃이 드러나서 즉 花에 해당되는 日干과 日支의 공간을 통해서 陰陽交接이 일어나는 것이죠. 陰陽交接이 이루어져서 결과

물이 어디에 달리더라는 것입니까?

사실은 일과 시 전체의 자리입니다. 결론은 花와 實이죠. 時는 實의 양상입니다. 實이 놓여 있는 형태, 양상입니다. 陰陽交接은 日時에 다 드러나 있는 것이죠.

그래서 처자인연을 논할 때 年月에 이미 짝지을 자가 있는 것은, 즉 나무로 치면 사실은 무성생식과 비슷한 것이죠. 암수동체, 무성생식 비슷한 것인데 월에 이미 財星이 있는 사람은 이 안에 있는 것끼리 짝을 지어서 벌써 일시에 결과물을 내기 시작을 한다는 것입니다.

그런데 년월에 財星이 없고 일반적인 형태로 볼 때는 日時에 있는 財星이나 官星을 짝을 지어서 열매를 맺어 나간다고 하는 것이죠.

年月에서 처자 인연이 오는 것은 이미 자기 개인적인 宿歲나 전생으로 부터 결국은 짝이 던져진 것이고, 그다음에 日時에 있는 財星이 있는 것이 가장 일반적이고 무난한 처자인연법이라고 하는 것이죠. 그래서 이 日支 三合이나 時 三合의 인자로서 배우자가 이루어지는 것이 가장 자연스러운 모양이 된다는 것입니다.

實	花	苗	根

그래서 처자인연법을 볼 때 상기 그림처럼 진한 부분에서 이루어졌느냐? 아니면 日支와 時에서 이루어졌는지를 잘 보시라고 하는 겁니다. 日支와 時에서 이루어진 사람은 대체로 '자손 번영의 요소가 자연스럽다.'라고 본다는 것입니다.

實	花	苗	根

이 그림처럼 年月日의 진한 부분에서 이루어진 경우에는 자손번영의 숫자가 제한이 되거나 일찍 이루어져 버립니다. 年月은 시간적으로 '일찍' 이라는 뜻이죠. 일찍 이루어지는 특성을 가지고 있다는 것이죠.

年月日에 있는 五行的인 요소하고, 日支, 時干, 時支에 있는 五行하고 대체로 상보적이면 대체로 성혼이후에 배우자를 얻음으로써 사회적인 번영이나 출세가 원만하게 이루어진다고 보면 됩니다. 이미 바람직한 배우자나 짝을 얻을 수 있는 인자를 타고 난 것이라고 보시라는 것입니다.

그래서 病이 어디에 있느냐 따라 다르겠죠? 만약에 病이 月支에 있다고 하면 자기원인, 日支나 時에 있으면 외부적 원인 이렇게 보는 것이죠.

　年月은 內로 봐도 좋고 일지와 시는 外로 봐도 좋다고 하는 것이죠. 지금은 별 의미가 없을 수도 있는데 실제로 사주감정을 하는 것에서는 영향을 많이 받습니다. 內에서 이루어졌느냐, 外에서 이루어졌느냐?

時	日	月	年	命
	辛			
		卯		

　예를 들어서 이런 모양의 구조를 가지고 있을 때 이 명조에서 대체로 다른 곳에 財星이 드러나 있지 않다면 卯의 존재를 짝을 삼을 것이다. 이미 내부적으로 부여된 것을 중심으로 짝을 삼을 것이라는 말이죠.

時	日	月	年	命
丙	辛			
申		卯		

거꾸로 時에 合을 하고 있는 것이, 이런 劫財를 무리지어서 있는 경우에는 가문이 먼 곳이나 자신의 六親환경과 거리가 먼 곳에 인간관계가 맺어졌을 때에 항상 이 申이 六親的으로 劫財 역할의 작용을 그대로 활발하게 일으키게 됨으로써, 다시 말해서 내부적인 六親을 통해서 짝을 찾은 경우가 아니면 이 사람은 반드시 불리한 배우자나 배우자로 인한 고충 요소를 많이 당할 수 있는 인자를 가지고 있다고 보는 것이죠.

그래서 이 사람은 월이 부모자리이니까 부모가 선정해준 배우자 중심으로 짝을 지음으로서 이 사람이 안정적인 삶을 살 수가 있고, 자기가 먼 곳에서 끌고 들어온 인연은 반드시 부부간에 갈등요소나 자기가 경제적 희생을 많이 해주어야 되는 대상을 배우자로 삼는다고 하는 것이죠.

時	日	月	年
陽		陰	
他家		我家	

그래서 年月과 日干, 日支와 時를 습성적으로 끊어서 보는 습관을 들이다 보면 陰 또는 我家 즉 안을 陰로 보면 밖은 陽이 되겠죠. 그래서 日支와 時를 他家로 생각을 하면 되는 것이죠.

時	日	月	年	命
丙	辛			
申	卯			

그다음에 이제 일반적으로 사회활동면에서는 日支까지를 배우자 환경으로 생각을 하는 것이죠. 시는 대문 밖으로 보는 것이죠.

그래서 배우자는 그림 정도에서 他家에서 몸을 들여서 쪼그려 앉을 수도 있고 살짝 펴서 앉을 수도 있죠.

그래서 사실은 이런 원리를 머릿속에 그린다고 하면 사주팔자를 아주 어렵게 볼 것이 없습니다.

"부인은 건강하냐? 불만 없이 잘살고 있느냐?"

그러면 我家 他家에 조정이 이루어지는 일을 중심으로 해서 '부인과 유정하다. 사이가 좋다. 별문제가 없다.' 그렇다면 그것만으로 무슨 뜻을 얻었다는 것입니까? 陰陽 또는 陽陰의 뜻을 얻었다는 것입니다. 가장 첨예한 陽과 陰의 뜻을 얻은 것입니다.

그러니까 이런 것과 똑같은 것입니다. 年月과 時는 완전히 다른 환경이죠. 일주에 서로 손목주고 입맞추고 잘했다. 그러면 年干에 있는 글자는 문제가 안된다는 것입니다.

사주를 사람의 몸이라고 치고 일주를 머리라고 칩시다. 그리고 年干을 발이라고 칩시다. 年干(뿌리부분)에 무좀이 있다. 그런데 日支와 時와 짝을 잘 지어 있으니까 年干의 무좀은 문제가 되지 않더라고 하는 것이죠. 年干의 문제점은 문제가 되지 않더라고 하는 것입니다.

陰陽의 큰 뜻을 干支내에서 이루었느냐? 그러면 이것도 볼 필요가 없다는 것입니다. 볼 필요도 없이 부인이 심신이 건전한가? 마음이 편하고 몸이 건강한가? 부인이 심신이 건강하다는 것이죠.

그때는 내 팔자의 干支 모양이나 복잡성을 떠나서 잘 되게 되어있다는 것입니다. 그런데 부인이 괜히 아프더라 이거죠. 부인이 아프다고 했을 때 두 가지가 있습니다.

첫 번째로 財用이라고 하면 格局 用神說이 되겠지만 財를 반기는 명이 있고, 두 번째로는 格用說에는 財 不用이 있거든요. 格用중심으로 했을 때 財 不用은 꺼린다는 것이죠.

財用은 財를 반갑게 쓰기 때문에 財가 병이 들면 자기도 병이 들더라는 것입니다. 그다음에 財 不用은 자기 병은 안 드는데 인생이 병들더라는 것입니다. 그래서 접시를 깨야 한다니까요. '접시를 깨자!' 하는 노래도 있지 않습니까? 여자는 남자를 위하여, 남자는 여자를 위하여...

기본적으로 陰陽의 조화가 되어 있다고 하는 것이 그렇다는 것입니다.

格用중심에서 强弱이론 중심에서 財用을 하는 인간이나, 財不用하는 인간이나 어찌되었든 부인이 병이 드니까 자기가 병이 안들면 자기 인생이 병이 들더라는 것입니다.

그러니까 그런 양상을 극명하게 드러내어 주는 모양이 팔자 내의 조화라고 하는 것이죠. 我家 他家의 글자가 조화로우냐 하는 것입니다.

구체적으로 분석하는 방법

時	日	月	年
	辛		
	酉		

命

日支 干如支同을 왜 꺼리느냐 하면, 일주만 중심으로 봅시다. 일주만 중심으로 봤을 때 辛酉일에 태어났다고 합시다. 日支에 比肩이 있으면, 正財가 어디에 있는지 알 수는 없으나 正財가 甲木인데 甲木이 어떤 형태로?

12運星으로 日支 酉에 오면 胎의 형태로 있는 모양이 되죠. 甲木이 즉 여자가 들어왔다. 들어와서 日支에 들어왔다 이거죠. 甲이 酉에 서 있으려고 하면 일지 酉가 환경이라고 했죠? 甲木이 여기에 서 있으려고 하면 꿇어앉아 있겠죠?

적어도 胎라고 하는 것은 촉지 즉 뱃속에서 겨우 촉지되는 정도나 만져질 수 있는 정도이니까 조그만 태아의 모양 정도라고 하는 것이죠. 부인이 아랫도리에 왔을 때에 부인의 행동력이라고 하는 것이 융통성이라든지 사회성이 아주 소극적이고 위축된 그렇게 약간 어바리 비슷하게 "예~예!" 하면서 따라다니는 부인은 이 사람과 유정하여 살 수 있고, 그런 사람이 아니고 부인이 건강하고 활동성이 왕성한 사람이 日支 酉에 놓일 수 있습니까? 없죠? 없으니까 이 사람의 직업적인 환경이나 일은 어떻다고요?

자기가 사해만리나 먼 곳을 왕래함으로써 자연스럽게 부인과 떨어져 사는 환경일 때 부부유정은 지켜지고 그렇지 않을 때는 부부유정이 지켜지지 않더라고 하는 것이죠.

그래서 그러한 辛酉일주 자체가 살림을 차리고 살 수가 있는 것을 의미하는데 酉金은 기본적인 환경이나 토대를 제공하여서 時 他家에서 들어온 여인이 있는 모양이 되고 그다음에 마찬가지로 여명의 명조를 봅시다. 무엇이 짝이 됩니까? 天干的으로 순수한 기운을 드러내는 것이 丙火이고, 땅바닥에 祿을 띄우는 것은 巳인데 丙이 酉를 만나면 12運星으로 死地에 속하죠. 그러니까 死色을 띄운 남편이라는 것입니다. 死色은 대체로 검정색이거나 아예 백색이거나 그렇죠?

그래서 피부가 하얗고 광택이 적은 남편이나 아니면 검정색 피부의 남편을 맞이하여 산다라고 봐도 좋고, 아니면 운기 자체가 墓 바로 앞에 서 있는 것이죠. 활동력이 항상 적극적이다? 소극적이다?

丙火가 태양인데 저물어가는 모양이죠? 그래서 그 활동력이 지극히 위축되거나 소극적인 남편일 때는 남편으로서의 작용력을 이루고 살지만 안정된 모양으로서 자기에게 배필로서의 덕을 주기에는 방해요소가 많다라고 하는 것이죠.

地支에 있는 巳의 모양이라고 하더라도 巳酉라고 하는 인자의 환경에 의해서 巳가 酉에 세월이 가면 끌려서 그 본색을 잃어버리죠. 본색을 잃어버리고 병이 들거나 시들시들한 모양으로 살아야 되니, 그런 직업적인 특성의 남편이 아니면 부부유정을 이루기 어렵다고 하는 것이죠.

時	日	月	年	命
	辛			
	巳	寅		

자기가 피워낸 꽃이 辛金이기 때문에 짝이 될 만한 것은 뭐가 들어와야? 땅바닥에 그대로 들어온다면 巳가 되는 것이죠. 그러면서 酉나 丑이 와서 巳의 빛을 흐리게 하는 모양이 아니면 더더욱 좋겠다는 겁니다.

五行的으로 巳를 보조하는 寅이 있으면 더더욱 좋겠다. 寅이 巳를 刑하여 刑작용에 따른 巳의 사업적인 활동이나 사회분야는 제한이 되지만 상기 모양같은 경우는 건강하다 이 말이죠. 日支의 모양이나 궤도하에서 어떻게 짝이 지어져 있느냐를 잘 보시라는 것이죠.

좌표론이라고 하는 것이 여러 가지로 해석이 될 수 있는데, 앞의 그림은 시간 좌표와 똑같은 것이죠. 인간과 사주를 분리하는 입장이라는 것입니다. 뒤에 설명할 地藏干이나 인연요소와도 차이가 있습니다.

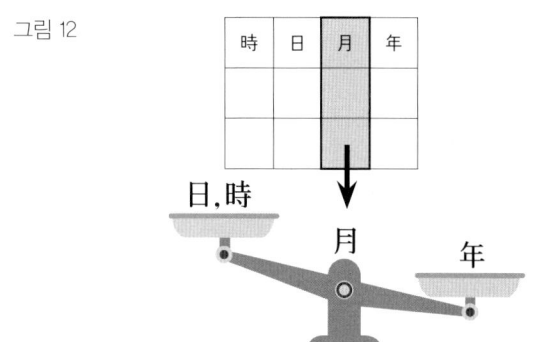

그림 12

이 부분은 五行的인 대조를, 子平에 보면 월을 저울의 중심으로 삼고, 년지에 있는 것이 움직이면 日時가 다 움직인다고 하는 것이죠. 이것은 책에 설명이 나와 있죠. 이해를 돕기 위해서 공간적인 형태로 바꾼다면 전에 간단하게 설명을 했었죠.

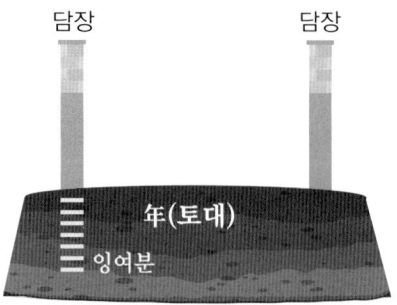

年은 토대와 같다는 것이죠. 그림의 담장이라면 담장 바깥까지도 나의 색채를 가지고 남에게 제공하는 잉여분으로 봅니다. 호랑이는 죽으면 무슨 가죽을 남깁니까? 호랑이 가죽을 남기죠. 뱀이 죽으면 뱀 가죽을 남기듯이 개가 죽으면 개가죽을 남긴다.

우리가 巳생으로 태어났다면, 뱀띠로 태어났다고 한다면 이미 뱀가죽을 땅바닥에 덮어쓰고 사는 것과 같다는 것이죠. 그리고 그것을 남에게 제공할 때 제일먼저 제공하는 잉여분이 무엇이냐? 巳라고 하는 것이죠.

時	日	月	年	乾命
庚	乙	壬	丙	
辰	亥	辰	戌	

己	戊	丁	丙	乙	甲	癸	大運
亥	戌	酉	申	未	午	巳	

대운수 1

이 팔자에 가장 유정의 어떤 것을 午나 申이라고 합시다. 午생, 申생을 만나는 것을 바람직하게 여긴다고 하는 것이죠. 물론 午생, 申생이 아니겠죠.

상기 팔자는 일지에 이미 亥가 들어와 있고 그다음에 辰에 의해 子생이 무리지어 들어오려고 하고 그렇죠? 午생, 申생이 아니겠죠. 日支에 亥가 들어와 있고 辰에 의해 子生이 들어오려고 하죠. 그래서 실제로 처자인연이 午생 申생은 아닌데, 만약에 이 팔자가 午생, 申생이 이상적인 것이라고 한다면 午생, 申생은 내 팔자를 중심으로 볼 때 잉여분으로 주어야 된다는 것입니다. 제공할 수 있는 기운입니다.

우리집 땅은 아무리 파도 뭐가 나온다? 뱀이 나온다. 이 땅은 아무리 파도 뱀이 나오므로 타인에게 공여하거나 주는 요소도 年에 있는 年支라고 하는 토대 속에서 주는 것이라는 겁니다.

그래서 年이 움직이면 즉 땅이 움직이면 지진을 만난 것과 같아서 전체가 다 동요하게 된다는 것입니다. 그래서 우리가 年을 중심으로 해서 神殺을 정하죠? 年을 중심으로 神殺을 정하는 것이 바로 이 年이 움직이는 것은 日과 時를 동시에 움직이는 작용과 똑같다는 것입니다.

月을 어떻게 생각하시면 되느냐 하면 주춧돌 정도로 생각을 하시면 됩니다. 주춧돌이라고 하는 것은 그 건물의 기본 구조를 의미하는 것입니다. 이 주춧돌의 모양이라고 하는 것이 아주 중요합니다. 기초라고 하는 것입니다.

그래서 年은 파도파도 사라지지 않고 月을 개조한다고 하는 것은 삶의 방향성이나 수단을 크게 개조하는 것이다.

그림 14

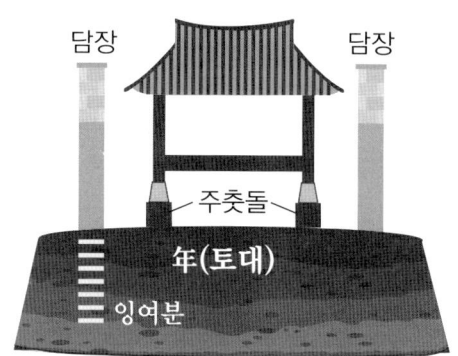

그 위에 일과 시는 기둥과 같고 마루판 정도와 같고, 지붕이나 대문은 時로 봐도 좋다고 하는 것입니다. 그다음에 대문 바로 밖 환경 정도까지를 時로 봐도 좋고 그다음에 집안의 내용물은 무엇이냐 하면 앞의 그림에 의하면 陰陽交接이 이루어지는 곳이죠.

이 집을 지어서 이제 용도를 이루는 공간이 태어난 날과 같은 것이죠. 그래서 이것이 태어난 날이라고 하는 것입니다.

상기 그림하에서 사주 干支를 해석을 해나갈 때 어떤 차이가 나느냐?

時	日	月	年	命
	甲			
午	午	午	午	

甲일주가 午를 년에 두느냐, 월에 두느냐, 일에 두느냐, 시에 두느냐 위치에 따라서 그 규모나 형태가 달라지는 것인데, 이것을 공간적으로 생각을 해보자고 하는 것입니다.

 年

年에 있는 午를 傷官으로 쓸 수도 있고, 午 중의 己土를 正財로 쓰는 작용 이런 것들이 동시에 이루어지는데 傷官을 하나의 생산성 요소라고 합시다.

생산성 요소라고 한다면 무엇인가 만들고 가공하고 하는 행위가 년에 있다고 하는 것은 공간을 어떻게 쓴다고 하는 것입니까? 넓게 쓰겠습니까? 비좁게 쓰겠습니까? 넓게 쓴다는 것입니다.

예를 들어 午를 인공적인 요소를 가미한 작물을 재배한다고 하면 저기에 있는 것은 자투리 땅도 이용하는, 물 묻은 땅도 이용하고 오만 땅을 이용하는, 공간적으로 볼 때 물이 묻은 땅도 이용하고 오만 땅을 다 쓰는 형태의 午라고 하는 것입니다.

 月

月에 있는 午는 개념을 잘 생각해야 됩니다. 아무 때나 심고 가꾸고 할 수 있는 생산력을 의미하는 것입니다. 그래서 년에 있는 것은 너무 흔해서 잘 안쓰는 경우가 많습니다.

월에 있는 것은 교육을 받거나 가장 가까운 환경입니다. 그 다음에 교육을 받았기 때문에 자기 생의 무기와 같습니다. 살아가는데 무기와 같은 것이다. 살아가는데 무기와 같은 것이라서 주춧돌과 같은 것이라서 함부로 어떤 공간에서 움직여서 쓰는 것이 아니라고 하는 것이죠. 즉 조건, 장소, 시기 이런 기본적인 조건이나 환경이 조금 필요한 생산력이라고 보는 것이죠.

 日

그다음에 태어난 날에 있다고 하는 것은 陰陽交接의 환경이라고 했죠? 즉 배우자 또는 처의 활동력이 되고 여자일 경우에는 배우자의 활동력, 배우자의 활동 양상이 되는 것이죠.

時	日	月	年
	丙		
	申		

坤命

예를 들어서 여자 팔자에 丙申일주라고 합시다. 年月日時가 있을 때 申중에는 壬水가 남편이죠? 壬水가 남편인데 偏印위에 앉아 있는 것이죠? 그러면 壬水남자를 중심으로 偏印이라고 하는 것은 자격 또는 문서와 통하는데 이 자격과 문서가 부인 丙火의 안목으로 볼때에 무엇입니까? 申이 偏財죠? 돈이 되거나 재산기반으로서의 문서라고 하는 것이죠. 그래서 官星의 투출이 없다고 하더라도 재산이 될 만한 또는 큰 돈이 될만한 자격이나 문서재산, 부동산, 임대재산에 남편의 직업적인 특성이나 환경이 있다고 하는 것이죠.

그래서 대운이 바짝 말라서 壬水가 힘을 못쓰는 흐름으로 가더라도 남편은 시가에서 물려준 부동산 문서재산만 가지고도 맨날 봄날에 가깝게 살더라고 하는 것이죠.

이것이 배우자의 활동력이나 배우자의 금전활동을 통해서 그 사람에게 생활수단으로서 또는 환경으로서 부여되는 것이죠.

◈ 時

時에 있는 것은 결국은 대문이나 지붕에 있는 것과 같은 것이라서 말 그대로 대외적 모양새라고 하는 것이죠. 대외적인 모양새로서의 傷官이 자기에게는 작용하게 되더라고 하는 것이죠.

그래서 대문 밖에는 무엇을 간판으로 걸어놓았다고요? 傷官이라고 하는 간판을 걸어서 무엇인가 꾸미고 장식하고 생산하는 모양을 갖추어 놓았다. 시각적으로 드러나기 좋은 공간에 그 모양을 만들어 놓았다.

그다음에 저 담장은 자식이 뛰어 논다고 했죠. 자식이 뛰어

노는 공간으로서 干支는 작용을 하게 된다고 하는 것이죠.

그래서 똑같은 食神 傷官이 있다고 하는 것이 年月日時 따라 큰 베이스 차이가 나는 것이죠. 그 중에서 가장 좋은 무기는 월에 있는 것입니다. 월에 있는 것도 어렵다고 하면 일에 있는 것을 쓰는 것이 가장 좋다고 하는 것이죠.

내가 陰陽交接의 행위가 이루어지는 공간에 가장 근접한 것이 바로 일월이 공간이라고 하는 것이죠. 월과 일에 있는 인자가 그 사람에게 가장 중요한 무기로서 또는 환경으로서 지속적으로 작용되는 것이고, 년에 있는 것은 그것이 커보이고, 시간적으로 여러 시간을 통해 작용한다 하더라도 자기가 활용하기에는 불편함이나 거추장스러움을 가지고 있는 것이죠.

시에 있다고 하는 것은 말년이면서 대외적이고 자식의 환경 속에 더 많이 놓임으로써 이것도 빨리 활용할 수 없다고 하는 것이죠.

時	日	月	年	命
丙	丙	壬	癸	
申	午	戌	巳	

앞의 이 명조 같은 경우에도 時에 있는 申은 어디에 있는 환경입니까? 시간적으로 말년, 대문 밖에 있는 공간을 이용하는 것이죠. 그러니까 빨리 쓰지 못하고 세월이 한참 흘러야 된다

는 뜻도 되고, 억지로 대문 밖에 있는 것을 이용하여 끌어와야 된다는 즉 驛馬로서 더 의미가 강해졌죠. 먼 곳에 있다고 하는 것이죠.

그래서 이분같은 경우에는 만약에 총각이라고 한다면 부인은 申생 부인을 둡니다. 부인은 申생 부인을 만나는데 말 그대로 他家(日支와 時)에 해당이 되죠. 日支와 時에서 "어느 것을 고르실까요?" 해서 時가 되죠. 申생 부인을 만남으로써 처자 인연에 안정은 되는데, 안방에 끌고 들어오면 어떻게 됩니까?

申은 地支에 무시할 수 없는 것이니까 없앨 수 없죠? 그런데 실제로 안방에 들어오면 한 번씩 부닺히겠죠? 그래서 부인이 몸이 아프거나 떨어져 지내야되는데 실제로 庚辰, 辛巳년에 떨어져 살았습니다.

물론 戊寅 己卯年에 갈등을 많이 겪고 난 뒤에 한 선택이었는데 庚辰 辛巳년에 申金이 도저히 寅卯辰 이 골목에 있을 수가 없어서 떨어져 살자해서 살았는데 이분이 "그러면 내가 갈께!" 하고 산으로 가서 약 2년을 보내게 됩니다.

地支의 時에 있다고 하는 것은 제한적이고 힘들게 써먹는다고 하는 것이죠. 그러나 대문 밖의 외출은 누구하고? 申생 여인과 하고 다니니까 공식 부인이 되더라고 하는 것이죠.

그전에 어떤 사람이 있었을 것이다? 申년이나 酉년이 올 때마다 巳에서 申을 또는 巳에서 酉를 무리지어 줌으로써 여인들이 申년, 酉년 이럴 때 많이 발생을 한다는 것이죠.

그것은 땅바닥에 앞 뜰에도 풀이나고 마당에도 풀이나고 뒷

뜰에도 풀이 나는 것 처럼 년에 있다고 하는 것은 조건만 주어지면 그 작용이 수시로 앞뒤로 이루어진다고 하는 것이죠.

그림 15

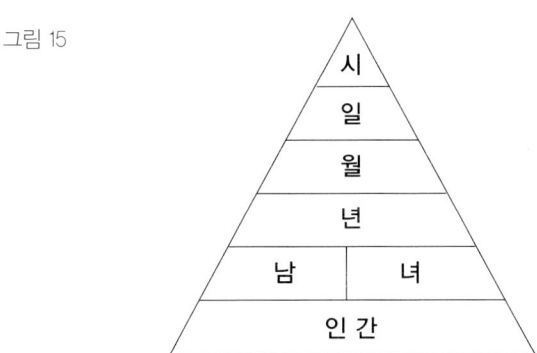

아까 이 그림이 있었죠? 인간, 남녀, 年月日時 하는 것이 있었죠? 四柱干支하고 사람하고 있다면 지금껏 보는 방식은 일주를 중심으로죠.

그게 아니고 干支가 하나의 진동이라고 한다면 인간에게 토탈로 작용을 해서 그 결과가 밖으로 드러난다고 하는 이런 것이죠.

干支 이전에 인간 몸의 주기 그다음에 인간의 속성에서 규정짓는 속성에서 남녀라고 하는 이것에 이 干支가 작용되는 것이 남자이기 때문에 적용되는 것이 다르고 여자이기 때문에 적용되는 것이 다르다는 것입니다. 이것도 일종의 좌표론이라고 하면 좌표론이라고 할 수 있습니다. 干支하고 분리적인 입장이죠.

인간이기 때문에 좋고 나쁨이라고 하는 것을 제일 먼저 12地支, 時 天干, 五行的 측면에서, 六親的 측면에서 생각해 보자고 하는 것이죠. 그다음에 남여이기 때문에, 12地支, 時 天干, 五行的 측면, 六親的 측면이 어떻게 작용할 것이냐, 이것을 분리적으로 생각을 해보아야 된다는 것입니다.

그다음에 팔자내에서 天干과 地支를 어떻게 쪼개어 볼 것이냐? 陰陽을 어떻게 쪼개어 볼 것이냐? 年月日時를 어떻게 쪼개어 볼 것이냐? 상기 내용을 머릿속에 그려놓고 생각을 해봐야 되는 것이죠.

모체

인간의 干支 모양이 현실에 바로 그대로 투영되어서 들어오는 것은 뒤에 다시 내용을 다루게 되지만 지금 설명하면 그 사람의 타고난 干支요소에 의해서만이 아니고 모체에 의해서 부여된 干支요소가 있다고 하는 것이죠. 사주 당사자가 짝을 만나지 아니했을 때 끝까지 모체의 영향을 받게 되는 것입니다.

배우자

干支가 부여되었을 때 그 사람의 타고난 干支속에서 陰陽的인 짝의 설계 요소가 나와 있지만 시기에 따른 배우자 차이죠. 보통 한 생에 한 6번 정도의 선택기회가 옵니다. 이 6번 정도의 선택기회를 통해서 달라지는, 짝을 통해서 달라지는 인자 이때 드러나는 결과는 또 다르다고 하는 것이죠. 이것도 어떻게 보면 인간운명의 좌표라고 볼 수 있습니다.

◈ 地胎

그다음에 다 통틀어서 人間이 있으면 인간이 대체로 陽의 성질을 얻어서 중화가 가장 잘 된 존재라고 보고, 땅 또는 모체를 陰에 속하는 존재와 같다고 하는 것이죠. 그래서 남자든 여자든 어떤 땅에 짝을 지어 사느냐 하는 것이 똑같은 干支영향의 부여를 받는데 위도상 크게 차이가 나지 않는 부산하고 서울하고 차이에서 어떤 차이가 나더라는 것입니까?

부산에 사니까 10억 부자가 되고 서울에서 나니까 100억 부자더라는 것입니다. 현실의 차이는 엄청나죠? 0이 더 붙어 있더라고 하는 것이죠. 강남에 사는 할머니가 240평 짜리 땅을 하나 가지고 있는데 그것 하나가 할 것이 없어서 주차장을 합니다. 주차장 빌려줘서 그것으로 집세를 받는데 얼마냐고 물어보니까 66억이라고 합니다. 한 3억만 깎아주면 금방 판다고 하는데, 부산에는 서면 땅 해봐야 6억 6천 이런 식입니다. 0이 하나 빠지고 붙고 하죠.

그런 것처럼 어떤 땅에 인연하여 사느냐 하는 것이 그 사람의 재산 단위나 규모를 바꾸는 어떠한 큰 좌표가 되더라고 하는 것입니다. 이것이 운명의 좌표죠.

얼마전에 오신 분 중에 아래와 같은 일주의 여인이 있었습니다.

時	日	月	年	命
壬	辛			
辰	未			

이것도 하나의 공부가 될 것입니다. 물론 12運星, 六親論 다 섞여있는 것입니다. 이 여인의 자식은 동거하여 살 수 있겠습니까? 살 수 없겠습니까? 年月에 있는 일반적인 조건은 무시하고, 기본적인 조건이라고 치고 한 번 해석해 봅시다. 이 여인의 자식은 어떨 것 같습니까?

일주를 자신이 사는 공간이라고 보고 시가 말년의 자식과의 관계라고 봤을 때 자식은 어떨 것 같습니까? 자식의 별은 어디에 있습니까? 壬水죠. 壬水가 유정하여 대운이 食神을 돕는다면 대체로 多男 즉 아들을 많이 얻을 수 있을 것이다. 이것은 壬水 有情요소 때문입니다.

상기의 명조에서는 기본적으로 壬水가 반갑죠? 壬水가 有情인데, 땅 바닥에 놓여 있는 것은 이 未土라는 地支환경이 놓여 있죠? 壬水로 존재를 할 때는 무엇으로 존재를 할 때입니까? 名으로 존재를 할 때가 되는데 이 세상의 일원으로서 실력자로 가담하기 전일 때입니다.

그런데 어디에 올라와 있어요? 튀어 올라와 있죠? 辛金의 보호를 받고 있죠?

그래서 名을 이룬다고 하는 것은 대체로 학문적인 성취나 명예적인 성취로 갈 때 이 자식은 그 과정이 순탄하다? 순탄하지 못하다? 대체로 순탄하다는 것이죠.

땅바닥에 내려와서 實을 다룰 때 이 사람의 자식이 사업적인 활동을 도모하면 반드시 땅바닥과의 충돌적인 요소를 겪어야되는데, 자기의 치마폭에는 亥子丑을 용납하기 어려운 글자가 있다는 것입니다.

名이 實로 내려서 올 때는 돼지 亥자로 내려오죠. 亥水의 온전한 모양을 지켜요? 未 때문에 못 지켜요? 못 지키죠?

子는 마찬가지로 癸水로 생각을 한다면 未土에 12運星으로 入庫가 되고 그다음에 丑은 壬水가 가장 나쁜 모양으로 地支에 내려온 것인데, 丑未 沖으로서 흔들려 버리죠?

그러니 名으로서 인생의 길을 따른다면 그 자식의 모양은 온전할 것이고 實로서 인생을 다투는 자식이 있다고 하면 '그 자식은 여러 가지 어려움을 거칠 것이다.' 하는 것인데 時에 辰土가 食神이나 傷官의 入庫地가 되죠. 壬水가 辰에 入庫를 하죠.

이 辰이라고 하는 것은 자기가 살아가면서 반드시 겪고 가야 할 환경입니다. 이 辰은 무엇을 의미할까요? '壬水를 땅에 묻었다.' 그러니까 이 辰土는 자식의 무덤이라고 하는 것이죠.

여자이기 그렇다는 것입니다. 자식의 무덤을 살아생전에 보고 간다는 것입니다.

그래서 庚辰 辛巳 壬午 癸未 즉 辰巳午未에는 水가 墓絶胎養이 되는데 모두 지상의 물건은 아니라 申 즉 生부터 지상의 물건이 되죠. 申부터 모양을 자타가 인정하는 모양을 이루는 것이죠. 辰巳午未 운에는 자식이 사업을 도모하면 대패하거나 아니면 몸을 크게 상신할 수 있다는 것입니다.

상기의 사람은 언제 자식을 잃었느냐? 壬午년 丁未월 戊寅일 새벽에 잃었는데 이날이 水가 庫藏地에 들어가는 날인데, 戊寅일 새벽에 자식이 교통사고로 세상을 떠나 버렸습니다.

이 辰巳午未 운동에 그런 불안한 인자가 가득하여 있는데 결국 생전에 각본은 어디에 있었습니까? 엄마의 명조 안에 있었다고 하는 것입니다. 母子 感應에 있었다는 것입니다.

물론 자식의 운명도 좋지는 않았겠죠? 자식도 子월의 癸水 일간으로 建祿格입니다. '建祿格에 祿을 冲하면 반드시 그 화가 적지 않다.'라고 하는 인자가 드러나 있었는데, 엄마의 팔자에는 상기의 형태가 있었다고 하는 것입니다. 그래서 미국에 가 있는 자식은 괜찮고 국내에 가까이 있는 자식은 그렇게 되었다고 하는 것이죠.

결국은 자기가 살아가면서 결국은 무엇을 보게 됩니까? 앞에 설명한 내용을 보게 된다고 하는 것입니다.

時	日	月	年	命
壬	辛			
	未	辰		

만약에 辰이 월에 있었다고 합시다. 그러면 결혼이 빠르면 어려서 잃는 자식이 있다는 것입니다. 아이의 무덤을 빨리 보는 것이죠.

時	日	月	年	命
壬	辛			
辰	未			

이렇게 되어 있다면 말년에 보게 된다고 하는 것입니다.

이런 이론에 입각해서 四柱捷經에서는 이런 내용이 나옵니다. 官星入墓라고 하는 말이 나옵니다. 그래서 辰戌丑未가 어떤 형태로든 入墓의 환경이고 그것이 살아생전에 무덤으로 보는데 예를 들어서 丁일주 여인이 辰土가 時에 있고 월지에 있다면 이것은 남편의 무덤을 둔 것이니 생전에 남편의 무덤을 쳐다보게 된다고 하는 것입니다.

地支는 바꿀 수 없는 대세인데 단 예외조항이 있습니다. 예외조항이 무엇이겠습니까? 첫 번째는 무덤은 무덤인데 창살 무덤이라고 있습니다. 자식이 辰巳午未운에 창살에 갇혀 있으니까 수명을 건지더라고 하는 것입니다.

　두 번째는 병원에 누워서 쇠고랑을 다리에 걸고 못 움직이고 있으니까 수명을 건지더라고 하는 것입니다.

　세 번째는 大雄(大雄殿)이 사는 곳에 앉아 있으니까 즉 살아 있는데 죽은 것처럼 소리소문없이 사니까 결국 자기 자리를 지키더라고 하는 것입니다.

　다음 시간의 수업과 연결외 되겠지만 저렇게 壬水가 드러나서 있는 경우에 五行的으로 辛金의 보조를 잘 받고 있죠? 壬水를 중심으로 보면 官星도 天干을 실천하는 과정에서는 유능함이 있겠죠? 그래서 외국의 유명대학에 박사학위까지 다하고 들어와서 아무것도 하지 말고 놀라고 했거든요. 그런데 아들이 연구하고 연구해서 테이크아웃 식당을 하겠다고 한 것이죠.

　그런데 외국에서 경제학 박사학위 받아와서 햄버거나 커피 장사를 한다고 하니까 마음은 잘 먹었는데 지금은 시기가 매끄럽지 못하다고 설명을 했었는데 결국은 그 말을 무시하고 일을 벌이더니 그렇게 되더라고 하는 것입니다.

　항상 엄마 팔자의 이 부분이 불안했습니다. 물론 그 전에 더 나이 많은 분들을 통해서 많은 간접 경험을 했지만, 엄마의 이런 요소가 크게 불리한 요소를 가지게 된다고 하는 것입니다. 마음속에 그런 요소가 있었는데 현실에서 결국은 그런 일을 당하게 되더라고 하는 것입니다.

時	日	月	年	命
	己	甲		
	未			

　이 팔자에 甲이 있어도 좋고 없어도 좋고, 이모양도 마찬가지입니다. 未가 단순하게 比肩으로서만 작용을 하는 것이 아니더라고 하는 것이죠. 甲木의 入庫地로서 그대로 작용을 하더라고 하는 것입니다. 똑같은 干如支同이라고 하더라도 전부 다 모양이 다르죠?

時	日	月	年	命
	辛	丙		
	酉			

　예를 들어서 辛酉일주 干如支同에 丙이 있는 것하고, 상기의 己未일주의 형태하고 다르다고 하는 것이죠. 己未일주의 甲 官星은 필경 무덤이요. 산속의 스님이 되었다고 하면 모르되 己未일주와 辛酉일주는 다르다고 하는 것이죠. 酉는 무덤이 아니죠. 病色이죠 아니면 死色이고 己未일주는 무덤이 되죠. 그래서 地支에 있는 글자는 글자만 가지고 잘 분석을 잘 해보라고 하는 것이죠.

　그리고 유년에서 오는 글자의 작용도 마찬가지로 辰이나 巳

午未를 볼 때, 午자체도 丁火로서 보는 것이 아니고 丙己丁이라고 하는 내부적 기운의 순환작용, 그다음에 辰巳午未라고 하는 水의 墓地 絶地로서의 작용, 寅午戌 三合으로서의 작용 즉 팔자 내에 寅午戌이 들어있는 사람, 水를 중하게 쓰는 사람, 그다음에 己土에 의해서 劫財의 작용이 이루어지는 사람, 즉 戊土일주도 午에서 己土작용이 그대로 이루어진다고 하는 것이죠.

그런 것들이 다 연결되어있는 것이니까 연결된 것을 쪼개어 보려고 하니까 힘이 들어지는 것인데, 地支에 있는 글자만 가지고 그대로 운명을 해석해보자고 하는 것이죠.

天干과 地支 제일 큰 측면만 기억해두시고 앞에서 쪼개어드린 좌표론을 가지고 연습을 해보세요. 그리고 제일 큰 좌표 설명을 해 드렸죠? 年月日時, 남녀, 인간, 母子感應, 배우자 감응 이것을 그대로 엮어서 하나의 좌표로 쓰시라고 하는 것이죠.

그래서 어떤 사람의 운명이 의심스러울 때 해석이 애매하다면 그 母나 父의 명조를 보시라는 것이죠. 식구가 하나 늘어나는 것도 반드시 父나 母의 명조에 그대로 걸려 있습니다.

時	日	月	年	
庚	乙	壬	丙	
辰	亥	辰	戌	

己	戊	丁	丙	乙	甲	癸	大運
亥	戌	酉	申	未	午	巳	

대운수 1

丙의 추상적인 기운이 땅바닥에 내려와서 그것을 견인해 주는 酉가 있으면 巳생이 태어나는데, 부모가 이미 자식이 다 태어난 뒤에도 부모 팔자에 丙의 기운이 땅바닥에 또 들어오죠? 그러면 손자가 생기든지 자식이 결혼을 합니다.

이 내용을 조금 더 확장하면 예를 들어 상기 명조에서 辰이 움직이면, 그 집안을 가보면 삼촌하고 걸려있고, 戌을 움직이면 고모하고 걸려 있고 다 걸려 있습니다.

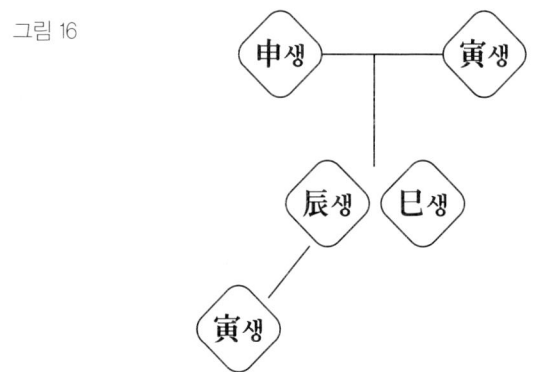

그림 16

申생 寅생 부모가 자식을 낳으니 辰생과 巳생이 되었다가 巳생, 辰생이 자식을 낳는데 다시 寅생을 낳더라 이 말이죠.

申생과 辰생이 있으니까 寅생의 干支안에 반드시 子나 申이 들어오더라는 것입니다.

　부모 干支, 祖父의 干支가 그대로 얽혀서 내려가더라는 것입니다. 그래서 한 글자만 冲하거나 한 글자만 喪門 弔客이 되더라도 일가 원근에 哭事나 初喪이 발생을 하더라는 것입니다.

　예를 들어서 올해가 午년이죠. 午년에 辰과 申이 喪門과 弔客에 해당이 됩니다. 보통 띠에서만 喪門 弔客을 쪼개는데 만약에 이 사람이 申일날 태어났다고 합시다. 이 사람도 반드시 일가나 원근에 즉 가까운 친척이나 먼 친척에 哭事 初喪 이런 것들이 발생해 있더라고 하는 것이죠.

　丙申일주가 되어서 申이 偏財星이라면 父系 친척, 처가 친척 또는 食神 동거하니까 장모 친척에 반드시 哭事나 초상, 橫厄이 발생하더라고 하는 것이죠. 이렇게 거미줄처럼 그 집안 사람끼리는 엮여 있습니다.

　그래서 팔자의 地支들이 전부 다 부모 조상들의 인자가 던져져서 그대로 내려온 것이다. 그래서 이것만 그대로 따서 무당들이 점을 치는 것이 있습니다. 그래서 팔자 내에 子가 있으면 어떻고, 丑이 있으면 어떻고 하는 것이 바로바로 온다고 하는 것이죠.

　丑을 조상으로 보고 범을 사람으로 보고 그다음에 토끼를 산신의 아들로 본다는 것이죠. 이 논리가 바로 그 집안에서 '공줄이 쎄다.', '칠성줄이 있다.' 이런 것이 전부 다 이 띠에서 그대로 따와서 그 집안에 따지고 올라가면 申생 할아버지가 있었기 때문에 申월 생 손자가 태어나더라고 하는 것이죠.

   그것을 그 집안 식구들의 사주를 펼쳐서 보시라는 겁니다. 그대로 짜맞춰서 내려옵니다. 이것도 좌표라고 하면 좌표죠.

   오늘 강조한 것만 머릿속에 일단 담아 두시고 뒤에 地藏干이나 여러 가지 논의에서 다시 중복해서 다루어지게 될 것입니다. 일단 오늘의 좌표를 가지고 주변의 사주 샘플을 한 번 학습을 해보십시오.

   다음 시간 연결해서 하도록 하겠습니다.

2. 地藏干

2. 地藏干

　地藏干의 의미를 정확하게 잘 파악하시면, 거의 눈이 팍 뜨이는 공부가 사실은 地藏干입니다.

　地藏干문제나 개념을 정확하게 어떻게 머리에 처리해 놓느냐 하는 것이 저번 시간에도 다루어 봤듯이 다 맞물려서 있죠? 三合과 맞물려 있고 地藏干과 12運星이 맞물려 있는 것인데 일단 머리 속에 제일먼저 地藏干, 透干 즉 天干에 透干된 것과 地藏干, 地支에 있는 것의 개념을 좌표공부를 하면서도 의미를 부여하여 보았는데 이렇게 보시면 됩니다.

天干(透干)	自他共認, 표시, 드러남 / 名 , 영혼, 뜻
地藏干	씨앗, 인자, 꽃
地　支	버릴 수 없는 상황, 현실 / 實, 육체

天干

　天干에 드러났다고 하는 것은 자타가 함께 인정할 만한 어떤 가시적이고 구체적인 것이 있다고 보시면 됩니다. 自他共認이라는 뜻입니다.
　남과 내가 그대로 인정할 수 있는 무엇인가가 있다는 것입니다. 남도 인정하고 공적(公的, 共的)으로 인정할 만한 무엇인가 뚜렷한 표시가 있다고 보면 됩니다.
　그다음에 사회생활 면에서 볼 때는 언론이든 무엇이든 일단 드러나서 남들이 다 인지하고 있는 형태 또는 상황 이것이 天干이라고 보시면 되죠.

地支

　地支는 좌표론에서 설명하였듯이 버릴 수 없는 상황, 현실 이렇게 보면 됩니다. 아무리 地支에 있다고 하는 것은 좋은 것이든 나쁜 것이든 그것을 이용할 수는 있으나 그것을 어떤 식으로 버릴 수는 없다고 하는 것이죠.
　格局 用神 개념에서 그런 것을 못 쓴다고 표현되어 있는 것이 있는데, 못 쓰는 것이 아니고 쓰레기는 쓰레기통에 버리는데 그 쓰레기 통은 어디로 가느냐 이것이죠?
　쓰레기 장으로 가는데 그러면 쓰레기 장은 어디에 있느냐? 쓰레기장은 그대로 있어야 된다고 하는 것입니다. 좋은 것이든 나쁜 것이든 어차피 버릴 수 없는 상황, 현실 그것을 도구로 쓰거나 무기로 쓸 수밖에 없는 가장 현실적인 재료, 요소 일단 이렇게 이해를 하시면 되죠.

좌표할 때 설명한 것이지만 天干에 드러났다고 하는 것은 대체로 名, 地支에 있다고 하는 것은 實 이렇게 名 이라고 하는 것은 말 그대로 명예적인 요소나 명분적인 요소, 地支에 있다고 하는 것은 실질적인 요소, 실력적인 것, 버릴 수 없는 현실적인 상황, 도구, 무기 이런 것들을 의미하는 것이죠.

그래서 대부분 사람들은 地支의 흐름의 요소에 의해서 거의 다 영향을 받습니다. 그다음에 인체에서도 마찬가지로 육체적인 요소는 거의 地支的인 환경에 거의 다 지배를 받는다고 해도 과언이 아닙니다.

저번 시간에 다루어 봤지만 피와 고기다. 그다음에 天干에 있는 것은 상대적으로 영혼이다. 또는 뜻이다. 이렇게 보시면 된다는 것이죠.

다분히 天干的인 것은 소프트웨어적인 것이고, 地支에 있는 것은 하드웨어적인 것인데, 하드웨어적인 것이 어딘가 차지하고 있으면 그것을 그대로 인정해야 된다는 것을 이것부터 먼저 머릿속에 정리를 할 필요가 있는 것이죠.

상기 설명은 좌표론에서도 기본적으로 다루어진 것입니다.

◈ 地藏干

도대체 地藏干이라고 하는 것은 무엇이냐? 제일 기본적으로 생각을 하실 것이 씨앗, 인자, 꽃으로 생각하시면 되는데 씨앗에서 꽃으로 그 물성을 드러내게 할 수 있는 내부적인 인자라고 보면 되죠. 地支하고 地藏干하고 같이 놀고 있죠?

未土 하나를 볼 때 丁乙己가 들어오죠. 이렇게 들어온 기본적인 원리는 모두 알고 있죠? 午火에 있는 正氣가 未에 드러나서 未의 몸을 가지고 있지만 그것을 순수하게 가진 성질, 그것의 인자나 이런 물성의 인자 이런 것을 생각했을 때 무엇에 가깝더라고 하는 것입니까? 未가 丁에 가깝더라고 하는 것이죠.

그다음에 시기나 조건 따라서 乙木의 성질을 드러내기도 하더라는 것이죠. 그것이 내부적인 인자로 부여되어 있다고 하는 것이죠. 그다음에 己土라고 하는 것이 자기 자신의 기운을 그대로 드러내는 것이죠.

地支라고 하는 것은 地藏干을 통해서 보면 그 성질이 雜 즉 섞여 있다고 하는 것이죠. 地支라고 하는 것은 섞여 있다.

그래서 地支라고 하는 것은 즉 세상에 일어나는 물성의 토대라고 하는 것은 전부 조건이나 성질이 그 주변 요소나 조건에 의해서 변질될 수 있다고 하는 것이죠.

地藏干의 순수한 의미는 무엇이냐? 未라고 하는 환경 속에서 제한을 받으면서 자기의 뜻을 실현하려고 대기된 인자로 있는 상태라고 보면 됩니다.

  그래서 이것이 未중에 있는 乙木과 辰중에 있는 乙木하고 그다음에 卯의 乙木하고, 天干자체에 드러나 있는 乙木은 그 강약에 있어서 차이가 크다고 하는 것이죠.

  이 乙木을 財星으로 삼는다고 합시다. 그러면 庚이나 辛일주가 무엇을 財星으로 삼음으로 입니까? 未중에 있는 乙木을 財星으로 삼고, 辰중에 있는 乙木을 財星으로 삼고, 卯의 乙, 天干에 드러나 있는 乙을 쓰는 방법이 다 다르다고 하는 것이죠.

◈ 未중의 乙木

  다 어떻게 다를 것이냐? 三合으로 다시 돌아가는데요 未중의 乙木은 三合에 의해서 조건이 주어질 때만 오는 것이죠. 亥卯未라고 하는 三合인자가 드러나 있을 때만 놀아준다고 하는 것이죠.

  이때의 乙木도 세력이 약한 것은 아니지만 다분히 사회적인 조건 속에 움직여진다고 하는 것이죠. 그래서 이 사회적인 조건이라고 하는 것은 지향하는 바는 될 수 있지만 주변의 조건이 안 주어지면, 이 未를 사회적인 조건으로 끌어내어 줄 때만 한시적으로 크게 써먹는 것입니다.

  未중의 乙木이 재물이라고 하면 무엇에 잠겨 있습니까? 五行的으로 土에 잠겨 있죠? 木이라고 하는 인자를 통해서 未의 물성을 잃게 만들죠. 未의 물성을 잃게 만들어서 木으로 끌어낼 때 未土는 庚이나 辛일주의 중심에서 봤을 때 六親的으로 印綬가 되죠.

현실적인 상황속에서 다룰 때는 부동산, 문서재산이 되겠죠? 부동산이나 문서가 언제? 현금화 즉 土로서의 성질을 잃어버리고 木으로 와 있다고 하는 것은 부동산을 팔고 현금화했다고 하는 것도 되고 그다음에 있던 부동산을 활용해서 건축적인 행위를 한다든지 해서 그것을 분양한다든지 팔아버림으로써 결국은 경제적인 목적을 실현하였다고 하는 것이죠.

경제적인 목적, 사회적인 용도 또는 조건 속에서만 움직이는 것이므로 세력이 약한 것은 아니지만 이것은 주변 조건 또 시간적으로 이 卯가 가장 활발하게 움직여준다고 한다면 卯가 와서 이 未를 건드려 줄 때 즉 12년 중에 한 번이라는 것이죠.

그다음에 亥와 未는 그 작용력이 木局을 유도하여 주지만 未에서 亥로 넘어가는 것은 木의 뜻을 바로 실현시켜주는 것이 아니라 보존적인 행위죠. 亥水가 왔을 때에는 보존적인 행위가 되므로 亥卯未에서 卯가 빠져 있을 때 팔릴 듯, 팔릴 듯 팔리지 않고 부동산이나 문서재산을 지키게 해주는 조건을 부여하여 주는 정도에 불과하다는 것이죠.

卯가 와서 완벽한 조건으로 未土의 乙木을 끌어내어서 현실화시켜줄 때 이때 움직여주는 것이므로 12년 중에 1년 기쁨을 주는 재물이 된다는 것입니다.

◈ 辰중의 乙木

그다음에 이것보다 더욱 적극적인 의미가 辰중의 乙木입니다. 辰중의 乙木이라고 하는 것은 이 자체가 항상 寅卯辰으로 무리지어 있죠? 그런데 亥卯未하고 寅卯辰은 三合과 方合의 관계인데 寅卯辰 方合은 혈연적이라고 했죠?

辰은 혈연적이면서 건드리면 신경질 나면 "나는 木이다." 해버리는 것이죠. "나는 土가 아니다."

辰의 작용이 水의 入庫작용, 寅卯辰의 方合작용, 申子辰의 三合작용 그다음에 그 자체로서 五行的인 土로서의 작용을 하는데 寅卯辰 方合이라는 작용을 할 때는 이때는 乙木이 어떻게 놀아주느냐?

辰중의 乙木은 거의 辰의 절반을 그냥 木으로 생각을 해주면 됩니다. 辰의 절반을 木으로 생각해 주어도 좋다는 것입니다. 辰중의 乙木은 매번 집세가 잘 나오는 상가라고 하는 것입니다.

未土속의 乙木은 한시적으로 세가 잘 나오지 않고 있다가 어느날 나대지에 건물을 지어서 팔아서 목돈이 된 乙木이고, 그다음에 辰은 평상시에도 잘 활용이 된다고 하는 것이죠. 그렇게 하다가 木의 작용이 극히 둔화가 될 때, 예를 들어서 申酉戌이라고 하는 것이 들어와서 辰이 寅卯辰 方合으로서 역할을 충실히 못하게 되는 시기, 그다음에 亥子丑이라고 하는 인자가 와 있을 때에도 辰이 水의 庫藏地작용을 서로 견인하고 밀고 당기고 하는 그런 작용속에서 乙木으로서의 작용을 제대로 못하겠죠?

　巳午未 운을 지나갈 때 辰이 水를 그대로 庫藏地로서 보듬어 가기 위해 지키고 가는 중에서 辰이 土로서의 물성이나 성질이 강화가 되죠? 그럴 때 木의 속성이 크게 약화된다는 것이죠.

　평상시에도 건물이 예를 들어서 5층인데 1~2개 층은 세가 잘 안나왔지만 그래도 전체적으로 세가 잘 나오는 요소니까 未중에 있는 乙木하고 辰중에 있는 乙木하고 대조했을 때 훨씬 辰중의 乙木의 활용도가 높다고 하는 것입니다.

　극단적으로 4개층이 다 나가 버리는 경우는 이런 申酉戌이라고 하는 인자가 와서 五行的인 辰이 方合으로서 작용력을 크게 삭감해 줄 때 이지만 나머지는 그래도 반타작은 다 활용이 되고 또 寅卯辰이 왔을 때 활발하게 辰은 木으로서 乙木을 돕는 자로서 그대로 작용을 하더라는 것입니다.

　그런 의미에서 '辰중의 乙木을 財星으로 쓰는 경우'와 '未중의 乙木을 쓰는 경우'가 양상이 다르고 평상시 활용도가 다르다고 하는 것이죠.

◈ 卯중의 乙木

　卯 자체로서 乙木이 있는 경우에는 子午卯酉 같은 경우에는 透干이 안 되더라도 이미 순수한 기운으로서 그 자체에 地

支에 몰려있다고 보고 이 경우에는 가장 財星으로서 완벽하게 현실 속에 써먹는 것이 되겠죠.

🔷 天干의 乙木

天干의 乙木은 명분상의 재물이나 활동무대가 됩니다. 이것을 偏財로 쓴다면 偏財로서, 正財로 쓴다면 正財로서 활용이 되는 것이죠. 그러니까 乙木은 正財로 쓴다면 그 자체로서 자기가 소속해있는 조직사회 또 월급재산이 나올만한 조직 또는 고정적인 수입이 발생하는 사업이 되고, 乙木이 偏財라고 한다면 공금을 사용하여 즉 은행의 돈이든 남의 돈을 사용하는 무대로서 성질을 드러내는 것이죠.

땅바닥에 地支的인 세력이 없으면 무늬만 활용을 합니다. 무늬만 財星이라고 하는 것이죠. 그런 식으로 地藏干에 있다고 하는 것은 씨앗이나 인자나 꽃으로 대기해 있다가 조건에 의해서 가변적으로 움직이는 존재 기본적으로 이렇게 머리에 염두에 두면 되겠죠? 그래서 地藏干이 이해만 잘 되면 거의 다 됩니다.

命

時	日	月	年
辛	甲		
未	子		

예를 들어서 여인의 운명을 말하는데 甲子일에 辛未시에 태어나서 시간의 辛金을 官星으로 쓰는 경우 이 남편의 직업적인 특성, 활동분야, 사회적인 역량 이런 것은 어느 정도이겠느냐?

저번 시간의 좌표론과 맞물리지만 天干에 드러나 있다고 하는 것은 일단 '有名' 즉 이름은 얻는 사람이다.

그다음에 地支的인 세력은 辛金이 子의 환경속에 노출되기도 하고 未의 환경에 노출되기도 하는데 子水는 辛金으로 봐서는 長生의 조건이죠. 辛金이 地支에 대세의 세력을 가지기도 하는데, 아무튼 "地支에 세력을 가지는 세월도 있고 거꾸로 세력이 없는 세월도 있구나!" 하는 것이죠. 그래서 경제적으로 실력을 평생 발휘하는 것이 아니고 "한시적으로 경제적인 실력을 가졌다가 흩어졌다가 하는 과정을 거치겠구나!" 하는 것을 알 수 있는 것이죠.

경제적인 실력면에서는 세월따라 변수를 많이 만나는 사람이고, 有名 즉 명예에 속하는 국가 공직 또는 교수직, 명예 중심의 감투 이런 것을 의미하는 것이죠.

이런 것 중심으로 이 사람은 사회적인 성공이 이루어지는 그런 남편이고 한때 돈을 잘 벌었다가 또 그것 때문에 침체도 있는 사람을 남편으로 맞이한다. 이렇게 보면 다 본 것입니다. 대운도 볼 필요가 없습니다. 그런데 대운이 辛金의 활동력을 돕는 申酉戌 亥子丑대운으로 가면 기본적으로 有名을 좋아하는 사람인데 경제적인 실력을 대체로 원만하게 이룩하고 살아가는 사람이므로 그 사람은 '정치적인 활동이나 또는 명예에 관련된 활동도 하면서...' 즉 이것은 기본활동이고 경제적인 실력도 갖춘 사람이라고 하는 것이죠.

時	日	月	年	命
甲	甲			
戌	午			

이해를 돕기 위해서 상기와 같은 모양이 있다고 칩시다. 戌중의 辛金을 남편으로 쓰는데 가장 험악하게 쓰는 것입니다. 戌중의 辛金이 남편인데 드러나지 못하였고 숨었다는 것이죠. 그런데 이 戌이라고 하는 것이 주변환경이나 인자에 의해서, 옷은 개 戌자 옷을 입고 있어도 기능적으로는 다른 작용을 많이 일으킬 수가 있죠.

그런데 午와 무리를 지어버렸죠? 무리를 지음으로써 戌중의 辛金은 丁火라고 하는 요소에 의해서 크게 약화되죠.

이 경우에는 五行的으로는 申酉戌이라고 하는 환경 속에 있으므로, 그 다음에 戌 중에 있는 土가 酉金의 기운을 그대로 안고 있으면서 地支대세를 둔 사람이죠.

원래 가문, 출신 또는 경제적인 기반이 있었던 사람인데 그 집안이 어느 정도 경제적인 실력이나 이런 것이 있었던 사람이고, 有名도 아니오 無名이요, 그냥 집이 경제적으로 어느 정도 실력이 있는 사람이다. 그 사람의 직업적인 특성은 자타의 이목을 받는 정도의 有名직업은 아니라고 하는 것이죠.

時	日	月	年	**命**
辛	甲			
未	子			

甲子일에 辛未시의 예는 공직, 교수직, 명예직에서 이름을 대면 다 알만한 정도의 사회적인 위치라고 하면, 예를 들면 교수가 되었다고 하면 대충 이름만 대면 알만한 그런 정도의 사회적인 감투를 쓰고 활동력을 가진다면 甲午일에 甲戌시의 예는 더 촌동네, 폼이 덜 나는 동네라는 뜻이 됩니다. 즉 戌이 그 동네라고 보시면 됩니다.

天干에 드러난 것은 만방, 이것을 나라로 보라는 것이죠. 전체를 나라로 보고 辛金이 나라(國)인 줄은 알고 있다.

甲午일 甲戌시는 '그 동네에서만 辛金인지 알고 있는' 그래서 "그 동네에서는 유명해요" 정도입니다 또는 "잘 알아요." 그런 정도의 사회적인 성취 감투를 이룩하고 경제적인 기반은 五行的인 대세가 있죠? 경제적인 기반은 그런대로 있었는데 여자 운명에서 이런 남편을 맞이 했다면 시집이 부자입니까? 남편이 부자입니까? 시집이 큰 부자는 아니고 적당 부자인데 시집의 능력이나 역량에 비하면 남편의 사회적인 활동력은 名에 있어서나 實에 있어서나 아주 두드러지지는 않는다고 하는 것이죠.

이제 재미있는 것을 잘 보세요. 午 傷官이죠. 食神 傷官이면 자식의 별이죠. 자식을 생산하여 자식이 日支의 공간을 차지하니까 午戌의 무리를 짓는 작용이 활발해지니까 즉 자식을 둘 정도 낳고 나니까 서방님이 항상 골골골 비실비실 하더라고 하는 것이죠.

그 이유는 戌중의 辛金이 辛金으로서 가만히 놓여 있지 못하고 자꾸 午火와 무리지어서 火의 작용이 활발해져 버리죠. 辛金의 작용은 五行的인 역량에 의해서 辛金은 계속 위축되어 있는 것이죠.

그래서 서방은 비쩍마르거나 골골골한 그런 형태로 사는 것이 되더라고 하는 것이죠. 이 내용 안에서 답을 끝을 내어놓고 "아이는 낳았느냐?" 물어서 "안 낳았습니다." 대답을 하면 "아, 그러면 서방이 몸은 안 아프겠구나!" 하는 것입니다.

설계도에 나와 있는 공간 속에 실질적인 존재를 못 채워 넣었죠? 못 채우니까 자식을 안 낳았다면 서방이 몸은 안 아프겠구나 하는 것이죠. 자식을 셋을 낳았다고 하면 서방이 몸이 많이 안 좋겠다. 그다음에 "서방의 활동력이 팔자의 모양대로 하고 있느냐?" 물었을 때 "아니에요. 잘나고 싶어서 매번 출마를 해요."

甲子일에 辛未일의 예처럼 되고 싶어서 선거때만 되면 출마를 하더라 그러니까 이 有名을 이루지 못하여 항상 불만에 차 있는 세월을 보내더라고 하는 것이죠.

더욱이 자식이 나왔다면 자식에 대해서 無情입니다. 자식들이 태어나서 장성하면서 자신의 역량은 "이제 아버지 제발 출마하지 마세요." 그냥 동네 면장만하면 되었다고 하는 것입니다. "면장 이상은 꿈을 꾸지 맙시다." 하는데 자꾸 자기 터울을 넘어서 天干에 辛金이 드러나서 자꾸 남의 동네까지 자기 이름이 알려질 정도까지 자꾸 꿈을 꾸니까 자기는 자꾸 불만 속에 살게 되는 것이죠.

대운의 흐름이 寅卯辰 이런 흐름으로 갈 경우에는 남편의 사회적인 활동이나 역량이 대단히 부족해지더라고 하는 것이죠. 그래서 이 시기에 외국으로 공부를 하러 나가서 조용하게 살든지 아니면 산속에 들어가서 은둔의 삶에 가깝게 살든지 하지 않으면, 반드시 약물에 취해 살든지 주변 사람에게 고통을 주면서 사는 그런 삶의 양상을 띠우더라는 것입니다.

드러나 있다고 하는 것은 인자나 씨앗으로 존재하는 것이고 그 글자 자체로서는 有名이나 實力으로 드러나지 않았다 이렇게 보시면 됩니다. 그래서 기본적으로 有名이나 實力의 위치에 가 있지 않으면 잘 삽니다. 그냥 시골 면장에 만족하면서 논, 밭도 적당하게 있겠다, 여기서 행복하게 살려면 얼마든지 행복하게 살 수 있는 조건은 부여되어 있다고 하는 것이죠.

甲子일주에 辛未시 같은 것이 명예를 꿈꾸면 고통이 온다고 하는 것이죠. 地藏干에 있다고 하는 것은 말 그대로 그 정도의 역량만 가지고 살아간다면 충분히 잘 살아갈 수 있다고 하는 것이죠.

그래서 地藏干에 있는 것은 해석자체가 조건부라고 하는 것이죠. 해석이 조건부를 부여한다고 하는 것입니다.

時	日	月	年	命
	甲		庚	
	子		寅	

이런 모양의 干支 모양을 봤을 때, 이때 여인이 남편을 쳐다보아서 짝을 지을 수 있는 官은 年干의 庚金 偏官인데, 이 偏官이 地支에 五行的 대세가 없죠?

가까이는 庚金이 일지 子에 死하는 자리에 앉아 있죠? 日支 子는 申子辰, 년의 寅은 寅午戌 궤도로서 寅과 子는 驛馬와 같은 관계가 되는 것이죠. 이 사람은 어떤 남편을 맞이하니까?

天干에 있다고 하는 것은 그것이 하늘이나 큰 곳에서 내려오는 역량이므로 나라가 주는 봉록을 먹는 사람입니다. 名은 있으되 實이 약한 모양이므로 국가가 주는 월급인데 등대지기로서 (寅과 子의 隔角에 의해) 동거하지 아니하고 지내니까 멀쩡하더라 하는 것이죠.

名에 치우치니까 한 번씩 왔을 때 자식들에게 매번 소크라테스 이야기 하고, 공자, 맹자 이야기하고, 자기가 가르치는 것은 공자, 맹자를 아이들에게 강요하는 것이에요.

마누라 스트레스 받아서 자빠지는 것이고 자식 스트레스 받아 자빠지는 것이죠.

"아버지, 세상은 그런 것이 아니에요"

하는데도 庚의 입장에서 보면 세상살이 속에서 결국은 자신의 역할이나 위치가 이렇지 않느냐 하는 것이죠.

그러니까 마누라의 입장에서는 庚이 偏官이기 때문에 官星으로서의 덕을 입더라도 금전이나 애정이나 동거의 조건 속에 벗어났다는 것입니다.

상기의 명조같은 경우에는 동거의 조건이 떨어져 있죠? 동거조건이 벗어나 있음으로서 다행히 금전이나 애정적인 덕은 얻고 살아가지만 같이 보름 이상을 살면 마누라가 돌아 버리는 것이죠. 아이들 붙들고 소크라테스 이야기하고, 공자, 맹자 이야기하고, 맥아더, 아이젠하워, 류관순까지 이야기 하고 있는 것이죠.

결국 天干的 세력만 있다고 하는 것은 자신의 활동적인 근거가 국가라든지 큰 조직이라든지 위에서 내려오는 것이라고 할지라도 땅바닥에 그 세력을 발휘하지 못하면 안 되더라 이 말이죠.

地藏干

地藏干을 들어가 버리면 어떻게 되느냐? 地藏干에 들어간 경우도 영향가 있는 경우가 많습니다.

時	日	月	年	命
	甲			
	子	巳	寅	

巳중에 庚金이 들어가 있는 예가 있다고 합시다. 밖으로 보니 寅과 巳 사이에는 서로 刑이 되죠. 刑의 요소나 행위에 관련이 되어있는데 巳중에 庚金이라고 하는 남편이 있죠?

庚金의 입장에서 자기 자신이 앉아 있는 자리를 보면 巳 偏官이라고 하는 드러난 환경은 偏官이 되죠. 庚金이 巳火라고 하는 요소 속에 있으니까 조직사회가 되겠죠? 조직사회에 있는데 그 조직사회의 성격이 地支는 양보가 없다고 했죠?

寅과 巳가 刑에 놓여 있다고 하는 것은 무엇인가 수술적인 행위, 가공적인 행위를 통해서 용도를 실현하는 공간 속에 있다고 하는 것이죠. 그러므로 이 사람은 의료, 제조, 가공 이런 것 속에 있는데 寅과 巳는 대체로 어떤 물건이냐? 대체로 그 물성이 陽이 지나쳐서 즉 寅은 三陽이 밀고 나오죠? 巳는 六陽 즉 陽이 대체로 지나쳐서 날아다니는 물건 즉 항공, 자동차, 무기 그리고 무기가 될만한 기타 물건들을 다루는 조직사회에서 직장생활을 하고 있다는 것입니다.

庚金 남편이 그런 조직사회에 직장생활을 하고 있다면 이 사람은 官星이 투출하지 아니하였어도 남편이 조직생활을 하고 있다면 아무 이상없이 살 수 있습니다. 무식하게 보면 팔자

에서 드러난 모양에는 남편이 없잖아요? 官星이 드러나지 않았지만 이 여인은 寅에 의해서 巳가 五行的 세력이 있죠? 물론 겉으로는 巳와 寅이 그 용도의 실현을 위해서 서로 刑을 하고 있지만 五行的인 세력을 가지고 있는 것이죠.

그래서 서방님이 자동차회사에 중간 관리자나 조직 직장에서 중요한 일을 맡으면서 사회활동을 할 때는 아무 이상없이 남편의 덕을 이루고 살더라고 하는 것이죠.

그런데 이런 글자의 구성을 가진 사람이 어떻게 하니까? 즉 庚金이 巳火에 앉아 있으니까 偏官에 앉아 있으니까 굉장히 피곤하겠죠? 피곤하니까 "때려 치우고 나와야지!" 노래를 부르다가 때려 치우고 나오더라 이거죠. 언제 때려 치우고 나오느냐 하면 庚이 땅바닥에 세력을 가지는 申년 같은 경우입니다. 巳중의 庚金이 申년에 내려온다고 하는 것이죠.

申년에 내려와서, 申이나 酉년 이럴 때는 사업가의 명함을 파서 들고 다니겠죠? 사업가의 명함을 파서 왔다 갔다 하게 되는데 결국은 申이나 酉의 글자가 끝이나 버리니까 다시 巳중의 庚金으로 돌아가더라 하는 것이에요.

그것도 잘하는 사람은 이래요. 사업을 하다가 이것저것 골머리가 아파서 동작을 빨리하는 사람은 申酉戌이 끝나기 전에 그것을 정리하고 다시 직장으로 들어가요.

다시 조직사회로 들어가니까 직책이나 감투적인 보상이 어느 정도 잘 이루어지더라고 하는 것이죠. 그리고 그전처럼 직장생활을 꾸준히 하면서 남편의 덕을 이루게 되더라고 하는 것이죠.

巳가 이렇게 五行的인 요소의 제제를 받지 않으면 땅바닥에 있는 것도 어느 정도 규모냐 하면 지역에서 최소한 큰 기업입니다. 그러니까 地支하나만 똑똑해도 잘 산다고 하지 않았습니까?

하나만 冲 안 당하고, 하나만 刑 안 당하고, 하나만 空亡 안 당해도 잘 살 수있는 무기는 분명히 있다고 하는 것입니다. 그런데 현실은 쓸 만하면 冲 당해 있고, 刑 당해있고, 空亡당해 있고 이렇게 되어 있는 것이죠.

상기 여인의 팔자 정도로만 보조되어 있어도 지역에서 큰 기업입니다. 중소기업에서 대기업 전 단계 정도는 된다는 말이죠. 그런 단계의 조직사회에 남편이 살고 있으니까 좋더라는 것이죠.

그다음에 무기를 만드는 곳이니까 군 조직에서 고급장교 출신이 아니더라도 중간 관리자가 된다고 하더라도 대운의 흐름이 庚金을 크게 훼손하는 흐름이 아니면 꾸준히 올라가는 형태의 생활환경 속에서 살더라고 하는 것이죠.

命

時	日	月	年
庚	甲		
	子	巳	寅

예를 들어 시간에 庚金이 하나 정도 튀어나와 있으면 그런 생활 속에 그런 남편이 사회적인 감투를 성취하는 세월이 오더라 이렇게 해석을 할 수도 있고, 그 궤도가 조화롭지 못할 때는 巳 중의 庚金을 남편으로, 밖에 있는 時干에 있는 庚金을 자기가 활동을 하는 직장으로 보기도 하고 그다음에 직장활동이 아닌 경우에는 애정관계로서 발생하는 사람의 성향, 직업적인 특성으로 보기도 하는데, 그러니까 이런 것 있죠? 이런 것이 거꾸로 남자로 얽힌 경우, 마누라는 엄청스럽게 예쁜 마누라를 얻어 놓고 약간 부족하거나 이상한 애인을 두는 경우가 있습니다.

命

時	日	月	年
庚	庚	乙	
辰	辰	卯	

공부를 하는 차원이니까 상기 예문을 空亡요소를 일단은 제외하겠습니다. 辰중의 乙木도 굉장히 영양가가 있는 것이기는 한데 辰辰 自刑에 의해서 일지에 刑을 가한다고 보고, 일지에 刑이 가한다는 식으로 어떤 식으로든 외부적인 희생요소나 불안 요소를 주고 있을 때의 예입니다.

이럴 때 집안에는 어떤 마누라? 乙卯 正財 즉 멀쩡하고 말 잘듣고 상냥하고 어디 내어놔도 부족함이 없는 부인을 두고 대문 밖에 있는 辰중의 乙木은 외부적으로는 刑을 당해서 밖으로 보면 뭔가 이상한 모양인데 그 여인을 자꾸 사모하는 형태로 가더라고 하는 것이죠. 그러니까 부인은 예쁜데 애인은 전부 다 약간씩 이상한 그런 사람만을 이상하게 골라서 가는 경우가 상기처럼 乙卯와 庚辰이 분리되어 있는 경우가 됩니다. 거꾸로 된 사람도 있습니다. 地藏干에 있는 것과 드러난 것의 차이라고 하는 것입니다.

時	日	月	年	命
乙	庚			
酉	辰	卯		

辰중의 乙木은 설명을 위해 배제를 합시다. 이런 경우에 乙과 卯를 분리적으로 쓰는 경우에는 짝은 월지에 있는 卯를 짝을 삼고 그다음에 시에 있는 乙木은 地支세력을 봐서는 이것은 名은 있되 實이 약한 것이죠? 乙이 地支에 酉를 만나 實이 약하니까 예를 들어서 남의 여인을 꼬드긴다면 생긴 것은 멀쩡한데 할 줄 아는 것은 별로 없는 그런 여자를 꼬드긴다고 하는 것입니다.

時	日	月	年	命
己	庚			
卯	辰	卯		

거꾸로 땅에 내려와 있으면 어떻게 생겼든지 아무 상관없이 영양가 있는 측면만을 골라서 자기의 이성의 대상자로 삼는다고 하는 것이죠.

드러난 것 위에 있다는 것과 아래에 있다는 것의 차이점을 계속 공부해 보고 있습니다.

첫 시간에도 했었지만 똑같이 己土를 財로 쓰는 경우 등급을 잘 보자고 하는 것이죠. 남자일 경우 甲木이 己土를 財로 쓰는데 어떻게 쓰느냐?

제일 먼저 辰戌丑未에서 丑하고 未로서 이 안에 있는 己土가 있죠? 기본형태로서 이미 己土의 형태가 주어져 있죠? 그다음에 午중의 己土가 있죠? 그다음에 天干에 혼자 있는 己土가 있을 것인데 각각의 작용이 다 다르다고 봐야 되는 것이죠. 사실은 丑에 있는 己土하고 未에 있는 己土하고 완전히 다릅니다.

丑은 기본적으로 亥子丑이라고 하는 겨울 속에 있는 것이고 모양만 己土의 모양을 가지고 있는 것이고 실질적인 己土의 작용은 약하다고 하는 것입니다. 외부적인 것이 아니고 내부적인 것이거든요. 이때의 己土의 작용은 내부적인 작용이기 때문에 그 활동성이 대단히 소극적인 사람이라고 하는 것이죠.

똑같이 未중의 己土라고 하는 것은 巳午未 속에서 己土로서

五行的인 대세를 얻고 있죠? 未는 평상시에 적극이죠. 적극적인데 卯라든지 이런 요소에 의해서 未가 한시적으로 자기 역할을 잃어버리는 경우 외에는 평상시에 대단히 활동력이라든지 운동성이 강한 형태로 己土로서의 작용을 충실하게 해주는 것이겠죠?

午중의 己土 같은 경우가 五行的으로 午중에 地藏干 丙己丁 사이에 五行的으로 가장 순수한 己土의 작용이 있는 것인데 이 午중의 己土가 未에 있는 己土보다 훨씬 더 영양가가 있습니다.

이 경우에는 五行的인 대세를 가지고 있으면서, 五行的 대세는 다 가지고 있는데 전면에 안 드러난다고 하는 것이죠. 전면에 안 드러나고 가장 순수한 성질을 다 가지고 있다는 것입니다. 그래서 甲일주가 남자인 경우에 午를 보고 財星이 드러나 있지 않더라도 午생 부인을 만나니까 더할 수 없이 조화를 가지게 되더라고 하는 것이죠.

時	日	月	年	命
丁	甲			
卯	午	申		

이 경우에는 卯가 午중의 己土를 쉽게 훼손도 잘하지 못합니다.

時	日	月	年	命
丁	甲			
卯	未	申		

설명을 위해 만든 사주

만약에 일지에 未가 있다면 財星이 卯와 무리지어 싸돌아다니니까 가시적인 역할을 많이 해내는데 卯에 의해서 한 번씩 자기 역할을 잃어 버리는 것이죠.

時	日	月	年	命
丁	甲			
卯	午	申		

그것에 반해서 午중에 있다고 하는 것은 자기 자신이 五行的인 세력을 다 가지고 있으면서 밖으로 드러나서 쉽게 훼손되지 않는 조건을 가지고 있음으로써 대단히 영양가가 있는 부인으로서의 역할을 한다는 것입니다.

未土는 집 밖에 많이 돌아다니면서 돈을 잘 벌어놓든지 금전활동을 잘해 놓든지 살림을 잘 살아 놓는다고 하면 午중의 己土는 조용히 차분하게 소리소문없이 돌아다니는데 원래 처가가 부자이거나 부인이 문서형태로 많은 재산을 이미 이루고 있는 사람이라는 뜻이 됩니다.

己土자체가 무엇의 위에 앉아 있습니까? 丙 正印, 丁 偏印

위에 앉아있죠? 그런 것을 이미 충실하게 이루어서 활동을 도 모하면 얼마든지 사회적인 경제적인 조건을 할 수 있는 조건을 가지고 있더라고 하는 것이죠.

학생 – 甲이 死地에 있는 것은 관련이 없습니까?

선생님 – 그렇게 보면 안됩니다. 지금은 財星의 생긴 모양을 보라는 것입니다. 財星의 모양을 보니까 午중의 己土가 財星이더라는 것이죠. 그래서 "午생을 만났느냐?" 물어보니까 "午생을 만났다." 이거죠.

그러면 당신은 1등급이다. 그러니까 나는 어리바리한데 마누라가 엄청스럽게 경제적으로 사회적으로 내실이 있으니까 나는 하는 일 없이 왔다 갔다 해도 잘 먹고 살 살더라는 것입니다. 그러니까 팔자에 글자가 하나만 잘 생겨도 잘 산다는 것입니다. 地藏干에 있는 모양이면서도 대단히 실속있는 경우입니다.

命

時	日	月	年
己	甲		
巳	午	申	

그다음에 天干에 드러나 있는 경우에 五行的 대세가 있으

면, 위의 경우와 같이 巳와 午는 실질적이죠.

아까의 午중의 己土같은 경우는 丙丁을 印綬로 삼았으니까 무형의 문서가 된다고 했죠?

상기의 己巳시 같은 경우에는 巳와 午를 印綬로 삼았죠? 그래서 땅이 많거나 장모 혜택의 실질적인 재화를 가진 己土라는 것이죠. 그리고 남이 봐서 진짜로 괜찮더라 하는 정도로 표시가 난다. 드러난다. 하는 것이죠. 드러나 있는 것이죠. 시간의 己土를 나의 짝으로 삼았으니 從을 해도 좋고 從을 안해도 좋고 즉 財星이 드러나서 완벽하게 자리를 잡고 있으니까 아무 문제가 없더라고 하는 것이죠.

이 경우는 스캔들이 한 번씩 일어나죠. 乙木이 온다든지 이러면 그렇죠. 그래서 드러난 것은 드러났기 때문에 한 번씩 피곤하다는 것입니다.

時	日	月	年	命
	甲			
		丑		

丑 이런 경우에는 숨어있는데 丑을 財星으로 삼으니까 그 부인의 움직임이 대단히 소극적이고 안정적이고 남들에게 잘 드러나지 않는 것이다. 가끔 꾸미고 다니면 그런대로 괜찮았는데 기본적인 활동은 아주 소극적이라는 말이죠.

이런 경우에 똑같은 正財星이 되고 天乙貴人이 있다고 하더라도 午火보다는 못하다고 하는 것이죠.

地藏干의 등급을 머리 속에 그려보면 재미있습니다.
여인이 壬水나 癸水를 官星으로 쓴다고 합시다. 丙이나 丁 일주라서 壬水나 癸水를 남편의 별로 쓴다고 할 때, 제일 먼저 申중의 壬水, 子에 壬이나 癸, 辰에 癸水, 亥중의 壬水, 丑중의 癸水가 있죠. 申子辰 亥子丑이 기본적으로 겹치죠? 그다음에 天干에 있는 壬水, 癸水가 있죠.

時	日	月	年	命
	丙			
	申			

예를 들어서 申중에 壬水를 쓰는 경우에 丙일주에 申金을 써서 壬水가 서방이 됩니다. 이 壬水의 五行的인 대세를 한 번 봐 보세요. 五行的인 대세가 강합니까? 약합니까? 12運星으로 壬水는 申金에 長生 하므로 그 세력이 대단합니다.
이런 경우에는 서방님이 최소한 동네 부자 내지는 국가 공인의 자격증 또는 고시 중에서 제일 어려운 시험이 아닌 고시성 시험을 이미 통과하여 최소한 국가 공인의 자격 또는 학위로서는 박사학위 이상의 유능함을 가지고 있는 사람이다. 이렇게 보면 되는 것이죠. 이렇게 해서 짝을 지어 쓰는 사람이 아주 영양가가 있는 것입니다.

時	日	月	年	命
	丙			
	子			

　子에 있는 것이 드러났다고 합시다. 이 정도면 다 그 동네에서 '알아주는 남편이다. 알 놈은 다 안다.' 그 사람의 성질은 '갈지마오!'다. 申중의 壬水는 어떻게 해요? 밖으로 나오면 조용하고 활동성이 그렇게 강하지 않는데 영양가는 영양가대로 있는 사람이다는 말이죠.
　子水는 "내가 내다." 하는 것이죠. 그래서 한 번씩 그 성질을 잃게 만드는 인자가 올 때 巳午未 이런 五行的 대세가 올 때 이 子水는 巳午未 때문에 여러 가지 역할을 바꾸어야 되고 행동적인 양상을 바꾸어야 되요.
　申중의 壬水는 어떤 글자가 오더라도 자기 직업적인 특성이나 생활적인 환경이나 근거가 잘 바뀌지 않아요. 그것을 위협할 때가 寅이 되고, 그다음에 '~뻔 했다.'가 午, 그다음에 "나도 출마해 볼까?"가 子, 이럴 때에만 남편의 직업적 환경이나 사회적인 환경에 유혹이나 영향을 받게 되는 것이고 그 나머지는 거의 스타일 변화가 없이 열심히 자기 일을 한다는 것입니다. 이런 식으로 가는 것이죠.
　그래서 丙申일주 여인은 서방때문에 골머리 앓을 일이 별로 없다라고 하는 것이죠. 남편이 "내가 낸데!" 하면서 폼을 안잡고 다니면서 實은 實대로 다 있는 모양입니다.

丙子일주 같은 경우에는 폼은 폼대로 잡고 다니니까 辰巳午未가 오면 자기의 역할을 수시로 바꾸어 나가야 되는 것이죠. 그래서 잘난 서방은 피곤하다는 것입니다.

時	日	月	年	命
	丙			
	子			

辰중의 癸水를 남편으로 쓰는 사람은 辰중에 있는 것은 五行 대세를 못 얻고 있죠? 寅卯辰 巳午未라고 하는 木운동, 火운동 속에서 癸水가 水의 형태가 가장 약화된 형태로 자기를 보존하기 위해 캡슐을 쓰고 있는 상태라고 하는 것입니다. 서방이 캡슐남편이면 서방으로서 해로를 합니다. 그러면 캡슐을 뒤집어쓴 사회생활이라고 하는 것은 무엇이냐는 겁니다. 변화 없는 공직 또는 조직사회, 연구직, 교수직 등 아주 변화가 없는 형태의 조직사회 활동을 평생을 그렇게 하니까 남편으로서의 기본적인 덕은 잘 채워지더라고 하는 것이죠.

그 캡슐을 벗고 나오는 순간에 또는 장사나 사업을 하기 위해서 뛰어나오면 문제가 발생을 하는 것이죠.

辰도 어떤 것에 영향을 받아요? 子년 같은 것이 오면 辰중의 癸水가 "대한독립만세!" 하면서 튀어 나온다고 하는 것이죠.

이런 경우에 직장생활하다가 그동안 목돈 조금 모아놓은 것 동서가 좋은 사업이 있다고 해서 거기다 가져다 넣어 밀어 넣는 것이죠. 子운이 끝이 나면서 다시 캡슐을 뒤집어씁니다. 캡슐의 생산양식으로 다시 돌아간다는 것입니다.

地藏干의 의미나 가치를 딱 정확하게 자리매김 해보자고 하는 것이죠.

時	日	月	年	命
	丙			
		亥		

그다음에 亥水를 쓰는 것도 마찬가지로 子水와 별 차이가 없죠? 正官이냐 偏官이냐? 우리가 六親的인 환경에 의해서 어떤 활동을 하느냐 하는 것인데 드러난 것은 名보다 實의 활동력이기 때문에 사업적인 생활환경, 일 이런 것을 하게 되겠죠.

時	日	月	年	命
	丙			
		丑		

丑중의 癸水는 조금 양상이 다릅니다. 丑중의 癸水는 어떤 양상이냐? 亥子丑이라고 하는 기본적으로 實的인 환경이죠.

경제적인 실력자로서의 활동력인데 그것이 주변에 의해서 한 번씩 제한을 받거나 다른 인자에 의해서 제한을 받는다고 하는 것이죠.

사업적으로 지속적인 활동을 하는 것이 아니라 한시적으로는 조직, 한시적으로는 자기사업 이런 식으로 주변 여건에 따라서 행동적인 양상, 금전활동적인 양상이 변화된다고 하는 것이죠.

時	日	月	年
癸	丙	壬	

命

壬水 癸水가 天干的으로 드러났을 때에는 남들이 보기에는 아무튼 겉으로나 사회적인 인지도가 있는 그런 직업적인 환경요소 이런 것을 의미하는데, 地支에 대세가 있다면 명실공이 사회적인 성공의 남편일 것이요 그다음에 地支에 세력이 없으면 대체로 명예중심의 사회활동이 될 것이죠.

그런데 天干에 있는 형태는 대체로 국가조직의 명예 중심이라면 다시 말해서 辰 중의 癸水 앞에서 설명했었죠? 辰중의 癸水는 대체로 지방조직이거나 사기업이라고 하는 것이죠. 내려오면 私나 地方이 되고, 위로 올라가면 公이나 名이 된다는 것이죠. 또는 國자로 넘어가게 된다는 것입니다.

官星하나를 地支, 天干, 地藏干의 위치에 따라서 기본적인 역량과 범위를 제한할 수 있는 범위를 보시라는 겁니다. 앞에서 설명한 내용 속에서 地藏干을 이해를 해주어야 된다는 것입니다. 그래서 그다음에 조건 사주학이 된다는 것입니다.

時	日	月	年	坤命
辛	癸	壬	乙	
酉	巳	午	卯	

이 팔자를 해석을 할 때 午중의 己土가 偏官이지만 득세를 해있는 모양인데 이것이 空亡이 되어서 짝이 잘 되지 못하는 모양이 되어있는데 이런 샘플에서 대부분 착각하기 쉬운 것이 이런 팔자는 無官이라고 하는 것이죠.

無官팔자이니까 궁합을 보러 갔는데 "이 팔자는 안된다." 이렇게 어느 분이 해석을 한 것이죠. 無官팔자이니까 이 팔자가 시집을 가면 반드시 남편이 없이 살아간다고 했다는 것입니다.

앞 시간에 우리가 地藏干의 조건을 봤죠? 남자의 직업적인 특성만 가려진다면 이 팔자는 얼마든지 짝을 지을 수 있다고 하는 것이죠.

巳중에 있는 戊土가 地支대세를 보세요. 巳에 建祿, 午에 帝旺이 되어서 地支에 五行的으로 대단한 대세를 가지고 있는 존재입니다. 巳중의 戊土가 상기의 팔자에서는 남편이 되는데, 이런 경우에는 드러나서 壬水를 쳐다보지 못했죠? 즉 劫財를 쳐다보지 못했죠? 그러니까 다른 마음도 먹지 않는 남편이라고 하는 것입니다.

天干이나 地支에 밖으로 드러나서 劫財를 쳐다보면 다른 마음을 먹는데, 癸水도 마누라로 쓰고 壬水도 마누라로 쓰는데 드러나지 않고 癸水와 한 자리에 동조하여 있으면서 은장(隱藏) 즉 숨어 있다고 하는 것이죠.

숨어있다고 하는 것은 그 사람의 직업특성이 안정적인 공직이나 자체로 印綬위에 앉아 있죠? 자격증이나 또한 조직이라도 국가조직이든 기업조직이든 안정적으로 일을 할 수 있는 연구직이라든지 그런데 그것이 무엇에 있습니까?

부인의 운명에서 보니까 日支가 正財이면서 天乙貴人이죠. 天乙貴人이니까 경제적인 기반이 탄탄하게 이루어질 수 있는 조건이 부여된 그러한 남편이 만나지더라고 하는 것입니다.

그래서 어느 부자집에서 며느리를 보려고 하는데 官星이 있는 남자는 다 시원찮다고 하고 이 사람보고는 상당히 괜찮은 구조를 가지고 있으니 무조건 만나 보라고 한 것입니다. 그래서 만나 보니까 괜찮더라 이거에요. 괜찮은데 결정을 짓지 못해서 고민을 하다가 물으러 온 것이에요. 그런데 몇 군데 물어보니까 이 팔자는 無官 팔자로서 못 쓰는 팔자라고 한 것이죠. 과부팔자라고 한 것이죠.

이것이 地藏干을 관찰하지 못함으로서 착각을 하는 것입니다.

時	日	月	年	坤命
辛	癸	壬	乙	
酉	巳	午	卯	

時	日	月	年	坤命
辛	丁	丙	戊	
亥	酉	辰	午	

둘 다 부자집에 시집을 가는 인자를 가지고 있는데, 乙卯생 샘플도 남편의 행동적인 범위나 반경이 아주 안정적이고 소극적이라고 했죠? 그렇게 하면서 내실이 있다. 내실이 있는 그런 남편을 맞이함으로서 무난히 자기 자신을 그런 남편과 조화시킬 수 있는 그런 그릇이라는 겁니다.

남편의 직업특성이 무엇이냐? 하고 물어보니 역시나 공부를 외국에서 박사학위를 마치고 포스트닥터를 하기 위해서 준비 중이라고 하는 것이죠. 가야 할 길은 어느 길이냐 하니까 이미 국가조직에서 기회는 부여하고 있고 자격증 분야나 연구직 분야로 가게 될 것이다.

乙卯생의 명조 년에서 보면 일지 巳를 보면 驛馬죠? 그래서 해외환경의 주거활동 또는 배필인연이 맺어지면서 해외조직이라고 하는 또는 해외공간이라고 하는 것을 그대로 이용할 수 있다고 하는 것이죠. 그래서 궁합을 몇 군데 묻다가 제가 그것을 설명하느라고 진땀을 뺐습니다. 그것이 바로 地藏干 때문에 그렇습니다.

時	日	月	年	**坤命**
辛	丁	丙	戊	
亥	酉	辰	午	

이 경우는 다른데 正官 亥가 時에 나가 있죠? 酉를 중심으로 亥를 보면 驛馬의 자리에 놓여있죠. 그래서 午를 중심으로 보면 亥가 劫殺이 되는데 이 劫殺 때문에 안된다고 하는 것이죠.

안 되는 것이 아니라 성혼이 조금 늦기만 하면 아무 이상이 없이 짝을 지을 수 있는 그릇이라고 하는 것이죠. 그다음에 남편의 직업적인 환경은 사업이 되겠죠? 그래서 사업으로 가는데 丁酉일 내가 놓여 있는 곳과 자주 떨어질 수 있는 환경이니까 무역이나 또는 해외라고 하는 것이죠.

그래서 아버지가 국내에도 공장이 있지만, 해외에도 공장을 두어서 그 자식과 선을 보는 관계인데 그 자식이 부득이 국내 국외 왔다 갔다 왕래하면서 결국 사업을 관리해야 될 상황이라고 하는 것이죠.

그런데 이 팔자에 또 무엇을 가지고 물고 늘어지느냐 하면 월 丙辰이 空亡이 되고 또 巳午未가 辰을 보면 과숙살(寡宿殺)이 됩니다. 그래서 "과숙살(寡宿殺)이 있어서 안된다." 하고 말들 하는 것이죠.

월에 있는 辰이 壬水의 무덤이 맞죠. 正官의 入庫地가 되죠. 正官 入庫 되는 자리니까 서방 무덤이라는 말입니다. 그런데 시집을 빨리 갈 경우 즉 조혼(早婚)을 할 경우 남편을 깨트리는 작용을 하는 것이 되고 그다음에 午 比肩, 丙 劫財라고 하는 요소는 남자를 중심으로 볼 때는 연애에 실패한 또는 본인이 재취 자리에 시집을 가는 것이죠. 어떤 형태로든 남편을 빼앗기는 것이잖아요. 빼앗기는 과정을 거치고 난 뒤에 시에 있는 亥水에 짝을 결국 이루게 된다고 하는 것이죠.

연월의 글자들은 써먹지 못하고, 일지 酉는 偏財로서 시집을 의미하고 또 天乙貴人에 해당이 되죠? 亥水도 貴人에 해당이 되죠? 貴人이 일과 시에 있으니 시집은 반드시 경제적으로 유력한 사람이거나 貴人출신 즉 집안이 좋은 사람과 인연이 되어서 살아갈 운명이라고 하는 것이죠.

이런 팔자를 가지고 '寡宿殺이 있어서 안된다.', '남편 자리에 劫殺이 있어서 안된다.' 이런 식의 해석을 붙이면 대단히 곤란하다고 하는 것입니다.

그러면 辰중의 癸水는 무엇이었겠느냐? 하는 것입니다. 이 여인이 乙亥년이나 丙子년을 지나왔을 때에 자기를 따랐던 남자가 결국은 그 관계가 소실되고 말은 모양이라고 보면 되는 것이죠.

辰년이나 주로 巳년에 가서 깨어지거든요. 깨어지고 壬午년에 壬水나 亥水가 午에 12運星으로 胎地에 들어가죠. 그래서 새로운 모양으로 초기 형태로 다시 인연이 만들어진다고 하는 것이죠. 巳년까지는 絕地가 되는 것이죠.

그래서 그 남자와 관계를 이어오다가 끊어진 모양을 그대로 팔자 내에 가지고 있는 것이죠. 그래서 그런 과정을 자기가 거치고 결혼을 하게 된다는 것입니다.

그러는 사이에 남자는 여인의 比肩 劫財에 의해서 이미 내용적으로 애정적으로 이미 경험이 있었던 사람인데 법적으로는 총각이고 내용상으로 연애가 깨어진 사람이다. 그렇게 보면 되는 것입니다.

뒤에 공부할 내용에 조건, 分 이런 타이틀을 달아 놓았지만 그것도 해석의 큰 틀 속에 있죠. 分論 나오죠? 分論하고 결국 또 맞물립니다. 만약에 이 여인이 직장생활을 하고 있는 사람에게 시집을 갔다면 과연 이 남편은 계속 직장생활을 할 것이냐? 아니라는 겁니다.

끝내는 자기사업으로 전환을 하게 될 것이다. 그리고 그 사업은 酉와 亥의 작용에 의해서 驛馬의 조건에 의해서 해외출입의 사업을 하게 될 것이다. 그래서 무역이나 해외사업이라고 이렇게 조건을 부여해서 그 사람의 직업적인 특성이나 환경은 그대로 읽어주면 되는 것이죠. 대운이 필요없다는 것입니다. 그냥 分만 따르느냐 하는 것인데 그 分을 부여할 때 가장 중요한 수단이 결국은 드러난 것, 地支에 있는 것, 地藏干에 있는 것 이것으로서 제일 기본분석으로 삼는다는 것입니다.

그다음에 天干에 드러났는데 세력이 있느냐? 天干에 있는데 그냥 형식상으로 있느냐? 세력이 있다? 없다? 이런 것이죠.

그다음에 地藏干에 있는데 아까 午中의 己土처럼 오히려 드러난 것보다도 낫고, 地支에 있는 것보다도 더 나은 모양이 있고 그다음에 地藏干에 있어도 좋고, 대부분은 대체로 소극적이거나 은둔된 모양으로서 결국은 작용을 한다는 것이죠.

地支에 있는 것은 반드시 세력이 있고 없고가 분명한데, 地支가 존재하기 위한 조건이 필요하다고 하는 것입니다. 존재의 조건 즉 없어지지 않는다고 하는 것입니다. 작용력이 없어질지라도 모양은 즉 공간은 절대적으로 차지한다는 것입니다.

그래서 장사나 사업을 하는 사람의 운의 흐름을 볼 때는 天干은 거의 볼 필요가 없습니다. 그다음에 큰 명예를 쫓아서 사회활동을 구하는 사람들의 운명에서도 마찬가지로 天干을 거의 볼 필요가 없습니다. 地支만 잘 보면 됩니다.

장사나 사업을 하는 사람이 간혹 天干을 볼 때는 금융을 일으킬 때나 큰 조직과 계약을 할 때가 됩니다. 이것은 무엇이냐? 돈이 들어오는 것은 사실이지만 그것은 실질적으로 내 호주머니에 돈이 만들어지거나 생성된 것이 아니라고 하는 것입니다.

그다음에 계약이라고 하는 것도 마찬가지입니다. 그것이 활동무대의 조건이나 계기 그리고 문서는 가져다 주었지만 현찰은 아니라고 하는 겁니다. 현찰은 땅에 있거나 地藏干에 있습니다.

時	日	月	年	命
	壬	辛		
	申	未		

이런 식으로 팔자가 구성되어 있는 경우에 未중에 있는 丁火를 볼 때 餘氣로 들어와 있는 것은 세력이 상당하다고 했죠? 이것은 거의 午의 알맹이가 그대로 남아 있다고 봐도 좋습니다.

時	日	月	年	命
	壬			
	申	巳		

그래서 이런 경우가 辛未월과 비교했을 때 누가 상속이 많으냐? 辛未월이 훨씬 많다고 하는 것입니다. 글자상으로 보면 辛 正印, 未 正官 인데 巳월은 월에 偏財가 있잖아요?

그러면 당연히 巳월이 경제적 규모는 커야 될 것이잖아요. 그런데 실제로는 辛未월이 훨씬 많다고 하는 것입니다. 未중의 丁火가 날아가지 않고 그대로 결과물이 만들어져 있는 것이 未土에 있는 丁火 餘氣입니다.

그래서 午未를 거의 동체로 보면 되고, 卯辰을 동체로 보면 되고, 酉戌을 거의 동체로 보면 되고 子丑을 같이 보면 됩니다. 丑을 거의 子로 봐도 좋다는 것입니다. 절반 이상의 작용력을 그대로 안고 있으니까 그렇다는 겁니다. 그래서 己土로 볼 수가 없다고 했죠?

마찬가지로 戌도 기본적으로 酉의 작용력이 절반 이상 박혀 들어와 있는 상태라고 보시면 됩니다. 辰도 未도 마찬가지입니다. 未중의 丁火는 날아가지 않는 正財라고 하는 것이죠.

巳월의 壬申일주에서 巳 偏財라고 하는 것은 주변 환경에 의해서 얼마든지 가변적이므로 한때 잘 나갔다고 하더라도 상황에 따라서 얼마든지 변수를 가질 수 있는 것이다. 그래서 세월이 좋을 때 빨리 받아야 자기에게 행위적이거나 형식적으로 상속을 줄 수 있는 것입니다.

辛未월에 壬申일주는 가만히 있어도 남들이 들고 갈 일이 없으니까 가만히 있어도 받아먹을 것이 기다리고 있는 것입니다. 그래서 地藏干은 잘 있기만 하면 더 알맹이가 좋은 것이 많다고 하는 것이죠.

대부분은 조건부로 움직이므로 그 활동성이 대부분 소극적이고 캡슐속에서 이루어지는 제한적인 환경 속에 움직인다고 하는 것이죠.

기본적으로 이 개념만 머릿속에 잘 정리되어 있다고 한다면 어려울 것이 별로 없습니다.

앞에서 해봤었죠? 申중의 壬水, 子에 壬癸,,, 등 그것을 머릿속에 그려서 "아, 이 사람은 남편의 직업이 무엇이겠다. 이 사람의 부인은 무엇이겠다." 하는 것을 바로 유추해내면 되는 것입니다.

그 六親이 父와 母로 되어 있죠? 財와 印綬가 되죠? 財와 印綬라고 하는 요소가 서로 장애되는 것 없이 나올 것 나오고 들어갈 것이 들어갔다면 그 운명도 무조건 안정되어 있는 운명으로 본다고 하는 것이죠.

地藏干은 모든 기밀적인 행위와 맞물려 있습니다. 地藏干이 인간행위로 드러날 때 무엇과 같으냐 하면 기밀적인 행위와 똑같습니다. 이것은 地藏干 설명하면서 몇 번 다루어 왔던 것이죠.

命

時	日	月	年
	壬		
	申	未	

이런 모양을 가지고 있는 구조에서 이 사람은 외부적인 행동은 신사입니까, 아닙니까? 밖에 나오면 "나는 正官格이다." 하는 것이죠. 雜氣格이기는 하지만 "나는 正官格이다."라고

하는 것이죠. 그런데 자기가 봉투를 받았다. 그렇게 했을 때 화장실에 가서 남들 보지 않게 봉투를 세어 보는 것이죠.

사회적인 환경, 형식에 벗어났을 때 이 사람의 행위적인 것은 申중에 있는 戊壬庚, 未중에 있는 丁乙己 이것이 혼자있는 공간으로 들어갔을 때 丁乙己가 다 있는 것입니다.

이런 사람이 수험생이라고 한다면 이 사람에게 학습효율을 높여주려면 이 사람은 혼자 공부하는 것이 좋겠습니까? 아니면 여러사람 다수가 모여있는 도서관이나 학교라고 하는 공간을 이용하는 것이 좋겠습니까?

공부를 도와주는 것은 대체로 官星이라고 하는 자기절제, 그다음에 印星이라고 하는 집중이나 반복, 인내 이런 것의 여부가 되는 기본적인 별이라고 하면 융통성이 食傷이죠?

이 사람은 바깥에 나와서 官星을 기본적으로 피켓을 들고 다닌다고 했죠? 官星 피켓을 들고 다니니까 남들이 공부할 때는 같이 공부한다고 하는 것이죠. 그런데 혼자서 공부를 하면 무엇이 간섭을 합니까? 이 官星을 파괴하는 未중의 乙木 傷官이 들어있죠? 이것이 未를 지배하고 있는 '地藏干分野表'를 만들어 놨죠? 乙木이 작용하는 것은 아주 길지는 않습니다.

그러나 주변의 地支의 환경이 왔을 때는 子丑寅卯... 地支를 봤을 때 寅卯辰이나 이런 木운동으로서 未중에 있는 乙木을 충동하거나 움직이게 하는 조건이 부여가 되면 반드시 움직이거든요. 이 시간이 동하면 도서관에 앉아 있다가도 "와! 미치겠다. 공부가 안된다." 하거든요. 남들이 보면 그렇게 해야할 이유가 없는데 공부 안된다고 책상에 책을 놓고 나가 버리는 것이죠.

時	日	月	年
	壬	辛	
	申	未	

命

운에서 乙木이 옴

乙木운이 오면 未중에 있던 乙木이 정신적으로 乙이 밖으로 드러나죠? 아니면 地支에서 卯가 왔든지 하면 未가 傷官에 의해서 무너진다고 하는 것이죠.

그리고 다른 사람이 없으면 丁乙己 이 세 가지가 오픈된 상태에서 자꾸 움직이려고 한다는 것입니다. 책을 보다 보면 乙이 傷官의 행위죠. 傷官의 행위는 괜히 유흥적인 것에 관심을 가진다는 것이죠. 아니면 官星을 파괴하는 행위 "우리 선생은 가만히 생각해 보니 개떡같은 사람이다." 하는 것이죠.

傷官的이니 행위가 강화될수록 官 즉 자기 제어적인 요소가 약화가 된다고 하는 것이죠. 그래서 학습적인 요소는 자연스럽게 떨어질 수 밖에 없는 것이죠. 혼자 공부할 시간이 많다고 하는 것은 丁乙己 세 가지를 그대로 열어 놓은 것과 똑같은 것이니까 그렇습니다.

이것을 열어 보기 위해서 우리는 어떻게 합니까?

저녁이 되면 일단 알콜로 상대방에게 이것을 열어 보려고 약을 풀죠. 약을 풀어놓으면 地藏干안의 글자들이 다 튀어나와서 완전히 광란의 밤으로 가든지 아니면 술 먹으면 우는 사람들도 있습니다. 또 술만 먹으면 앞에 사람이 뭐라든지 전화통 붙들고 있는 사람도 있더라는 것이죠.

결국 地藏干안에 있는 글자들이 그 사람의 기밀적인 행위, 남들이 보지 않는 공간에서의 모든 행위라고 하는 것이죠. 그런 측면에서 드러나지 않는 것들의 측면에서 잘 한번 봐 보세요. 조금 더 진도가 나간것입니다.

時	日	月	年
	辛		
	亥		

命

壬午년을 만남

辛亥일날 태어난 사람이 올해 壬午년을 만났죠? 이것을 우리가 어떻게 해석을 할 것이냐? 일반적으로는 辛이 壬水 傷官을 만났으니까 여러 가지 인생계획에 대한 새로운 설계 뭐 이런 것을 따지겠죠?

午가 드러난 六親로서 偏官이니까 여러 가지에 시달리고 바쁜 과정, 건강요소에 부담, 사회적으로 실속 없는 일에 가담 등 여러 가지 시달리는 요소가 발생을 하겠다고 일단은 생각을 했는데 이것은 공식적인 이벤트라고 하는 것입니다. 공식 이벤트가 있다면 비공식 이벤트도 있을 것이라는 겁니다.

이 사람이 가지고 있는 亥水속에는 뭐가 들어있습니까? 戊甲壬이 들어있고 午년의 午중에는 丙己丁이 들어있습니다.

여기서 주의하여야 할 것은 甲木과 己土의 조화죠. 그다음에 壬水와 丁火의 조화가 되죠. 甲木과 己土의 조화작용이 있으니까 이것이 둘이 만나서 이루는 조화력은 五行的으로 土가 대세가 되죠?

이 사람은 正財라고 하는 땀에 대한 대가나 고정된 재물을 五行的으로 土에 속하는 것에 또는 六親的으로 偏印 즉 문서에 관련된 일에 가담해서 조화를 부려서 돈을 문서로 바꾸었다는 것이죠. 그래서 이 사람은 壬午년에 부동산 투자나 문서를 잡는 행위를 남들이 알게 하겠습니까? 모르게 하겠습니까? 남들이 모르게 부동산 투자를 하더라고 하는 것입니다.

그다음에 남자의 경우도 좋고 여자의 경우도 좋습니다. 여자의 경우는 午자체가 官星이 되죠. 官星이 와서 조화를 부리는데 亥와 午 이 두 글자를 봐서는 偏官이 왔으니까 '징그러운 남자가 와서 잠시 괴롭히고 말겠구나!'로 넘어가지만 실제로 그렇지는 않죠.

壬水라고 하는 것은 말 그대로 자식을 생산하는 창고, 생식기와 같다고 하는 것이죠. 자식을 생산하는 이 생식기가 丁火라고 하는 것과 짝을 이루어서 결과물은 木을 이루는데 木은 생명체라고 봐도 좋고 이것이 금전이라고 봐도 좋아요. 그래서 남자(丁)와 나의 생식기(壬)가 만났으니 보이지 않는 공간에서 무엇인가를 생성하고 있다고 하는 것입니다.

이 글자는 서로 떨어져 있는 것처럼 보이지만 보이지 않는 공간에서 어떠한 행위가 이루어지겠다는 것입니까? 애정의 행위가 이루어지고 있다는 것이죠.

그다음에 처녀가 금전이 궁핍하여져 있다고 하면 반드시 정조를 팔아 돈을 버는 행위에 가담을 할 수도 있는 모양이 되는 것입니다.

이러한 행위가 비공식적인 행위이므로 주로 밤에 이루어지고 낮이라고 하면 남들이 잘 안 보이는 공간을 이용해서 낮에도 커튼을 치고 비공식적인 형태를 만든 다음에 이러한 행위가 이루어진다고 하는 것이죠. 남자일 경우에도 마찬가지죠.

남자도 마찬가지로 食傷이라고 하는 것은 생식기와 마찬가지라고 했죠? 이 丁火를 보는 순간에 뭘 알아야 되느냐 하면 丁火는 財의 食傷입니다. 官星이라고 하는 것은 남자의 입장에서 보면 財의 食傷이 되는데 財의 食傷은 즉 官星은 여인의 생식기를 의미하는 것입니다. 그래서 그 둘이 짝을 지어서 결국은 여인 또는 여자를 만들어내는 행위가 되는 것입니다. 이것이 자식이 아니고 여자를 만들어내는 것이 비밀스럽게 진행될 수 있는 것이 바로 이런 亥중의 地藏干과 午중의 地藏干 글자끼리의 조화라고 하는 것이죠.

그래서 도사는 그것을 꿰뚫고 있어야 된다는 것입니다. 꿰뚫고 있은 다음에 말을 안 꺼내면 절대 대답을 하지 않고, 말을 꺼내면 바로 좔좔좔 이야기 해버리는 것입니다.

올해의 壬午년 같은 경우에 돼지 亥자를 食傷으로 쓰거나 財星으로 쓰거나 日支로 쓰는 사람들은 대체로 애정적인 인자가 벌써 내부적으로 甲壬, 己丁 이 속에서 왕래작용이 이루어지고 있는 것이죠. 남들의 눈에는 잘 뜨이지 않는다는 것이죠. 그래서 그것을 오픈하지 않고 눈치를 보면서 오픈하자 말자 "이렇게 저렇게 해서 이렇게 끝이 난다." 하는 것이죠.

午 다음에 未가 오면 未중의 丁火가 남아 있죠? 乙木 己土가 남아 있죠? 그러면 이 壬水가 丁火작용에 의해서 이루어지는 행위를 말을 한다면 그것은 내년 상반기를 전후하여 그 관계는 남들의 눈에 뜨이지 않게 청산이 된다고 하는 것이죠.

상기의 연애사에 대해 상담 초기에 나오면 바로 대답을 "내년 4월이나 5월 전후하면 그 관계가 끝이난다." 이야기하는 것이죠. 이러한 관계는 자기만 아는 것이 사실은 그 두 사람만 아는 것이죠.

그것은 타고난 인자 속에서 비밀스러운 행위나 남들의 눈에 보이지 않는 행위하고 그다음에 운에 의해서 地藏干끼리의 조화를 보면 그 사람의 행위가 다 따로 가서 전화를 받고 하는 것은 바로 이런 내용들입니다. 곤란한 전화는 다들 남들이 없는 공간으로 가죠? 남들 모른다고 하는 것은 地藏干에서 무엇인가 움직여져서 그런 것이라고 이해를 하시면 됩니다.

그것이 자연스럽게 꿰뚫어져 보이면 사실은 더 볼 것이 없고 심심합니다. 처음에는 "보인다, 보인다." 하면서 보이는 재미로 공부를 하거든요. 그래가지고 "맞지?" 하면서 확인을 합니다. 확인하는 과정이 많이 진행이 되다가 다 맞다 그러면 그

때부터는 흥미를 잃게 됩니다. 흥미를 잃고 "말을 안해야지! 그러나 물으면 대답을 할꺼야!" 하게 됩니다.

그래서 地藏干이 움직여준다는 것이 타고난 내에서만 일어나는 것이 아닙니다. 운에 의해서 다가오는 글자를 보면 예를 들면 壬午년에서 天干 壬은 공식이다. 地支 午는 현실이라는 겁니다. 地藏干은 내부적 행위가 됩니다. 그래서 오늘 어떤 작용이 일으켜 줍니까? 午중의 丙, 己, 丁이라고 하는 글자에 가깝게 움직여지고 이 한해가 넘어간다고 하는 것입니다.

丙이 들어오는 시기에 대체로 인간공통으로 부여되는 일들은 축제나 모든 사람의 시선을 모으는 행위가 됩니다. 그다음에 '공증, 분별' 이런 뜻이거든요. 丙과 庚이 쪼개서 분배한다고 했죠?

午는 丁글자 자체로 표현이 될 수 있지만 그 안에서는 '공증, 분별'의 행위에 관련된 일들이 다발한다는 것입니다. 그래서 이때 어두운 것과 어둡지 않은 것이 가려지는 것이니까 흥하거나 쇠퇴하는 사람이 다발한다는 것이죠.

己土요소가 들어오면 늦여름의 기운을 맞아들이는 것과 같아서 주로 지연사라고 하는 겁니다. 己土는 陽운동의 무덤을 의미하기 때문에 누군가의 죽음을 구체적으로 드러내는 인자로도 봅니다. 그런데 이 己土에 죽는 것은 아주 유명인이 죽습니다.

甲木이라고 하는 것은 주로 정신적인 지도자, 교육적인 지도자, 정치에 있어서 정신적 지도자 이런 존재들이 未에 入庫를 하는 것이니까 내년 己未년 같은 경우가 주로 정신적, 종교적, 교육적 지도자가 대체로 많이 죽는데 하늘에 있는 무덤에 그대로 갇히는 존재들은 대단히 유명한 사람들의 죽음이 많습니다. 己土라고 하는 것이 지연사, 죽음 이런 것들의 경험을 공통적으로 경험하게 될 것이라고 하는 것입니다.

丁火라고 하는 것이 모든 것이 무르익어서 활발하게 진행되고 있는 상태 즉 陽운동의 4번째라서 陽운동이 가장 활발하게 진행되고 있어서 완성 직전의 단계 이런 것을 보여주는 것이죠. 丙己丁이 인간공통으로 상기와 같이 작용을 합니다.

그다음에 地藏干에 辛金이 들어있는 사람, 地藏干에 甲木이 들어있는 사람, 地藏干에 壬水가 들어있는 사람 즉, 辛甲壬이 들어있는 地支가 어느 글자라도 있으면 그 영향을 받는 인자들이 변색, 탈색, 용도폐기, 청산 이런 식으로 넘어간다고 하는 것입니다.

예를 들어서 戌土가 어느 사람의 운명에 있다고 하면 戌중에 辛金이 있죠? 이 辛金이 官星일수도 있고, 財星일 수도 있고, 여러 가지 형태로 있겠죠?

時	日	月	年	命
	甲			
	戌			戌중의 辛金

甲戌일주가 있다고 합시다. 그러면 여자 명조에 戌중에 辛金이 그대로 남편이죠? 午중에 있는 丙火작용에 의해서 辛金이 훼손되는 것이죠. 변색이 되는 것이죠. 또한 밖으로 보면 午와 戌이 무리를 지어서 그 성질이 변색이 되죠? 변색이 되는데 이 경우에는 심하게 변색이 되는 것이죠. 그래서 甲木이 午를 만나면 그 자체로서 傷官이 되면서 官星을 허물어버리는 작용이 동시에 이루어지는 것이죠.

時	日	月	年	命
	甲			
		丑		丑중의 辛金

辛金이 들어간 것은 丑중에 辛金이 있죠? 이런 모양은 丑중에 辛金은 비교적 丑중에 地支에 五行的 土라고 하든지 계절적으로 亥子丑이 무리를 지어서 辛金이 쉽게 훼손이 되지 않는 모양이 되죠? 그렇게 하더라도 이 丙火가 丑중의 辛金을 자꾸 유혹을 하면 辛金이 辛金으로서 존재하지 않고 주로 병고에 시달리거나 자기 역할을 한시적으로 의심을 받는 형식으로 드러난다고 하는 것이죠.

그런 식으로 地藏干에 있는 글자들이 어떻게 영향을 주고 상호 영향을 받고 있느냐 이런 것을 잘 보면 그 사람의 비공식적인 행위가 다 드러나 있다고 하는 것이죠. 그런 것들을 잘 보면 거의 모든 것이 다 보이기 시작을 합니다.

예를 들어서 이런 것입니다. 그 여인이 바람이 나는데, 반드시 그 아이를 가르친 선생님과 바람이 날 것이다.

"장담할 수 있느냐?"

"만약에 그것이 틀리면 간판을 내가 내릴께!"

이렇게 장담을 할 정도로 地藏干에 있는 글자끼리의 조화나 合의 여부를 봤을 때 그대로 말할 수 있게 됩니다.

현실에서는 말도 안되는 것이 많습니다. 실제 5촌 조카에 가까운 여자와 그런 비밀스러운 애정을 즐기는 이런 것들도 地藏干의 움직임을 보면 다 알 수 있습니다.

예를 들어서 조카를 사업적인 목적으로 오피스에 와서 일을 하도록 했는데 어느날 시간이 흘러서 이상하게 그렇게 애정적인 관계로 변색이 되어 버리더라고 하는 것이죠. 그런데 그것을 만들어 주는 것도 전부다 地藏干입니다.

時	日	月	年
	辛		
	亥		

坤命

이 경우에 자식에 해당하는 사람은 壬水가 되겠죠? 亥水 속에는 戊甲壬이 地藏干에 움직이고 있는데, 예를 들어서 午년이 왔다. 午년 속에는 丙己丁이라고 하는 인자가 있는데 포장지는 午로 되어 있습니다.

午를 보고 생각해 보세요. 午는 주로 활동무대가 됩니다.

그래서 壬水가 자식이라고 하면 자식이 장성해 있다고 하면 자식이 어느 곳에서? 壬水의 입장에서 보면 午가 財星이죠. 壬水가 아르바이트를 하는 곳에서 눈이 丁과 찡하고 맞았다 이거죠. 이것이 印星과 같이 놓이는 경우도 있고 재미있는 경우가 많습니다.

時	日	月	年	命
	戊			
	戌			

戌중에 辛丁戊가 있고, 寅에서는 戊丙甲에서 이 丙과 辛하고 조화를 이룰 때 戌중의 地藏干 辛이 자식이 되죠? 자식이면서 자신의 생식능력을 가진 공간으로 보면 되겠죠? 寅 偏官이라고 하는 공간 속이면서 丙 偏印이라고 하는 학문적인 공간 즉 글공부나 재능을 습득하기 위하여 자기 자신을 절제하는 공간이 되는데 그곳에 갔다가 丙辛의 찡이 되더라고 하는 것이죠.

寅하고 戌 사이에 寅午戌이라고 하는 사회적인 목적, 양상이 되는데, 寅의 형식은 무엇입니까? 寅午戌이 만나는 이유는 공부하기 위해서이죠. 공부하기 위해서 만났는데 알고 보니까 辛하고 丙하고 붙어먹고 있더라는 것이죠. 丙 印星은 甲 官星의 食傷이죠. 공부하러 가서 선생님보고 연애하는 것이 이런 것이죠. 官星의 食傷이니까 이것은 선생님의 食傷이라는 것입니다. 그러면 이 食傷은 필설도 되고 또 숨어있는 곳에 있는것은 성기, 생식기와 같은 것이죠. 丙과 辛이 조화를 부리니까 이런 일이 생기더라는 것입니다.

남들이 보면 寅午戌이에요. 印綬를 만드는 행위인데 내용은 상기와 같은 것들이 있습니다. 내용을 잘 보면 얼굴이 빨개질 일들이 많이 생기게 됩니다.

"그대는 어찌하여 선생님을 사모하는고?"

이렇게 하게 되는 것이죠. 외부적인 명분은 공부를 하러 간다 해서 말도 안되는 일들이 드러나는 것이 地藏干에서 일어나는 일들입니다.

地藏干에서 제일 중요한 것은 地藏干의 역할, 地藏干에 부여되는 역량의 한계를 머릿속에 제일 먼저 그려주시면 된다고 하는 겁니다. 이것 저것 모르겠으면 '地藏干에 들었으면 뭔가 밖으로는 폼은 나지 않는다.' 이렇게 간단하게 생각을 하셔도 됩니다. 그런데 세력이 있다면 그러면 '영양가가 있구나, 영양가가 약하구나!' 이렇게 생각을 하셔도 됩니다.

전에 수업했던 내용하고 중복은 되지만 어떻게 움직이느냐? 일단 내용적으로 들여다 보게 되다고 하는 것이죠.

時	日	月	年
辛	癸	壬	乙
酉	巳	午	卯

坤命

이 사람이 올해 남자를 만나게 되는 여러 가지 기전을 한 번 봅시다. 午중에 丙己丁이라고 하는 글자가 들어와서 상기 팔자의 辛金이라고 하는 印星的인 요소에 서로 견인작용을 한다는 것입니다. 끌어 당기는 작용을 하는 것이죠.

乙卯는 食傷이거든요. 卯중에 甲과 乙이라고 하는 것에서 甲이 己와 서로 견인작용을 하게 되니까, 물론 巳 중의 戊土가 12運星의 세력에 의해서 辰巳午未에 세력을 가지게 되죠? 辰巳午未 시기에 남자 농사의 기회가 수시로 발생을 하는데 지난 庚辰년에는 올해 만난 사람말고 꼭 있겠죠? 이것은 공식입니다.

드러난 食傷에 庚辰년 庚 印星이 왔다. 食傷에 合하는 자가 남자 요소와 비교적 관련이 되어있다고 한다면 대부분 남자라고 보면 됩니다. 食傷이 合이 되어서 財星이 되는 경우에는 자기가 작품을 만들거나 생산적인 행위를 해서 결국은 돈벌이를 한 것인데 상기의 형태는 乙과 庚이 만나서 주로 印星을 만드는 작용을 하는 것이죠.

印星을 만드는 것은 官과 소통을 하기 위한 행위가 되는 것이니까 庚辰년에 남자가 있었다. 그런데 분명히 있었다고 하는데도 대부분 잘 기억이 나지 않는다고 합니다.

그것은 무엇이냐? 자기가 감동이 적었으면 몇 번 만났어도 그 남자는 내가 남자로서 만난 존재가 아니라고 주장을 합니다. 공식적인 것은 오히려 아니라고 생각하는 경우가 많다는 것입니다. 오히려 비공식적인 것 '자기만 알고 있다.' 또는 '두 사람 사이에만 이루어진 관계다.' 이런 것 속에서 더 많이 관계를 인정하게 되는 것이죠.

地藏干을 잘 들여다보면 사람 더럽습니다. 地藏干의 개수를 생각한다면 地藏干에 있는 것만 해도 인자가 얼마나 많이 제공이 되겠습니까?

時	日	月	年	坤命
辛	癸	壬	乙	
酉	巳	午	卯	

庚	戊	丙	甲
	庚	己	
辛	丙	丁	乙

내부적인 환경의 변수를 일으킬 수 있는 것이 자그마치 10개나 되죠? 물론 중복이 되는 것도 있겠지만 地藏干 한 글자마다 각각의 역할 변화 이런 것을 통해서 글자가 극명하게 달라지는 요소가 생기는 것이죠.

地藏干의 글자가 어떨 때는 더 무서운 힘이 될 때가 많습니다. 내부적인 변화라고 하는 것이 무서운 힘이 될 때가 많습니다.

地藏干에서 잔잔하게 다루게 될 것이 몇 가지 있습니다. 地藏干 부분에서 궁금한 것이 있으면 제가 요약해서 설명을 해 드릴테니까 질문한번 해 보시죠. 그것이 더 효율적일 수도 있을 것 같습니다.

전에 좌표론과 이해를 시키기 위해서 연결시켜 본 것이 있었죠?

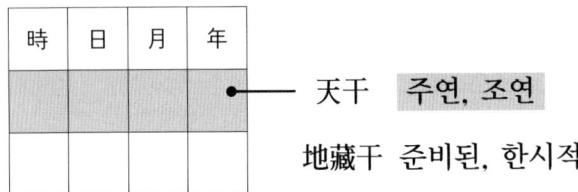

天干에 있는 것이 주연, 조연이 되고 地藏干에 있는 것은 말 그대로 '준비되어 있는', '한시적으로 떠 올랐다가 내려가는 것'이 되고, 그다음에 地支는 무대로 생각을 해도 좋다고 했죠?

그런데 이 조연이 대단히 역할을 많이 합니다. 하나씩 드러났다가 사라지는 것인데 중요한 역할을 많이 하게 됩니다.

時	日	月	年	命
庚	乙			
辰	酉			

四柱捷經에는 이런 팔자가 예를 들어서 상기 예문같은 경우에 酉金속에 辛金이 있는 것이 아니고 庚金이 동시에 있다고

봐서 庚金 현금을 숨겨놓은 남자로 봐서 그대로 해석을 해버린다고 하는 것이죠.

그래서 공식적인 남편은 辛金이고 비공식 남편은 庚金인데 이 비공식 남편이 밖으로 튀어나와서 작용을 이루어버리면 즉 비공식 남편이면 비공식 남편이 있으면 되는데 비공식 남편이 공식남편으로 드러나서 時干에 庚으로 또는 月干에 庚으로 드러나기만 하면 이런 남편은 자식을 낳고 살다가도 가정을 버리고 결국은 새로 결혼을 하게 된다는 식으로 地藏干에 있는 것은 아예 있는 것으로 간주를 해버리고 해석을 해버리는 예가 많이 있습니다.

時	日	月	年	命
	乙			
辰	酉			

이것이 드러나지 않은 경우에는 예를 들어서 庚년이 왔을 때만 한시적으로 애정관계나 인간관계가 발생하는데 적어도 애정 관계는 아니라도 인간관계라도 발생을 한다는 것이죠.

그런데 乙酉일주의 酉에 숨어있는 인자가 공식화(시간의 庚) 해버리면 결국은 酉남편, 庚남편 둘 다 거치게 된다고 유추를 해서 결국은 깨진다고 보는 것이죠.

그래서 地支에 준비되어 있는 인자가 드러났다고 하는 것은 그것은 반드시 그 사람의 삶의 양상, 형식으로 그대로 연결된다는 것입니다.

학생 - 地藏干에 있는 것이 어떤 사건이 벌어졌을 때 사건이 종결되는 시기는 어떻게 유추합니까?

선생님 - 앞에서 설명을 했었죠? 亥中에 있는 壬水가 午中의 丁火와 조화를 부려서 財星의 작용을 만들어냈을 때 언제까지? 未년에 丁乙己라고 하는 인자에서 이 丁이 지배하는 정도까지 그대로 壬水작용이 남아서 움직이다가 乙이 지배하는 시기로 가면서 색깔이 변색이 되겠죠?

壬하고 丁하고 끌어안는 모양이 아니라 이제는 壬水가 乙木을 단순히 生해서 財星을 지탱하는 모양으로 들어간다고 하는 것이죠.

그다음에 己土에 들어가면 亥중의 甲木이 결국은 財星의 인자로서 항상 준비되어서 조건 따라서 밖으로 튀어나올 준비가 되어 있는데 오히려 己土에 묶임으로서 그 기능이나 작용이 많이 삭감이 되고, 그것을 보존하는 행위 즉 亥글자 자체로 보면 亥卯未 즉 亥와 未가 만나서 즉 木局을 보존하려고 하는 행위죠? 보존하는 행위 정도를 지키는 정도로 넘어가 버리고 애정적인 요소는 壬과 丁이 만나서 교태를 부리는 형태의 애정관계는 많이 줄어든다고 하는 것이죠.

학생 - 丁壬 合 작용이 있을 때 결혼을 해 버리면 안 됩니까?

선생님 - 누가 해당사항이 있는 모양이네요? 丁이 끝날 때쯤이나 己土에 들어오기 전에 대체로 공식화해서 결혼을 해 버려도 좋고, 결혼을 위한 형식을 만들어 놓는 것도 방법이 된다고 하는 것이죠.

학생 - 地藏干에 있는 작용이 밖으로 드러날 때는 언제 입니까?

선생님 - 드러나는 것은 天干에 튀어 나올 때죠. 무대론에서 잘 설명이 되죠.

時	日	月	年	命
	辛			
	巳	辰		

기본적으로 이해를 돕기 위해서 예를 들면 이런 모양에 있는 사람이 乙년을 만날 경우에 이 乙이 辰중에서 밖으로 드러나죠? 그러면 이 乙은 활동무대로도 쓰고, 대상자체를 여성으로도 써서 인간관계라든지 활동무대가 만들어져 버린다고 보는 것이죠.

地藏干에 있는 것은 地支끼리니까 이것이 地藏干이 연결되는데로 가거든요. 운에서 온 乙은 乙운이 끝남과 동시에 소실이 됩니다. 무대위에 올라간 것은 제때 안 내려오면 안 됩니다. 뻐꾸기시계에 뻐꾸기가 나와서 제때 울다가 들어가야 되는 것과 똑같습니다.

天干에 드러난다고 하는 것은 주연이든 조연이든 정확하게 튀어나왔다가 들어가는 관계라고 하는 것이죠. 地支끼리는 더럽습니다. 막 엉겨붙는다니까요.

학생 – 地藏干끼리 合을 해가지고 몰래 사람을 만나다가 남들에게 들키는 그런 시기는 어떻게 봐야 합니까?

선생님 – 沖을 할 때 대체로 노출이 된다고 생각을 하시면 됩니다.

時	日	月	年
	辛		
	亥	午	

命

辛亥일주에 午가 팔자 내에 있다고 칩시다. 밖으로 드러난 공식적인 財는 없죠? 亥중에 있는 甲木만이 財인데, 亥중의 壬水가 밖에 나가서 午중의 丁火하고 울랄라 쿵짝짝 해서 財星을 만드는 행위가 있다고 하는 것이죠.

이것이 언제 들키느냐하면 子가 午를 건드리거나 아니면 巳가 와서 亥를 건드렸을 때 그 관계가 노출이 됩니다. 地支끼리는 冲을 하여 그 세팅된 무대를 벗겨내었을 때가 됩니다.

학생 - 한 해의 운에 의해서 어떤 일이 벌어졌을 때 한 해의 운 안에 있는 달에서 冲을 하거나 하면 정리가 되거나 합니까?

선생님 - '~뻔했다.'가 됩니다. 년 단위 정도에 가야 무대를 무너트릴 정도가 되고 한 해 안에 있는 정도의 子丑寅卯辰巳午未 정도 가지고는 팔자 안에 있는 큰 무대 세팅을 무너트릴 정도는 아니라고 하는 겁니다. 자극을 줄 수 있는 정도는 된다는 것입니다. 그런데 年에서 와서 이것을 무너트릴 때는 이것은 거의 다 희생을 당하고, 아예 대운에서 왔다면 거의 한껀 수 하려고만 하면 방해를 당하는 기본적인 환경에 들어가 버린다고 하는 것이죠. 그런 식으로 이해를 하시면 됩니다. 달의 영향력은 그렇게 크지 않다고 보시면 됩니다.

時	日	月	年	命
	辛	壬		
	亥			

학생 - 亥가 없고 壬만 있다고 하면 어떻게 봐야 됩니까?

선생님 - 이미 天干에 떠있다고 하는 것은 깃발을 들고 다니는 청년이거든요. "나는 연애를 잘 할 수 있다." 이것이거든요. 이것을 조금 더 무식하게 이해하기 위해서 설명하면 亥는 성기가 되고, 壬은 성기를 상징하는 깃발이라는 겁니다. 그래서 "丁 붙어라!"

丁과 壬이 팔자 내에 있는 사람은 아예 운명적으로 그것이 부여되어 있으니까 그것이 연애박사의 요소가 있다. 단지 이것이 정신적인 요소로 가기 때문에 그것이 단순한 연애적인 행위 이런 것으로서 정신적인 연애 행위나 사회활동의 양상이 말그대로 말자체로만 그치는 행위 이렇게 넘어가는 것이고요. 남아 있는 사람들은 대단히 불안하죠. 불안한 행위에 들어가기 때문에 丁년이 오면 필시 남들도 알만한 이런 관계가 발생하고, 그다음에 午년 중에는 반드시 丙이나 己, 丁이 활발하게 움직이고 있기 때문에 깃발만 꽂으면 땅바닥에는 丁火가 있다니까요.

地藏干에 있다는 것은 호주머니 안에 있는 것과 같습니다. 호주머니 넣고 다니다가 빼면 똑같아요. 빼면 똑같은 깃발 정도의 역량을 가지고 있는데 天干의 壬은 아예 머리에 깃발을 꽂고 다니는 것이죠.

학생 – 地藏干 안에 있는 것을 이용해서 활용하셨을 때 경험적으로 보실 때 어느 정도로 정확하다고 볼 수 있습니까?

선생님 – 거의 100%입니다. 왜냐하면 거기에 안되는 경우가 있거든요.

時	日	月	年	命
	辛	壬		
巳	亥	午		

이런 경우에 옆에 항상 亥午 대기조인데 방해를 하는 巳가 옆에 대기되어 있다는 것입니다. 亥와 午 속의 壬水와 丁火의 작용력을 일으켜서 木을 이루려고 할 때 巳중의 庚金이 수시로 丁壬이 끌어당겨 木을 만들려고 하는 것을 방해하는 것이죠.

亥와 午는 원정게임으로 들어간다든지 또는 국내에서는 도저히 안되니까 우리는 제주도로 날아가서 일을 만드는 식으로 굉장히 제한되는 것이죠.

時	日	月	年	命
	辛	壬		
巳	亥			

이렇게 방해인자가 있는 경우에는 이런 경우에는 누년이 와도 쉽게 잘 안되는 것이죠. 그러나 분명히 그런 작용이나 기회가 노출되는 것은 분명하다는 것입니다.

그만큼 地藏干이라고 하는 것이 안 보이는 곳의 일 같지만 알고 보면 영수증 다 끊는다는 것입니다. 자식을 만드는 것도 모두 이 地藏干 안을 잘 보면 됩니다.

時	日	月	年	命
	辛	壬		
	亥			

자식이 만들어지는 것은 처자인연법에서 다시 다루게 되겠지만, 壬水처럼 드러나 있는 것이 亥水처럼 내려와서 누와 合을 띄워도 되고, 그다음에 地藏干에 있는 글자들이 合의 목적을 이룰 수 있는 인자가 강하게 부여되어 있을 때는 꼭 생산을 합니다. 그런데 방해자가 있으면 그것을 못 낳게 하는 것이죠. 그래서 사실은 流産事 이런 것도 알 수 있습니다. 어제 온 손님이 그런 샘플이 있었습니다.

"이 해에 반드시 자식이 만들어지는데 이 경우는 거의 열에 아홉은 반드시 유산을 하게 된다." 설명을 했는데, 流産을 하게 되는 것도 내가 하게 되는 경우가 있고 외부적 요소에 의해서 하게 되는 경우가 있습니다.

내가 日支에서 불안 요소를 제공하면 그것은 내가 유산하는 것이고, 외부에서 들어와서 하면 거꾸로 외부적인 것 때문에 하는 수 없이 하게 되는 것 이런 것까지도 사실은 地藏干의 움직임이나 작용 방향을 보면 그대로 다 드러나 있다고 하는 것이죠. 그러니까 한 마디로 내장이 다 튀어나와 있는 것이라고 보시면 됩니다.

  天干을 상반신, 두부(頭部)로 보고 地支를 몸이나 하반신, 地藏干은 내장의 운동과 거의 똑같다고 보면 되죠. 그래서 밖으로 드러난 것 외에 내부적인 움직임은 地藏干의 상호작용을 보면 거기에 행위적으로 거의 다 나와 있습니다. 그래서 地藏干을 잘 이해했다고 하는 것은 이런 것입니다.

  공부만큼 정직한 것은 없다는 것입니다. 무슨 말이냐? 팔자에 겉으로 드러난 모양을 보면 공부를 잘하게 생겼는데 공부가 안되더라고 해서 地藏干을 잘 열어서 보면 이 친구가 책을 펼쳐놓고 오만 것 딴 짓을 다하고 있고 머릿속에 꿈을 꾸는 것은 매일 돈이나 꿈을 꾸고 있고 이런 것이 결국 地藏干의 방해 요소에 있더라고 하는 것입니다. 그래서 특별히 우둔하다든지 조열이 지나치다든지 이렇게 해서 몰린 경우가 아니라면 방문 닫아놓고 공부를 안 했기 때문에 성적이 안 나오더라고 하는 것입니다.

  그러니까 운명은 정직하다는 것입니다. 밖으로 드러나는 인자는 별로 별 볼품이 없는데 내부적인 인자가 굉장히 재물이면 재물, 공부면 공부 그런 인자를 강하게 유도해주고 있을 때 그 사람의 삶의 내용은 밖으로 잘 드러나지 않더라도 실제 내용은 그 방향으로 가진다고 하는 것이죠.

그래서 우리가 몇 번 강조를 했었지만 '結局'이라고 하는 것이죠. 결국의 목적이 三合의 목표입니다.

그러면 地支는 어떤 地支도 그 사회성을 실현해 나가기 위한 것인데, 未는 결국은 무엇을 꿈을 꿉니까? 木局을 이루기 위한 것을 최선의 사회적인 기능 역할로 본다고 하는 것이죠. 그래서 이 未중의 乙木이 항상 변수라고 하는 것이죠.

그다음에 丑중의 辛金 이런 것들이 즉 중간 인자죠. 결국 三合하고 무리지어 있는데 寅중에 있는 丙火에서 이 寅은 결국은 불을 지른다고 하는 것이죠. 불을 지르는 것이 결국 자기가 이 세상에 태어난 목적이라고 하는 것이죠.

결국 사주를 해석하는 최종적인 토대에 三合에 의해서 이루어진 결과물을 보는 이유는 "이 未土는 결국은 木局을 이룰 것이다." 그러므로 남자가 未를 가지고 왔다면 그것은 결국 陽에 속하는 놈을 가지고 온 것이다.

亥를 가지고 오더라도 그 글자 자체는 陰에 속하는 놈이지만 六陰之處 즉 陰이 實하여져 있는 모양이죠. 그러나 이놈도 결국은 木으로 따라가니 남자는 亥水를 써먹어도 피곤하게 써먹게 된다는 것이죠. 우리가 분리적인 입장에서 그렇게 한다고 했죠? 마찬가지라고 하는 것이죠.

그러면 안에 있는 地藏干이 사회적으로 드러나는 것은 항상 三合을 최종으로 하고 그다음에 제일 오랫동안 버티는 것이

餘氣가 되고 다음이 正氣가 되는 것이죠.

그런 측면에서 이 地藏干을 연습을 해보면 금방 사주해석이 됩니다. 사주해석은 어렵지 않습니다.

"캡슐서방이냐, 등대지기 서방이냐?" 물어봐서 "예" 대답을 하면 "다음 손님!" 하고 넘어가면 됩니다. 그런데 등대지기 서방, 캡슐서방이 아니라고 하면 "그러면 고생하겠는데,,,!" 이 말을 바로 던지면 됩니다.

조건을 무조건 걸어 보라고 하는 것이죠. 그러면 무조건 따라오게 되어 있어요.

時	日	月	年	命
丁	戊	戊	戊	
巳	戌	午	申	

官이 투출이 안 된 모양을 한 번 볼까요. 이런 여인의 운명도 시집을 잘 가면 정말 잘먹고 잘삽니다. 어떤 사람은 서방이 준재벌급도 있습니다.

地藏干에 대한 개념은 씨앗이나 인자로 존재한다고 했죠? 그러면 드러나지도 않은 것을 무엇으로 예를 들 수 있느냐 하면 반대편에서 벌떡 벌떡 숨을 쉬고 있다고 보면 됩니다.

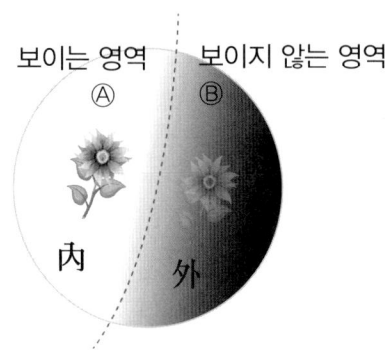

地藏干에 있는 것은 Ⓐ에 이미 묻어 놓은 것입니다. 팔자가 그림의 영역까지 보인다고 하면 여기에 씨를 묻어놔서 조건 따라서 꽃도 되고 싹도 피고 열매도 맺고 한다고 본다면, 드러나지 않은 경우에 Ⓑ영역의 반대편에서 벌떡 벌떡 숨을 쉬고 있더라는 것입니다. 그래서 內가 아니고 外에서 무엇을 구하니까?

有情者의 모양 즉 상기 명조에서는 申이 반갑죠. 申生남편을 만나니까 잘만 먹고 잘 살더라고 하는 것입니다.

해외에서 기본적인 조건을 지키는 방법이 있고, 그다음에 두 번째는 국내에서 동거하지 아니하면서 아주 소극적인 형태의 삶 즉 '없다.' 또는 '죽었다.'에 가까울 정도로 소극적인 형태의 활동을 하는 사람이면 되는데 소극적인 활동을 하는 사람의 형태는 무엇이냐? 종교인, 수도인, 낭인,,, 등의 형태로 사니까 팔자의 각본에 있는 자식, 의식주, 금전 이런 것들은 잘 가지고 살더라고 하는 것이죠.

사실 申은 무엇과 조화를 가지고 있느냐 하면 卯나 乙이 숨어서 짝을 짓고 있는 것입니다. 申중에 있는 庚金이 乙과 짝을 짓거든요. 그래서 이 사람은 나의 무대에 드러나 있지 못하지만 이 乙木과 卯木을 남편으로 쓰고 있다고 하는 것입니다.

時	日	月	年	命
庚	戊			
申				

그것이 格局 用神에서 보면 戊일주에 庚申시일 경우에 이것을 合祿 도는 合官 이렇게 해서 申이 견인하는 巳를 祿으로 쓰고 庚과 申이 合을 하는 乙과 卯를 결국 官으로 써서 이것을 合祿格이라고 해서 이것을 하나의 格局으로 쳐줍니다. 官이 없어도 官이 있는 것으로 쳐준다고 하는 것입니다.

時	日	月	年	命
丁	戊		甲	
巳	戌	午	申	

거꾸로 甲이 튀어나와서 힘이 없는 것 보다 이것이 훨씬 낫더라고 하는 것이죠. 없으면서 멀리 있는 것이 훨씬 낫더라 하는 것이죠. 또는 해외에서 왕성한 활동을 하는 사람으로서 짝

을 짓는 것이 낫더라고 하는 것입니다. 地藏干하고 대비를 해서 이해를 하셔도 될 부분같아서 설명을 했습니다. 이번 강의는 내용이 다 엮어져 있습니다. 地藏干 강의에서 캡슐 이부분의 설명을 들은 것만으로도 사실은 크게 보는 것에 도움이 될 것이라고 봅니다. 오늘은 여기까지 욕심을 내겠습니다.

3. 地藏干과 運의 흐름

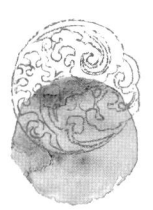

3. 地藏干과 運의 흐름

地藏干의 기본원리나 운에서 어떻게 地藏干하고 운에 있는 인자하고 地藏干에 있는 인자가 서로 반응을 하느냐? 이것을 공부해 봤습니다.

기본적으로 合에 의한 인자가 되었든, 冲에 의한 인자가 되었든 이것이 뒤에 공부해 보게 될 命大歲論과 똑같습니다.

命과 大運 歲運을 정확하게 쪼개어 놓는 논리에 있어서 이 命안에 있는 것 중에 天干的인 것 하고 地支, 地藏干 속에 있는 것들이 운에서 어떻게 변화의 흐름을 가지는 것인지 알아보도록 합시다.

1) 天干에 있을 때

天干은 어떤 運氣的인 변화속에서 드러났다가 사라지느냐? 또 어떤 현실로 드러나느냐? 地支에 있는 것은 어떻게 운에 의

해서 반응하느냐?

　제일 간단한 원리를 봤습니다 만은 地藏干은 어떻게 움직이 겠느냐? 이것을 한 번 생각을 해보자고 하는 것이죠.

　결론부터 이야기를 하면 地藏干은 확률적으로 움직입니다. 地藏干에서 움직이는 것이 확률적이기 때문에 결국은 分을 따르느냐에 의해서 地藏干에 있는 글자들의 결과가 드러난다고 하는 것이죠. 결과라고 하는 것이 分에 의한 결과라고 하는 것이죠.

　天干에 있는 것이 흘러가는 운기를 기본적으로 보면서 공부해 봅시다.

時	日	月	年	命
甲	己			
子				

　己土일주가 甲木을 天干으로 쓰고 있다. 이 여자 명조의 남편성을 논하라고 하면 제일 먼저 天干에 드러났기 때문에 夫星을 논하시오. 기본적으로 형태에 의해서 甲木이 가지는 특성을 분석할 수 있겠죠?

　天干에 드러난 글자, 地支에 드러난 五行的인 대세가 있다 없다에 따라서 주로 이 여인의 배필의 형태는 명예중심의 일에 가담을 하면서 남편과의 인연요소가 발생할 수 있겠죠?

　天干을 보아 나갈 때 12運星에 의해서 五行대세를 얻느냐,

얻지 못하느냐 따라서 그대로 해석을 한다는 것이죠. 그러니까 땅바닥에 子丑寅卯辰巳午未申酉戌亥子丑 세운이 흘러가죠?

세운이 이렇게 흘러갈 때, 이때 地支에서 세력을 얻고 있다면 亥子丑에 연결이 되어 있다고 하면 대체로 명이 땅바닥에 어떤 요소를 가지고 있는 것입니까? 땅바닥에 세력이 있다고 하는 것은 어느 정도의 실력 또는 실질적인 五行보조를 입고 있다는 뜻이 되는 것이죠. 그래서 사회적인 활동력이라든지 이런 것이 地支대세에 의해서 강화된 형태로 드러난다고 하는 것입니다. 그리고 어떤 형태로 오느냐 하면 주로 경제적인 활동도 부수적으로 수행을 한다고 이렇게 일단 이해를 하시면 될 것입니다. 地支에서 五行的인 세력을 얻고 있을 때 그렇다는 것입니다. 경제적인 활동도 부수적으로 수행을 한다는 것입니다.

그다음에 巳午未 申酉戌에 갔을 때, 12運星的으로 볼 때 未申酉戌 4글자 사이를 움직일 때 12運星的으로 甲木이 未에 入庫하고 申酉戌에 絕胎養에 들어가는데 아무튼 墓絕胎養이라고 하는 것은 사물의 양상으로 볼 때 지하의 움직임하고 똑같다고 하는 것이죠.

養이라고 하는 것은 존재가 촉지되지만 드러나지 못한 상태 죠. 다음은 生이니까 生은 이미 자타가 공인하는 유형 즉 모양을 갖춘 존재가 되었다는 뜻이 되는 것이죠. 養까지는 아직 밖으로 드러나지 못한 상태로 움직이고 있다 이렇게 보시면 되는 것이죠.

未申酉戌에는 반드시 남편의 운기가 쇠퇴하는데 그다음에 巳午 이때가 중간 단계정도가 되겠죠? 서서히 쇠퇴해가는 상태인데 실질적인 면에서 그러한 요소를 얻게 되는 것이고, 實과 質과 상관없이 놀면 地支에 있는 어떤 글자하고도 크게 나쁘게 놀지 않습니다.

말 그대로 아침에 도시락 들고 나가서 앉아서 일을 하고 즉 地支로 안내려 오는 것이죠. 天干에 있는 甲木역할만 한다면 상대적으로 어떤 일? 申酉戌 중 陰陽의 짝이 되는 申에서 酉로 넘어가는 이럴 때에 甲木과 酉金이 짝이 되죠?

己를 배제하고 甲하고 酉만 보라는 것이죠. 이럴 때에 오히려 진급사 같은 것이 발생한다는 것입니다. 감투가 상승이 되는 모양이 됩니다. 名을 따르고 있기 때문에 오히려 감투가 상승되는 식의 전환과정 이런 것들이 이루어진다고 하는 것이죠.

未申酉戌에서 甲木이 이렇게 상승되는 힘은 무엇이냐 하면 무엇을 쫓지 않기 때문에 그렇습니까? 實力과 實質을 쫓지 않기 때문에 그렇습니다. 그런데 만약에 이 시기에 甲木는 상승을 했는데 이 양반이 경제적인 목적을 위해서 주식 투자를 했다든지 여러 가지 금전거래를 했다든지 독자적인 사업을 구해 보기 위해서 애를 썼다고 하면 이때 甲木의 상승은 되었으나 경제적인 것은 침체를 면치 못했다고 하는 것이죠.

학생 – 원래 하고 있던 것을 하고 있으면 그렇다는 것입니까?

선생님 – 그 조차도 甲木이 "나는 地支하고 놀지 않겠다." 하고 원리원칙대로 아침 9시에 나와서 일을 하고 저녁에 집에 와서 밥먹고 TV보고 자고 다음날 아침에 일어나서 또 그렇게 생활을 하는 것이죠.

말 그대로 天干的인 역할만 그대로 하고 있다면 地支的인 것하고는 아무 상관없이 명예적인 일을 하면서 꾸준히 수행하게 되더라고 하는 것이죠. 그런데 오히려 寅卯辰 이럴 때에 더 불안하게 됩니다.

무엇인가 이 시기에 甲木이 地支에 실력자로서 서서히 뭔가를 드러낼 수 있는 환경이 조성되었다고 하는 것이죠.

보통 이럴 때 무엇을 하려고 합니까? 경제적인 보상이라든지 성취를 위해서 뭔가 자꾸 움직임을 만들어내게 되죠. 그래서 그런 것을 자꾸 만들어내려고 하다가 이 시기에 벌인 일이 주로 원인 발생이 되었다가 뒤에 이 寅卯辰 운이 끝남과 동시에 일순간에 실력, 실질, 경제적인 힘 이런 것들이 상실되어 버린다고 하는 것이죠.

이때 상실될 때의 데미지는 장사꾼들이 입는 데미지와는 다르다고 하는 겁니다. 5~6년 동안 모아온 것을 한방에 던져 넣는 것이죠. 그런 식으로 경제적인 힘을 잃어버린다고 하는 것이죠.

이 甲木이 名로서만 그대로 따라가 준다면 12運星의 운세의 흐름에 상관없이 별로 개의치 않고 분석을 해나가면 되고, 만약에 경제적인 실력을 도모한다면 문제가 발생을 하는 것입니다.

정리해서 이렇게 보면 됩니다. 대세가 한 번 실려있는 경우에는 대부분 다 좋지 못하다고 하는 것입니다. 10에 9는 경제적인 발전이라든지 이런 것을 구하면 대부분 불리하다고 이해하시면 됩니다. 또는 아주 제한적이라고 보면 됩니다.

그런데 예를 들어서 乙木은 酉戌에서 제한이 되죠. 만약에 이 甲木이 申운이라든지 未운을 만나서 甲木의 활동이 가장 제한이 될 때 즉 未에서 甲木이 제한이 되는데, 가장 제한된 시기를 만나서 실직 즉 직업을 만약에 잃어버렸다고 합시다. 직업을 잃어버리고 무엇을 하느냐 하면 자기가 개인적으로 사회활동을 하는데 명예적인 직장이나 일을 하지 않고, 그냥 왔다 갔다 하면서 부인하고 동업의 장사를 한다든지 그다음에 통반장을 한다고 합시다.

통반장은 비록 감투는 명예적인 일에 속하지만 자기가 부인과 동업이라든지 경제적인 활동을 하더라는 것이죠. 경제적인 활동을 하니까 어떤 영향을 받더라?

▣ 경제적인 발전 상승운기의 흐름

이렇게 亥子丑에 경제적 발전이 상승운기로 갔다가 다시 巳午未로 꺾여 들어갔다가 다시 戌에 복구하는 이런 식의 주기를 그대로 겪더라고 하는 것이죠.

이 시기는 기본적으로 地支에 세력을 얻은 사람보다 못하지만 어찌되었든 상승주기에 있기 때문에 잘 인지를 못하고 있다가 未申酉戌이때 반드시 건강에 의해서 침체요소를 겪든지 아니면 금전적으로 失財 즉 재물을 잃어버리는 식이 되고 그 다음에 심하면 수명을 잃기도 합니다.

時	日	月	年	命
甲	己			

己土가 甲木 서방을 가지고 있는데 申酉戌대운을 지나갈 때 기본적으로 생각을 할 때 이 金으로 묶어서 木을 극하는 인자로서 해석을 했다면, 실제는 酉와 戌처럼 짝을 짓는 운은 덜하고, 申운 같은 경우가 말 그대로 희생이 심하죠. 이 자체가 또한 六親的으로 따지면 傷官운이 되겠죠? 傷官이라고 하는 인자가 들어왔을 때 이럴 때에 이 사람이 공직이라든지 변화 없는 조직사회 직장생활을 한다면 오히려 이런 시기에 무난하게 번영을 하고 있더라고 하는 것입니다.

그런데 조직사회를 떠나서 名에 속하는 일을 하지 않고, 名과 實이 조금 뒤섞인 형태나 처와 같이 어울려서 뭔가 일을 도모할 때는 申酉戌 이 시기에는 반드시 경제적으로 사회적으로 침체를 겪더라고 하는 것이죠.

학생 - 대운에 상관없이 그렇습니까?

선생님 - 대운에 상관없이 유년에 무조건 그런 주기를 가집니다. 단지 대운이라고 하는 것은 기본적인 환경을 의미하기 때문에 상승주기에 대운이 좋다고 하는 것은 이 위에서 뛰고 구르는 것이고, 대운마저 나쁘다고 하는 것은 밑에서 뛰고 구르는 것과 똑같은 것이죠. 그래서 그런 주기로 보면 한 명도 예외가 없습니다.

예를 들어서 지금이 연도의 흐름이 辰巳午未로 흘러가고 있죠? 辰巳午未의 유년의 흐름으로 가고 있는데, 예를 들어서 丙丁 일주의 여자가 있다고 합시다.

丙丁일주의 여자는 남편이 壬이나 癸가 되는데, 地支 亥水 子水 대세가 있는 경우는 다르지만 地支에 亥水 子水 대세가 없는 경우에 壬癸를 주로 남편으로 쓰는 사람은 辰巳午未 흐름에 경제적으로 크게 失財 즉 재물을 잃어버리거나 신체적인 고통 이런 것들이 동반하게 된다고 하는 것이죠.

단지 天干에 있느냐? 地支에 있느냐? 地藏干에 있느냐? 따라서 양상만 다를 뿐이라는 것입니다. 그래서 己土일주에 甲木이 申酉戌을 지나갈 때 상기 己土일주의 甲子시 이런 모양으로 되어 있을 때는 말 그대로 명예적인 측면 그다음에 특히 돈이 안되는 명예일 때는 더 상승작용이 큽니다. 왜냐하면 實을 배제했다고 하는 것이거든요.

그래서 名만 있고 實이 없다. '~협의회 회장', '봉사 성격에 가까운 감투' 이런 것일 때는 당선 확률이 더 올라갑니다. 선출직 중에서도 봉사성격을 가진 것이라는 겁니다.

국회의원처럼 돈놓고 돈먹기가 아니고 봉사 성격이 강한 것은 오히려 이런 申酉戌 시기에 되더라고 하는 것이죠. 그다음에 경제적으로 조금이라도 무엇인가를 이루었다고 하면 이 사람은 부인과 인근에 살고 있지 않습니다. 국내에 없다는 것입니다. 국내에 없고 반대적인 기운을 받는다고 하는 것은 지구 반대편 즉 해외비즈니스를 통하니까 몸은 오지 않더라도 돈은 보내오더라는 것이죠. 그래서 경제적으로 무엇인가 번영이 있었다면 그것은 해외비즈니스라고 하는 것입니다.

天干에 있는 것은 무엇에 의해서? 12運星에 의해서 상승 하강의 운기를 받는데 기본적으로 자기가 명예에 속하는 일만 그대로 하느냐? 명실이 섞인 일을 하느냐? 아니면 名도 實도 좋지 않는 산중에 도닦는 사람이냐 하는 것이죠.

도닦는 사람은 전부 면제입니다. 天干에서도 면제, 地支에서도 면제, 다 면제 시켜줍니다. 왜냐하면 도닦는 사람은 무엇이냐? 나는 이 게임에 들어가지 않겠다고 하는 것입니다. 링 밖에 나왔다고 하는 것이죠.

時	日	月	年	命
甲	己			

干支의 모양에서 甲木 남편이 만약에 未申酉戌의 시기에 失財를 하고 처의 곁을 떠나서 지리산에 은둔하였다고 합시다. 은둔을 했을 때 이 사람은 名을 쫓아 간 것이 아니라는 것이죠.

名을 쫒아 간 것이 아니고 道를 쫒아 간 것인 사람은 이미 이 干支하고는 게임을 하지 않겠다고 하는 손을 들고 등을 보인 것이거든요. 등을 보였기 때문에 결국은 아무 상관이 없더라 이것이죠. 있으나 없으나 상관이 없더라 이것이죠.

그다음에 더 비극적인 것은 무엇이냐? 實만을 쫒을 때입니다. 주로 財라든지 경제적 활동을 왕성하게 하는 경우가 實을 쫒는 것이죠. 이럴 때는 주기의 흐름에 그대로입니다. 꽂힌 듯이 해서 그대로 내용이 맞습니다. 名이 實의 뜻을 이루려고 하죠? 實의 뜻을 이루려고 하니까 내용이 그렇게 된다는 것입니다.

"서방이 뭐합니까?" 물어서
"등대지기 입니다."
"국가에서 월급이 나옵니까?"
"예, 맞습니다. 국가에서 월급이 나옵니다."

그러면 子운이 와도 괜찮을 것이요 午운이 와도 괜찮을 것이요 申운이 와도 괜찮고 어떤 운이 와도 괜찮습니다. 서방님이 등대지기가 아니고 장사를 한다는 것이죠. 장사를 할 경우에는 어떻게 보라는 것입니까? 유년의 운세의 흐름 그대로 봐 주라고 하는 것이죠. 말 그대로 實이 움직이는 것입니다.

그래서 天干에 드러나 있다고 하는 것의 운기라고 하는 것은 기본적으로 12運星의 주기속에서 드러난다. 그리고 分과 섞인 것을 말씀을 드렸죠?

2) 地支에 있을 때

地支에 있다고 하는 것은 가장 현실적인데 地支에 있다는 것은 논리적으로 有形 즉 午가 있다고 하면 이 午가 有形 즉, 모양이 있고 실제로 있다는 것입니다. 有形하고 실재하기 때문에 이것은 반드시 사건이나 사실로 드러난다고 하는 것이죠.

天干에 있는 것의 흐름이 정신적이고 無形的었다고 하면 상대적으로 地支에 있는 것은 有形, 實在, 사건, 사실을 드러내는 창고이기 때문에 地支에서 운이 올 때마다 전부 다 반응하게 되어 있다고 하는 것이죠.

子丑寅卯辰巳午未申酉戌亥子丑 전부 반응하게 되어 있다는 것입니다.

時	日	月	年	命
	己			
		寅		

甲이 아니라 寅으로 地支에 내려왔다고 하면 寅의 존재는 무엇이냐? 당연히 경제적인 실력을 갖춘 존재라고 하는 것이고 그 활동력은 경제적이고 금전활동 중심으로 간다라고 하는 것이죠.

경제적인 실력중심으로 활동을 할 때 기본적으로 子丑寅卯

가 올 때, 地支끼리의 神殺이 전부 다 적용이 됩니다. 地支 神殺중에서 대표적인 것이 12神殺의 동정 양상 이런 것이 있죠? 그다음에 刑沖破害요소, 그다음에 기타 神殺에 의해서 이 寅木이 훼손되느냐, 되지않느냐? 하는 것이 운에 의해서 그대로 영향을 받는다고 하는 것이죠.

 子

제일 먼저 子년 같은 경우에 五行的으로 子가 寅을 돕는 것 같지만, 五行的으로 보조할 뿐이지 실질적으로 子가 寅을 生하는 작용이 거의 없죠. 申子辰 寅午戌 운동에 의해서 寅의 사회활동 양상이 대단히 제한되거나 위축이 된다는 것입니다. 寅木의 옷을 입었다고 하는 것은 자기 뜻과 꿈을 어디에다가 펼쳐낸다고요? 寅午戌에 펼쳐낸다고 하는 것이죠?

그것이 申子辰 요소에 의해서 위축된 모양으로 가고 있다는 것입니다.

 丑

그다음에 丑이 왔을 때는 대체적으로 丑은 寅의 발판이 됩니다. 五行的으로는 반대이지만 丑이 寅의 발판이 됨으로서 발전이나 성공을 위한 즉 자기를 만들어내기 위한 직전의 상태죠? 그러나 주도권을 자기가 다 쥐지 못해서 답답함이 만들어지고 있는 상태, 아직 범이 되지 않았다는 것이죠. 그래서 子에서 亥까지 하나의 주기를 돌고 다시 돌아온 다음에 丑에 죽는 경우도 많이 있습니다. 그러니까 자기의 모습을 만들지 못한다고 하는 것이니까 하나의 주기를 돌고 다시 丑을 만나면 죽는 수도 있다고 하는 것이죠.

寅卯辰을 거치면서 寅木이 有形으로 모양을 갖추죠? 다시 子나 丑이 되었을 때 丑의 상태라고 하는 것은 펼쳐지기 직전, 자기 모양을 드러내기 직전이니까 모양이 크다면 그것이 반드시 부러지거나 손상될 수 있다고 하는 것이죠.

기본적으로 丑은 寅을 열어주는 견인 즉 끌어당겨 열어주는 작용을 한다는 것입니다.

 寅

그다음에 寅木에 이르러서는 자기 모습을 드러내고 활동성이 왕성해지는 과정을 거치는 것이고 寅卯辰에 의해서 기본적으로 方合 무리를 이루죠? 卯나 辰에 의해서 작용력은 제한을 받는다고 하더라도 方合的인 보조가 있을 때는 寅木은 자기 역할을 충실하게 할 수 있겠죠?

 巳

巳午未운으로 들어갔을 때에 巳가 刑을 조장하는 것을 이룩함으로서 결국은 신체적인 방해요소라든지 건강에 불안요소 등을 제공하게 되는 것이죠. 巳라고 하는 것은 주로 외부적인 손상이나 희생요소가 많이 발생하는 것이죠.

 午

午 이것이 무서운 것입니다. 三合을 만나서 변색이 될 때 이 때가 무서운 것입니다. 寅木이 午를 만났을 때 三合으로 사회적인 활동력이 아주 주도권을 가지고 움직이게 되는데 그런데 寅중의 甲木을 순수한 기운으로 남편의 기운으로 취한다고 봤을 때, 甲木이 午火에 12運星으로 死하는 것이죠. 寅木이 결국은 午에 딸려가서 木으로서의 역할을 잃어버리는 것이죠. 이 때가 가장 장엄한 모양이 나오죠.

寅이 寅의 색깔을 가장 많이 띄었다가 자기 색깔을 급속히 잃어가는 과정이 바로 이 午가 됩니다. 三合을 통해서 자기 木의 기운이 쇠퇴되어 나갈 때가 되는 것입니다. 그래서 地支일 경우에는 合이 와서 좋겠다는 것이 아니고, 合이 와서 寅木의 색채가 크게 역할이 훼손된다는 것이 됩니다.

時	日	月	年	命
	己			
		寅	亥	

이럴 때 명조안에 만약에 돼지 亥자 이런 것이 들어있으면, 이때 五行的인 보조가 충분히 되어 있죠? 이럴 경우에는 말 그대로 寅木이 새로운 사업을 새롭게 견인 즉 甲木을 중심으로 볼 때 午가 무엇이냐 하면 食傷이 되죠. 食傷을 만들어내는 행위가 됨으로서 이때 대체로 이 午운에 남편이 사회적으로 역량을 더 넓혀가는 과정에 있다 이렇게 보는 것이죠. 그런데 이 亥水를 배제하고 볼 때는 아무튼 寅木이 반 정도는 변색이 되었다는 것이죠. '반 정도 맛이 갔다. 반 정도 탔다.' 이렇게 보시면 됩니다.

 未

未에 가서 그 활동력이 상당히 많이 둔화가 된다는 것이죠. 그렇다고 하더라도 地支는 근본적으로 유형과 실제, 사실을 만드는 것이기 때문에 未가 온다고 하더라도 그대로 돌아다니고 寅木의 일을 합니다. 地支에 있는 것은 항상 그렇게 염두에 두어야 되는 것이죠.

 申

申酉戌에 들어가서 대체로 寅木의 활동력이 극히 제한되는데, 이때도 조건부가 되는 것이죠. 이것을 驛馬로 활용하는 경우에도 남편이 이동 변동 즉 먼 곳으로 옮겨서 새로운 비즈니스나 기존의 비즈니스를 이동해서 하는 형태의 일이 발생을 한다는 것입니다.

甲木이 申酉戌 넘어갈 때의 양상과 다르다고 하는 것이죠. 그다음에 寅木이 合에 의해서 묶여 있었던 요소가 있다면 이런 때에 도리어 재가동, 새로운 움직임, 묶여있던 것을 풀고 본래적인 자기역할로 돌아가는 첫 스타트가 되죠.

물론 운기상으로 하면 亥子丑에서 상승 운기를 뛰었다가 상승운기로 들어가고 巳午未로 들어가고 申酉戌에서 들어가지만 이때의 申작용이 寅亥처럼 묶여 있는 경우에는 재가동의 기운으로 작용을 해줍니다. 묶여있다는 말은 자기 역할을 제대로 못했다는 말이죠?

원래 간섭을 받지 않고 자기 역할을 하던 놈은 絶地에서 그 형태가 꺾여 버린다는 말이 됩니다. 그렇게 해서 酉戌에서 아주 위축된 형태나 또는 다른 공간 속에서 그것을 지탱하는 방식으로 가다가 다시 亥가 오면 五行的인 보조나 세력을 얻어서 사회적인 활동력 역량을 강화하는 형식으로 결국은 흘러가게 된다는 것이죠.

地支에 있는 놈들은 地支 神殺, 刑冲破害, 기타 神殺 전부 다 해서 그 양상을 분석해 준다고 하는 것이죠. 대체로 그 모양이 쉽게 깨어지지 않기 때문에 양상 중심으로 해석을 해 나가라고 하는 것이죠.

寅午戌의 양상이 약해지는 申子辰 년에는 사회적인 주도권

이 크게 약화가 된다. 그리고 제한적인 형태로 활동력이 이루어진다. 이렇게 보시면 되고 巳酉丑은 주도권을 얻기 위한 전단계의 일의 양상이 진행이 된다.

寅午戌년에도 마찬가지로 자기 역할을 해나가는데 자기 역할이 三合에 의해서 결국은 훼손이 될 때는 사회적인 목적을 실현함으로서 이미 절반은 그 기능적인 역할을 잃어버린다는 것이죠. 그렇게 보시면 되는 것이죠. 그래서 地支에 있는 것은 전부 다 그대로 읽어주어야된다고 하는 것이죠. 神殺의 양상을 그대로 다 읽어주어야 된다는 것입니다.

地藏干의 운의 해석을 머리 속에 정리해보기 위해서 天干 地支의 命大歲를 앞부분에서 설명한 것입니다.

3) 地藏干에 있는 경우

地支를 넘어가서 地藏干에 있는 경우를 한번 봅시다.

命

時	日	月	年
	己		
	亥		

이 경우가 亥중에 甲木이 남편이다. 이 사람이 子년부터 亥년까지 흘러갈 때 어떻게 될 것이냐? 명리정종(命理正宗) 같은 곳에 보면 地藏干에 있는 것이 冲에 의한 것이라든지 주변 자

극에 의해서 드러나지 않았으면 규중지녀 즉 규방에 있는 여자로 보는 것이죠.

時	日	月	年	命
	己			
	亥	申		

밖에서 상기처럼 申金이 이렇게 드러나 있다고 하더라도 '亥 중에 있는 甲木은 규방지녀와 같아서 밖에 있는 사람이 함부로 규방의 문을 열고 들어가서 구타할 수 없다.' 이렇게 규정을 지어놓고 있는데 결국 기본적인 五行的인 관계는 이렇게 안으로 쉽게 못 들어가는 것이죠.

亥중의 甲木은 分을 잘 따르느냐, 아니냐에 따라서 다분히 地支에서 운의 흐름에 여러 가지 형태의 양상이 드러난다고 하는 것이죠.

예를 들어서 기본적으로 子년이 왔다고 합시다. 五行的으로 亥중에 있는 甲木을 무너트려야 할 이유가 거의 없다고 하는 것이죠.

丑에 있다고 하는 것도 마찬가지고 亥의 유동성이나 움직임을 제한하기는 하지만 甲木을 움직이지 못하게 할 정도는 아니라고 하는 것이죠.

寅木이 결국은 오면서 亥水가 寅木에 12神殺로 亡身殺에 해당이 됩니다. 그러면서 甲木이 한 번 튀어나와 버리죠? 튀어나옴으로써 자기의 사회적인, 외부적인 활동을 하고 있던 사람이 잠시 무대 위에 또는 현실 속에 甲木으로서의 역할을 함으로써 그것이 일종의 亡身이라고 하는 것이죠.

年支를 중심으로 하든, 일지를 중심으로 하든 그것이 안에 있는 것이 밖으로 튀어나오는 것이 亡身이거든요. 그래서 숨어있어야 할 남자가 밖으로 튀어나와서 모양을 갖춤으로써 결국은 자타가 그 모양을 알게 된다고 하는 것입니다. 그래서 그것이 亡身이 된다고 하는 것입니다.

卯로 넘어가 봅시다. 卯로 넘어가면 말 그대로 亥水가 사회적인 목적을 실현하기 위하여 이제는 제대로 甲木의 역할을 밖으로 드러내기 시작을 하는 것이죠. 이때의 남편 甲木은 寅木에 부분적인 사회참여, 卯木에 활발한 사회참여라고 하는 형태로 그 모양을 드러냅니다.

辰은 기본적으로 甲木과 方合의 요소를 이루어주면서 亥水가 辰土에 세력을 잃어버림으로써 이때가 비등이 됩니다. 밖에 있는 亥水가 入庫되어 버린다고 하는 것입니다.

亥水가 入庫가 되고 甲木은 드러나서 모양을 숨길 곳이 없는 상태라는 것입니다. 그래서 이때 壬水하고 甲木하고 관계가 거의 비등한 관계가 됩니다.

巳에 이르러서는 亥水를 絶地 시킴으로써 안에 있는 것이 거의 다 드러난 상태라고 하는 것이죠. 亥中의 甲木, 巳중에 있는 庚金이 동시에 드러나서 결국은 그 작용을 서로 제어하고 자극하고 공개시키는 작용을 하게 되는 것이죠. 이때의 甲木은 가장 동시에 불안해집니다.

제 1차적으로 불안해지는 것이 巳에 의해서 이 亥水가 불안해졌을 때 庚金이 甲木을 건드렸을 때, 즉 문짝을 열고 이 申金이 도끼를 들고 일단 甲木의 방안으로 들어가는 것이죠. 巳 때 방안에 진입을 한다고 하는 것이죠.

이때 冲의 작용을 잘 보시라고 하는 것이죠. 도끼를 가지고 등을 찍는데 甲木이 자고 있었다면 甲木이 움직여지게 해주는 冲의 상승작용도 있다는 것이죠.

時	日	月	年	**命**
	己			
未	亥	申		

예를 들어 이것저것에 묶여 있었다고 하면, 未라든지 寅木이라든지 이런 요소에 묶여 있었다고 하면 순수하게 亥중에 있는 甲木만 봤을 때는 이 巳가 와서 亥중에 있는 甲木을 일깨워서 움직이게 하는 것과 똑같다고 하는 것이죠.

단순하게 그런 글자의 간섭이 없다고 할 때는 巳중의 庚金이 문을 열고 들어가서 亥중의 등짝을 때려 패니까 결국 甲木

이 희생을 당하는 양상이 되더라는 것입니다.

午에 올라갔을 때는 午중의 己土하고 甲木사이에 견인하여 甲木을 변색을 시키죠? 亥의 甲木 작용과 午중의 己土작용이 견인작용을 일으켜서 연애편지를 주고받는 모양이 되죠.
그래서 甲木의 역할이나 속성을 변색시키기는 하는데 그 모양 자체가 사라진다거나 하는 것은 아니겠죠?

未土에도 마찬가지로 未土와 亥水가 무리지어서 甲木이 未중의 己土하고 유정이 되어서 자기 색깔이 변색은 되는데 역할이 사라지는 것은 아닌 것이죠. 왜냐하면 규중 즉 규방에 들어있기 때문에 사라지는 것은 아닙니다.

申金이 왔을 때 甲木이 당연히 五行的으로 위축이 되지만, 전혀 상관이 없습니다. 申金이 팔자 내에 드러나 있어도 亥중 甲木이 있음으로써 申金 유년에 거의 영향을 받지 않는다고 하는 것이죠.

時	日	月	年	命
	己			
	亥	申		

이럴 때 일주를 생각하지 않고 그냥 "傷官이 왔기 때문에 남

편에게 불리하다." 그렇게 말해도 절대로 틀린 것은 아닙니다. 이 말을 붙여주면 됩니다. 남편이 폼을 잡고 설치거나 사회적으로 규모가 있거나 드러난 일을 한다면 傷官의 작용을 그대로 받는다고 보면 됩니다.

酉는 무엇을 불안하게 합니까? 亥水를 불안하게 하죠. 巳酉丑 亥卯未의 隔角이 됨으로써 亥水의 사회적인 역동성을 제안함으로써 결국은 甲木도 그 활동성에 대해서 그대로 위축된 형태로 있게 되는 것이죠.

戌 다음에는 亥를 견인해주는 작용을 하죠? 戌의 작용력은 火를 일으켜 세웠다가 다시 꺾어서 넣는 식이 되는 것이죠. 그런 작용력을 함으로써 결국 그렇게 되는 것이죠.

돼지 亥가 亥를 다시 만났을 때는 기본적으로 五行의 운기 상으로는 亥中의 甲木이 활발하게 움직이는데 自刑에 해당하는 것이 올 때는 亥水가 亥水를 건드려서 불안 동요하게 하는 인자로도 작용한다는 것입니다. 그런데 그 작용력이 그렇게 강하지는 않다고 보시면 됩니다.

地支나 地藏干에 있는 것은 유년의 흐름을 볼 때에 반대편에 있는 것 또는 五行的으로 絶地에 들어가 있는 것도 별문제 삼지 않는다는 것입니다. 그런데 天干에 있는 것은 기본적으로 天干 속에서만 움직이면 별 상관이 없다. 地支에 있는 것은 반드시 대결 구도나 변화구도, 변화양식을 가진다는 것입니다.

그다음에 地藏干에 있는 놈은 天干에 나온 놈보다도 더 소극적이고 위축된 형태라고 하는 것이죠. 그래서 그대로 자기 자리만 지키고만 있으면 큰 문제없이 유년을 지나가게 된다고 하는 것이죠.

그런데 확률적으로 존재할 만한 이런 것들은 亥중에 있는 甲木을 지탱하게 해주는 이 亥水 자체가 무너지거나 역할을 크게 상실할 때라고 하는 것이죠.

卯라고 하는 것은 亥중에 있는 甲木의 뜻을 밖으로 드러내는 것이니까 亥水로서는 즉 壬水로서의 역할은 그 역할이 굉장히 많은 훼손이 되는 것이죠. 壬水로서는 卯를 보면 12運星으로 死地가 되죠.

甲木을 드러냄으로써 寅하고 卯운에만 甲木이 자기 역할을 드러내고 그다음에 辰이나 巳가 와서 토대가 되는 이 亥水가 무너짐으로써 이때 甲木과 壬水 사이에는 아주 비등하고 불안한 요소가 조성된다고 하는 것이죠.

그다음에 巳가 와서 亥水를 건드림으로써 地藏干 내부끼리 전부 적대적인 관계로 갈 때 이럴 때가 甲木이 굉장히 불안해지는 과정으로 간다는 것이죠.

地藏干에 있는 것은 결국 12地支중에 12분의 3정도가 경제적인 실력이라든지 사회적인 활동력이 왕성하게 움직이게 된다고 하는 것이죠. 12년 중에 흐름을 보면 그렇다고 하는 것입니다.

　地支 자체에 있다고 하는 것은 그 세력이라든지 인자가 방해받지 않을 때 외에는 즉 寅木같으면 未申酉戌인데 12분의 9정도는 확고하게 경제적인 실력자로나 활동력이 왕성한 양상의 모양이 보인다고 하는 것이죠.

　털어먹더라도 地支에 있다고 하는 것은 공식적이고 실질적인 활동을 한다는 것이죠.

　天干에 놓여 있다고 하는 것은 地支에 實을 얻을 때, 名을 따르면 地支에 상관없이 좋고 조건부가 되는 것이죠. 名을 따르면 계속 좋고, 12분의 11정도가 좋고 天干的으로 庚金이 와서 甲木의 활동력이 天干的으로만 와서 명예를 훼손하는 또는 甲木의 작용을 멈추게 하는 이런 작용이 아닐 때는 거의 다 상관이 없다고 하는 것입니다. 名을 따를 데에는 12분의 11이 거의 다 그대로 있는 것이죠.

　實로서 내려올 때는 12분의 3~4 정도가 되는데 이렇게 地支에서 甲木이 내려올 때에 丑寅卯辰 이런 식으로 경제적인 대세나 활동력이 地支에 부여될 때, 즉 實로서는 12분의 3~4, 名으로 따질 때는 12분의 11이 전체적으로 다 좋다고 하는 것이죠.

地藏干에 있는 것은 무엇이냐? 말 그대로 12분의 3정도는 경제적인 實중심이고 그다음에 名으로서는 어떻게 되겠습니까? 亥중에 있는 甲木이 솟구치는 시기가 되겠죠? 亥중의 甲木이 위로 솟구치는 시기가 되니까 甲木이 되는 것은 10분의 1, 전후까지 따지면 1~1.5정도가 됩니다. 名으로 갈 때 地藏干에 있는 것은 그렇다는 것입니다.

地藏干에 있는 것은 기본적으로도 활동력이라든지 실력자로서 드러나는 시기가 상당히 제한되어 있다고 하는 것이죠.

기본적인 밖으로 드러나고 나타내고 하는 名과 實의 비중을 의미하는 것입니다. 그중에서 地藏干에 있는 것들 중에서 亥중의 甲木은 굉장히 모범적인 모양입니다.

지난 시간에 甲木의 등급을 따져 보았죠? 天干에 홀로 있는 甲이 있을 것이요. 寅에 甲, 卯에 甲, 亥중의 甲 등 이렇게 甲 자체도 여러 가지가 있는데 亥중에 있는 甲은 사실은 영양 만점입니다.

사회적으로 드러나는 양상, 역할 이런 측면에서는 12분의 3이나 10분의 1 내지는 1.5 이렇게 제한을 주었지만 亥중에 있는 甲木은 그 자체가 어디에 亥水 長生地에 앉아있죠. 그래서 자기는 일부러 밖에 나와서 설쳐야 할 이유가 없는 사람이라는 것입니다.

이런 경우는 어떤 형태이냐? 부모로부터 이미 경제적인 바탕을 충실히 이루어서 甲木의 세력을 그대로 가지고 있다고 하는 것이죠. 그러니까 오염도 안 된 것이죠. 亥중의 甲木은 튀어나오지도 않았으니까 오염도 안되고 자기 모양을 그대로 가지고 있는 것이죠.

그다음에 최소한 偏印이라고 하는 요소가 甲木의 뿌리를 트튼하게 제공하는 것이므로 유자격 또는 有權 즉 권리가 있는 이런 기본 바탕이 튼튼하게 되어있는 존재이므로 경제적으로 양적인 다소에 있어서는 地藏干의 품질이나 등급에 의해서 얼마든지 달라진다고 하는 것이죠.

寅중의 甲木은 불안해요. 寅은 어디에 따라 가겠습니까? 午를 따라가서 변색이 되고 未申酉戌에 크게 역할이 둔화가 될 수 있다고 했죠? 그래서 이 午가 오면서부터 변색이 되어서 나가기 시작을 한다고 하는 것이죠.

그래서 유년을 논할 때 亥중에 있는 甲木을 남편으로 두고 있다면 이 사람은 기본적인 사회적인 역량이나 드러낸 양상은 그렇지만 경제적인 실력이나 베이스는 경제적, 유자격, 유권 이런 것을 철저하게 가지고 있는 사람이므로 아쉬울 것이 없으니 밖으로 나와야 할 이유가 별로 없는 사람이라고 하는 것입니다.

時	日	月	年
	己		
	亥		

坤命

甲木대운을 만났다.

亥중에 있는 甲木을 官으로 쓰고 있을 때, 天干에 甲木이 드러나지 않았다고 합시다. 여자로서 甲木대운을 만났을 때는 반드시 남편이 명예에 관련된 일을 최소한 5년에서 길게는 10년 명예에 관련된 일로서 사회적으로 이름을 드러낸다고 하는 것이죠.

이 운이 끝나고 나면 다시 亥中의 甲木으로 돌아갑니다. 돌아가서 아주 소극적이고 안정적으로 있는데, 기본적으로 경제적인 환경 이런 것에서는 무엇이냐 하면 팔짱을 끼고 임대료만 해도 한 5000씩 들어온다. 월간에 임대소득만 해도 한 5000씩 들어오는 그런 사람들이 이런 형태로 있습니다. 얼마나 영양가가 있느냐 이것이죠.

거꾸로 寅木은 드러나 있기 때문에 '주식회사 개똥' 이렇게 해서 명함을 파서 다닙니다. 그대로 地支의 간섭을 神殺的인 지배, 刑沖破害의 지배 그런 것을 거의 다 받는다고 하는 것이죠.

그래서 어떤 때는 조금 벌었다가 힘들었다가 옮겼다가 하는데 경제적인 실속 면에서는, 地支에 드러나 있는 사람은 어떻게 되었든 활동력이 항상 외부적으로 노출되어 있기 때문에 전체적인 업적이나 실속은 많이 쌓아 나갈 수 있어도 경제적인 보상 차원에서는 그만큼 실속이 있는 것이 아니라고 하는 것이죠.

그래서 한때 벌었다가도 힘든 과정을 거치는 주기를 가지게 되는 것이죠. 거꾸로 이런 모양을 잘 자기고 있는 모양은 상대적으로 이해를 돕기 위해 한다면 드러난 寅木의 주기가 아래의 그림과 같다고 한다고 봅시다.

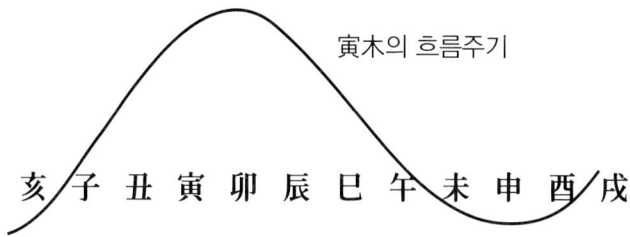
寅木의 흐름주기

이런 모양이라고 한다면 남들에게 그 활동력이 뚜렷이 보이는 형태입니다.

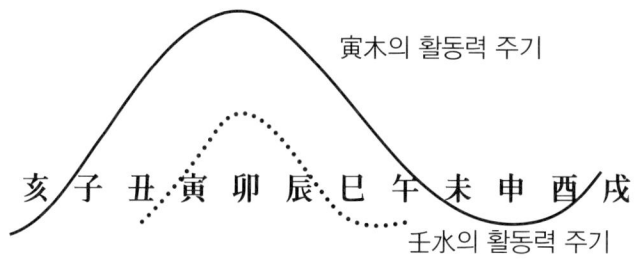
寅木의 활동력 주기
壬水의 활동력 주기

그러면 활동력 면에서는 亥水는 어떻느냐? 상기 그림의 형태로 갑니다. 경제적인 내실 차원에서 그래프를 그려 본다면 훨씬 寅木의 주기보다 영양가 있게 갑니다. 地藏干에 예쁘게 잡힌 것은 한 마디로 최고라고 하는 것입니다.

학생 - 辰중의 乙木같은 경우는 어떻게 됩니까?

선생님 - 지금은 甲木의 예를 가지고 설명을 했는데요. 辰중의 乙木도 상당합니다. 乙木도 乙이 있고, 辰중의 乙, 未중의 乙, 卯가 있죠?

이때 辰은 卯의 餘氣를 그대로 안고 넘어와서 상당한 五行的대세를 가지고 있습니다. 70~80%를 卯의 기운을 다 쥐고 있는 것으로 생각을 하시면 됩니다. 卯가 무르익어서 辰을 열어놓은 것입니다. 卯가 자라는 만큼 자라서 辰을 열어놓은 것이기 때문에 餘氣로서 들어와 있는 이 乙木은 거의 卯로 취급을 해도 좋다고 하는 것이죠.

그런데 사회적인 행위는 申子辰의 주기를 따른다고 하는 것이죠. 申子辰의 주기를 따르기는 하지만 내용상으로는 卯木의 힘과 대세를 다 가지고 있는 것이죠.

상대적으로 未중의 乙木같은 경우가 세력이 애매한 것이죠. 乙木이 물론 未에 養地에 앉아 있기는 하지만 전후의 인자들이 乙木이 밖으로 드러나서 쉽게 그 결실을 이룰 수 있는 모양이 아니라고 하는 것이죠.

未중에 乙木은 여러 형태의 乙木중에서 가장 힘이 약한데 경제적인 실력 차원에서는 卯, 辰, 未 이 셋이 더 낫고 그리고 사회적인 명분에서는 乙하고 卯하고 낫다는 것이죠.

子午卯酉는 地支에 있다고 하더라도 그 색깔이 하나에 가깝기 때문에 그 자체로서 준 天干으로 취급해서 우리가 뭐라고 합니까? 午는 물론 午중의 己土때문에 제외하지만 그 자체로 格을 쳐주죠? 正官格을 잡을 때 卯만 있어도 乙이 투출이 안되어도 正官格으로 쳐준다고 하는 것이죠.

名이 중심일 때는 乙 1등, 卯 2등이 되고요. 경제적인 측면에서는 卯가 1등, 辰이 2등, 未가 3등인데 이때 卯와 辰은 거의 세력이 대등하다고 보면 됩니다.

地藏干의 대세를 가지고 있다고 하는 것은 엄청나게 실속있는 힘을 가지고 있는 것이죠.

이것이 재물 창고의 흐름이었다고 합시다.

時	日	月	年	命
	壬			
	子	未		

이때의 해석을 잘 생각해 보자고 하는 것이죠. 未라고 하는 것이 월지에 있죠? 월지에 있는 것이라서 이것이 부모 혜택에 의한 것일 수도 있고, 소년에 자기가 글과 학문, 세상을 풀어가는 패턴 이런 것으로 봤을 때 財星은 未중의 丁火가 되는데 未중의 丁火는 무엇으로 봐도 좋으냐 하면 午로 봐도 좋은 것입니다.

午의 餘氣를 그대로 안아서 온 것입니다. 그것을 그대로 끌어안고 있는 것이거든요. 그런데 子하고 未라고 하는 元嗔작용은 五行的으로 상대적인 작용이 있어서 만약에 午가 드러나 버리면 이렇습니다.

① 命

時	日	月	年
	壬		
	子	未	

② 命

時	日	月	年
	壬		
	子	午	

②이 경우는 기본적으로 형태상 正財格이고, ①번 未월은 正官格이죠. ②번 예 午는 드러나서 午의 춤을 추죠? 午의 춤을 추니까 子午에 의해서 결국은 서로 작용력을 자극하고 뜯어내고 하는 작용력으로 가버리죠.

이런 사람은 부모복이 한때 있었다 하더라도 그것이 운세적인 변화에 의해서 일순간에 午가 사라질 수도 있다고 보는 것이죠.

즉 현금을 밖에다가 허리띠에 차고 다닌다고 생각을 하면 남들이 보기에는 대단히 있어 보이지만 地支에 주변 글자에 의해서 바로 훼손이라든지 자극에 의한 반응이 일어나게 되고, 그다음에 예를 들어서 子운이 와서 거듭하여 午를 훼손하는 인자가 왔을 때에 그 해로움을 그대로 당한다고 하는 것이죠.

3. 地藏干과 運의 흐름

①

時	日	月	年
	壬		
	子	未	

命

　이 경우에는 상대적으로 子未 元嗔이 있다고 하는 것은 부모의 사회적인 역량이나 살아가는 방식, 본인이 살아가는 사회적인 역량이나 살아가는 방식이 달라서 정신적 갈등의 요소가 이미 서로가 개선되어야 할 인자가 부여되어 있다고 하더라도 이미 未중의 丁火가 확고부동한 正財로서 있기 때문에 子년이 오거나 亥년이 오거나 丑년이 왔을 때, 이 子년처럼 地支에 劫財라고 하는 인자가 다가와서 未중에 있는 것을 훼손하려고 해도 쉽게 훼손이 안된다고 하는 것이죠.

　그래서 오히려 丑운에 와서 未에 있는 작용력을 왕창 밀 때, 기본적으로 드러난 것은 丑과 未의 대대작용이죠. 冲에 의한 작용인데 丑중의 癸水가 未중에 있는 丁火를 어느 정도 삭감을 시키는 정도의 작용이 따라온다고 하더라도 ② 午월의 壬子일주가 子운이 와서 건드리는 것 하고는 완전히 양상이 다른 것이죠. 이것은 내장이 튀어나와 버렸다고 하는 것이죠. 내장이 튀어나온 것이니까 나온 내장을 다시 쪼아버리면 어떻게 됩니까? 완전히 맛이 가는 것이죠.

①未월의 壬子일주는 내장이 튀어나오지 않고 안에 잠겨 있기 때문에 밖에서 丑과 未가 몸끼리 부딪혀도 쉽게 훼손이 안 된다고 하는 것입니다. 물론 안의 내장은 영향을 많이 받지만 직접적인 훼손의 정도는 훨씬 덜 하다고 하는 것이죠.

그래서 오히려 좋은 팔자들은 未월의 壬子일주 같은 양상을 많이 가집니다. 현찰은 양말 이런 곳에 숨겨놓고 어딘가 다 숨겨져 있는 상태라고 하는 것입니다.

午월의 壬子일주는 밖으로 다 드러나 있어서 언제든지 훼손당할 수 있는 인자가 노출되어있는 상태가 되는 것이죠. 그런데도 이것이 더 좋아 보인다는 것입니다. 밖에 있는 것이 더 좋아 보이거든요.

밖에 드러나 있는 것은 항상 운기적인 변화에 의해서 결국은 변화하는 것입니다. 그래서 '꼴값한다.', '인물값한다.' 하는데 보기 좋은 것이 결국은 운기적인 변화에 의해서 훼손과 변색이 될 수 밖에 없다는 것이죠.

未월의 壬子일 이 경우에는 자기가 만약에 丁火를 부인이라고 한다면 그 부인을 밖으로 잘 드러내지 않는 사람이고 또 자기의 경제적인 또는 재산적인 상황을 남들에게 잘 노출시키지 않는 행위로 드러난다고 하는 것이죠. 그래서 가까운 사람들이나 겨우 그 정도를 파악하는데 그래도 자기는 잘 드러내지 않는 습성이나 행위를 더 많이 하는 것이죠.

운에 의해서 훼손될 수 있느냐, 없느냐? 훨씬 더 영양가가 있느냐, 없느냐? 하는 것이 天干的인 요소, 地支에 의한 요소, 地藏干에 의한 요소에 名이냐, 實이냐? 따라서 전부 다 비중이 다 달라진다고 하는 것이죠.

그래서 샘플을 놓고 생각을 해보기로 하겠습니다.

주제 이것을 하룻만에 다 얻어지겠느냐 싶은데, 이것도 사실은 앞에서 설명한 것이 핵심입니다. 앞에서 설명한 측면으로만 관찰을 해나가고 터득이 되었다고 하면 공부가 다 되어 버린 것입니다. 왜냐하면 문자나 술어에서 이미 막힘이 없으니까 분석을 하는 어떤 흐름과 안목만 우리가 익혀두면 되는 것이죠.

▣ 丙의 흐름 차이

寅 中 丙　　　巳 中 丙　　　午 中 丙

이것이 地支 丙寅巳午 속에 있는 丙火가 흘러가는 것을 어떻게 분석해 나갈 것이냐? 이 팔자 干支내에 뒤섞인 경우를 한 번 봅시다.

天干에 있는 것은 12運星에 의해서 ①名을 따르느냐, ②實을 따르느냐? ③名實이 혼재된 형태냐 따라서 12運星이 주기라든지 일어나는 현실을 부여하는 흐름이라고 했습니다.

寅중의 丙火 地藏干이라고 하는 것이 地支의 움직임이나 환경에 의해서 변화하는 것을 설명을 했었고, 巳는 그대로 노출되어 있는 것이고 말 그대로 내장이 튀어나온 것이죠.

巳중에 있는 丙火가 가장 극명한 것입니다. 현실 속에 있는 것의 양상 이런 것들을 가장 극명하게 드러내주는 것이 巳가 그대로 움직이는 것이죠.

午가 움직이는 것은 午중의 丙火로서 다른 요소에 섞여서 丙火가 그대로 남아 있는 것인데 午중에 있는 丙火는 未중의 餘氣로 넘어온 丁火처럼 午중의 丙火는 대단한 힘이 있는 것입니다.

주기 자체는 寅午戌속에 있지만 午중의 丙火는 대단히 세력이나 힘이 남아서 그대로 들어와 있다고 보시면 됩니다. 그래서 巳의 세력을 다 가지고 있으면서 또 불리할 때는 午와 같이 주기를 따름으로서 대단히 힘을 많이 가지고 있고 巳는 내장이 다 튀어나와서 극명한 것이고, 寅중의 丙火는 말 그대로 地藏干으로서 조건부로 들어갔다 튀어나왔다 하게 된다. 이렇게 보시면 되는 것입니다.

命

時	日	月	年
丙	癸		
辰		巳	

癸일주가 巳를 財星으로 쓸 수도 있고 丙을 財星으로 쓸 수

도 있는데, 이것은 동색이죠. 이것이 동색이라고 하는 말은 둘 다 正財라는 말입니다. 재물 활동의 양상이 어떻게 되느냐, 하는 것을 잘 보자고 하는 것이죠.

▣ 丙이 12地支를 지날 때 모양

地支의 흐름 : 子 丑 寅 卯 辰 巳 午 未 申 酉 戌 亥

먼저 丙을 중심으로 봅시다. 天干에 있는 것은 주로 공식사업이 됩니다. 남들에게 보여주고 남들도 알고 있는 그런 공식적인 사업을 의미한다는 것이죠. 명함을 파고 다니는 사업의 양상.

巳라고 하는 것은 실질적인 것입니다. 실제로 그 사람에게 들어있는 돈이나 재물양상을 의미한다는 것이죠.

◈ 子

그러면 子년을 만났을 때 공식적인 명함은 어떻게 됩니까? 활동무대나 대외적인 활동은 12運星으로써 胎의 모양으로 위축된 모양이죠. 마찬가지로 이 巳는 五行的으로 子에 의해서 위축된 모양이 되는데 실질적인 불씨는 地支에 있는 것이 조금 더 있다고 보는 것이죠.

丙은 명분적이고 상징성만 가지고 잉태 된 胎의 모양 정도만 가지고 있다고 보시면 됩니다. 실질적인 힘은 巳죠. 巳가 경제적인 실질적인 바탕을 그대로 이룩하고 있는 것인데 단지 子에 의해서 위축이 되어 있는 것이죠. 丙은 유명무실의 名이니까 그대로 연관되어 있다고 하는 것이죠.

 丑

그다음에 丑에 의한 것은 丑을 만났을 때 巳는 한순간에 색깔이 변색이 되는 것이죠. 巳酉丑이라고 하는 金局을 이루는 인자에 의해서 변색이 되어 버리는 것이니까 돈이 어떻게 됩니까?

巳丑이 이루는 局은 金이고 印綬局이죠. 印綬局을 만들어 버리니까 이것은 현금하고 반대로 묶여 버렸다는 것이 되죠.

丙이 丑을 만나면 12運星으로 養地가 되죠. 12運星으로 養地가 됨으로써 이제는 대외적인 명함이나 이런 것이 조금 더 子보다는 up이 된 형태로 대외적으로 드러나는데 사실은 내용상으로는 巳와 丑의 작용에 의해서 돈이 많이 묶여있다고 하는 것이죠. 현금 유동성에 있어서는 어느 정도 부담이 발생되어 있는 상태가 되고 남들은 잘 모른다고 하는 것입니다.

가까이 근접하여 있는 사람들은 근접하여 있으니까 알고 있고, 멀리 떨어져서 보이는 것은 이 丙이니까 색깔이 그렇게 힘이 없다고 보지만 어느 정도인지는 파악하기 어렵다고 하는 것이죠.

 寅

寅에 갔을 때 대외적인 사업체의 모양새가 어떤 모양새냐 하면 대체로 주가 형태로 보면 될 것입니다. 주가가 내부적인 것하고 대외적인 것 하고 다르죠? 丙은 대외적으로 드러난 재산의 양상, 주가 정도로 이해하시면 좋을 것인데, 丙에서 寅으로 가면 長生地로 가니까 상당히 반짝거리고 폼이 나고 빛이 나는 형태다.

그런데 현실속에서 寅과 巳는 어떤 형태가 됩니까? 刑의 관계로 있기 때문에 이 巳라고 하는 현금재산 또는 활동무대를 대대적으로 서로 조정하여서 그 용도를 五行的으로 보면 寅이 巳를 돕는 형태가 되죠. 결국 현금재산이나 금전활동 무대를 확장하기 위한 구조조정의 진행 양상 이것이 이루어지고 있다고 보면 됩니다.

 卯

그다음에 卯를 만났을 때 12運星으로 보면 浴池이고, 浴池를 만났다고 하는 것은 남들의 입에 회자될 수 있는 일로 인하여 상승적인 요소와 불안정적인 요소를 같이 가지고 있는 것을 의미합니다. 沐浴이라고 하는 것이 天干的인 것을 만났을

때 그런 양상이 됩니다.

　오물을 털어내는 행위이기도 하면서 벌거숭이 모습을 보여주기 위한 것이 목욕이죠. 그래서 타인의 시선이나 이목에 집중 당하는 상태, 그러나 운기적으로는 다른 회사, 경쟁적인 어떤, 공식적인 비즈니스가 비슷한 곳에서 조금 더 차별화 된 모양을 자기가 더 드러내기 시작을 하죠. 운기적으로는 상승이죠.

　땅바닥에서 卯와 巳의 관계는 亥卯未 巳酉丑 즉 그래서 巳가 지금은 제한된 형태로 巳의 역할을 가장 제한적으로 움직일 수밖에 없는 상태, 지금은 卯 외부적인 조건에 의해서 기본적인 巳의 생산양식 이런 것을 가질 수밖에 없는 상태라고 하는 것이죠.

 辰

　辰에 와서는 丙은 辰에 와서 冠帶가 되죠. 띠를 둘렀다고 하는 것은 대외적으로 인증을 받을 만한 'ISO9000' 이런 식으로 사회적으로 자기 모양새를 이제는 자기 모양을 드러냈다고 하는 것입니다.

　沐浴은 구별되었다는 것이고, 冠帶는 옷을 입어서 자기의 꼴이 나온 상태라고 하는 것이죠.

　巳가 辰을 볼 때는 아직은 巳의 역량이나 행위를 극대화 시키기에는 남아 있어서 계속 자기의 모양을 만들어가고 있는 상태 이것이 巳가 辰을 만났을 때의 양상이라고 하는 것이죠.

그다음에 글자가 巳이기 때문에 만들어지는 神殺이 또 있죠? 天羅地網 즉 天羅地網이 되므로 서로가 불편함을 주면서 끼어있는 상태 이렇게도 해석을 하면 되겠죠. 그래서 巳가 巳로서의 역할을 제대로 하지 못한다. 辰은 辰대로 제대로 역할을 하지 못한다는 것이죠. 그래서 현장에 내려가면 뭐가 복잡한 것이에요. 장부는 깨끗한데 현장은 항상 복잡하다고 하는 것이죠.

 巳

巳의 운에 갔을 때는 말 그대로 祿이 됨으로써 丙의 뜻이 땅바닥에 내려온 것이니까 丙이 그려놓은 즉 우리 회사가 지향하던 바라든지 의지가 땅바닥에 그대로 드러나 있다고 하는 것이죠.

드러남으로써 결국은 명실공히 내용과 외형을 다 갖춘 그런 모양새를 가지게 되는 상태 그다음에 地支的으로도 마찬가지죠. 巳가 巳를 만났다고 하는 것은 巳의 작용력이 가장 외부적으로 그대로 드러나 있는 상태가 되므로 이 巳에 현금재산이라든지 사업의 양상이 팔자의 각본대로 이루어져 있다고 하는 것이죠.

午

午에 가면 丙은 旺地에 해당함으로써 대외적으로 그 역할이 대단히 명실을 넘어서서 인정받기 시작을 하는 상태가 됩니다. 거꾸로 巳는 午를 만나면서 내용상 무리를 얻기는 하지만 火라고 하는 득류 즉 무리를 얻기는 하지만 운기는 서서히 巳의 역할이 약해져 가는 상태라는 것이죠.

未

未에 가면 衰가 되는데 衰는 밖으로 가장 강하게 드러나 있고 내부는 비워가는 상태가 衰가 됩니다. 丙은 외부적으로 그 힘이 지켜지고 있지만 내부적으로는 서서히 빛을 잃어가고 있는 상태가 되는데 아직은 위에 떠있는 상태가 되는 것이니까 크게 영향을 받지는 않겠지만 대외적인 간판이라든지 이런 것에는 빛을 잃어가고 있는 상태가 되는 것이죠. 그런데 巳가 未에 이르면 그 활동력이 변색이 많이 되겠죠. 그리고 또 위축이 많이 되겠죠.

내용상 巳가 궤도를 서서히 잃어버리고 있는 상태 또는 가장 위축된 모양으로 자기 역할을 드러냈다가 이제는 위축된 형태로 巳를 지켜나가기 시작해야 할 때 이렇게 보면 됩니다.

申

　丙이 申을 만나기 시작하면 丙이라고 하는 운기는 밖으로 남아 있지만, 내부적으로 상당한 부분이 소진된 상태가 됩니다. 그것이 病的인 상태가 됩니다. 그다음에 巳가 申을 만나면 巳중의 丙火로서 또는 巳火로서 작용력이 크게 삭감되게 되는 것이죠.
　이때 名 즉 丙은 그대로 남아 있고 내용상 巳는 申에 의해서 결국은 크게 약화된다고 하는 것이죠. 크게 약화되어 버린다는 것입니다.

 酉

　丙이 酉에 의해서 운기적으로 死에 들어가 버리죠. 死에 들어간다고 하는 것은 이미 이제 내외 즉 기업활동이든지 금전활동이든지 관련하여 활동하던 사람이든지 내외로 다 안다고 하는 것이죠. 이제 '그 회사는 망하기 시작했다. 기울기 시작을 했다.'라고 하는 것이죠.
　실질적인 내용도 巳가 酉를 따라가면서 丙火의 작용력은 酉에 의해서 완전히 색깔이 변색된 상태로 가고 있는 것이죠. 말 그대로 껍데기는 남아 있고 알맹이는 자타가 다 공인할 정도로 소진된 상태가 됩니다.

그다음에 12運星으로 戌 墓에 들어갔을 때 丙火라고 하는 것은 戌의 말까지 남아 있습니다. 丙火의 이름 자체는 戌의 말까지 남아 있습니다.

그다음에 실질적으로 결국은 巳가 戌에 의해서 활동력이 완전히 제한되어 버리는 상태 이렇게 보시면 되죠. 巳가 戌에 들어갔을 때 거의 죽은 것이나 다름이 없는 상태라고 보시면 되는 것이죠.

 亥

亥水에 들어갔을 때 말 그대로 껍데기뿐인 丙火가 그대로 남아 있었고 巳는 가장 그 모양을 다 잃어버린 상태로 존재하게 된다는 것이죠.

그런데 이때 이런 子~亥까지의 일련의 과정을 거쳐온 것이 아니고, 酉 에서부터 운을 받아 간다면 戌을 기점으로 올라가기 시작을 합니다. 絶地를 기점으로 亥水가 巳를 건드려주면서 巳의 모양을 향해 달려준다는 것이죠.

子丑寅卯…로 가면서 亥水의 충전작용 즉 가장 바닥을 치고 올라가는 작용 그런 전환적인 요소가 드러나더라는 것입니다. 이렇게 天干에 드러난 것과 地支에 드러난 것의 흐름 그다음에 地藏干에 있는 것이 그대로 튀어 나왔을 때가 되겠죠?

이것을 동색일 때를 한 번 더 봅시다.

時	日	月	年	
	癸			
		寅		

寅중의 丙火는 그 양상이 많이 다릅니다. 그것을 이해하기 위해서 우리가 지금 하나를 가지고 비교를 해보고 있는 것이죠. 12運星的으로 丙이 子~亥까지 가는 것은 설명한대로 흘러가겠죠?

寅중의 丙火는 子라든지 子에 있는 壬水에 의해서 심하게 훼손당하지 않습니다. 子의 역량이 고착화되어 있다는 것뿐이죠. 丑중에 있는 인자도 寅을 열어주면서 寅중의 丙火가 직접적으로 훼손되지 않도록 해준다고 하는 것이죠.

寅중의 丙火는 말 그대로 넓은 부지를 쓰지 않고, 그러니까 이때 寅하고 巳하고 어떤 차이가 나느냐 하면 巳가 巳를 만났을 때에 癸水일주가 볼 때 하나의 활동무대라고 한다면 넓은 부지를 쓰는 것입니다. 그런데 寅중에 있는 丙火가 寅을 만나서 丙火가 長生을 이루었을 때에는 아래 그림과 같은 것입니다.

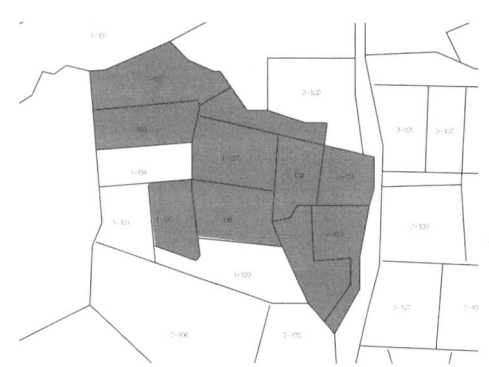

제대로 모양이 없어서 공장 모양이 그림과 같습니다. 대외적으로 넓고 바르게 쓸 수 없는 불편한 상태라서 안에 있는 무엇을 충족시키기 위해서? 丙火만을 충족시키기 위해서 제한된 공간을 이렇게 사용하고 있다고 하는 것이죠.

용도만을 위해서 무엇인가 외부적으로 최소 필요한 것만 갖추어서 내부적인 욕구를 충족시키고 있다고 하는 것입니다.

卯에 이르면 寅중에 있는 丙火는 운기적으로 마찬가지로 浴池를 만나지만 寅이 그 모양이나 색깔을 크게 잃어버리지 않죠?

辰도 마찬가지고 辰하고 寅은 申子辰 寅午戌 관계에 의해서 적대적이지만 운기적으로는 寅중에 丙火가 들어있기 때문에 아무 상관이 없다고 하는 것이죠.

巳가 왔을 때에는 어떤 작용이 이루어지느냐 하면 寅중의 丙火가 巳火의 뜻을 따르고자 합니다. 巳火의 뜻을 따른다는 것은 무엇입니까? 기존에 寅木의 벽을 허물어야 되겠죠?

  그럼 서로 경계의 분쟁을 위해서 이만큼 잘라주고 상기 그림의 점선의 형태로 한번 번 만들어 보자고 하는 것이죠.

  이제 刑의 의미를 아시겠죠? 地藏干에 있는 것을 밖으로 끄집어내는 과정에서 제한되어 있던 것들을 땅바닥에 구체화시키면서 어느 한 부분을 희생시키고, 그림의 동그라미 부분이 甲木의 어느 부분이거든요.

  寅이 甲木이죠? 甲木이 巳를 보면서 동그라미 쳐놓은 부분이 甲木 때문에 제한하고 있었다고 하는 것이죠. 그런데 甲木이 변색 즉 떨어져 나가고 그다음에 巳를 충족하기 위해서 巳의 모양에 가까운 것을 당겨온다고 하는 것이죠. 그래서 寅과 巳 사이에는 刑이 존재를 한다는 것이죠.

  전에 刑을 설명을 할 때 寅申巳亥가 寅巳申이 모여도 刑으로 봐도 좋고 巳申亥가 모여도 좋고 어찌 되었든 3개가 모여도 또는 2개가 모여도 그 사이에는 地藏干에 있는 것을 조건부로 드러내면서 희생적인 양상, 그 모양을 맞추려는 양상 그래서 결국은 용도를 충족시킨다고 하는 목적하에서 刑의 작용이 발생 된다고 했죠. 그래서 寅申巳亥는 그런 작용이 발생할 수 밖에 없다고 하는 것이죠. 刑으로 다 취급을 해도 좋다고 하는 것입니다.

寅이 巳를 보면서 무엇인가를 희생시키고 조정하는 과정을 거치면서 땅의 뜻을 실현했는데 午가 오면서 甲木의 뜻은 거의 퇴색이 되고 甲木의 뜻은 가장 활동력이 왕성한 형태로 외부적으로 드러나게 된다고 하는 것이죠.

甲木은 거의 그 작용력을 午에서 변색을 거의 다 해버리는 것이죠. 甲木이 午에서 死하죠. 그래서 寅木에 의해서 보호받았던 丙火는 이제 더 이상 보호받을 수 없는 상태로 들어갔다고 하는 것입니다. 물론 丙火는 天干的으로 똑같은 흐름으로 들어가고 있을 것이죠.

未에 이르면 丙火가 巳午未에 의해서 五行的인 대세를 받치고 있죠. 그러나 서서히 색깔이 약해지기 시작을 한다는 것이죠. 그런데 巳나 午의 시기에 寅중의 丙火가 많이 키우지 않고 최소한의 형태만으로 키운다고 한다면 未나 申酉戌로 들어가서 일반적으로 丙이 위축된 형태로 들어가도 거의 희생적인 양상이 안 생긴다고 하는 것이죠. 즉 地藏干의 안에 있던 丙火가 아쉬운데로 조금만 키웠다고 합시다.

'조건부 사주학'이라는 말을 제가 던지는 이유는 상기 시기에 키워나가는 것이 '장기적으로 보아 규모에 무리가 없도록 확장 발전을 구하면 좋을 것을 의미한다.' 이런 식으로 해석을 붙이는 것은 이러한 인자 속에서 분명히 조절을 해야 될 일이 생길 때 대부분 다 寅중의 丙火가 꿈꾸고 있는 모양이 巳火라고 하는 것이죠.

"나는 이정도의 싸이즈를 가지고 이 정도를 만들어야 맞는데, 이 寅木 때문에 갇혀있어서 내 마음대로 못하고 있다."

巳를 만나거나 午를 만나면서 때가 왔다고 해서 巳나 午의 모양을 다 맞추어버리면 그다음부터는 未申酉戌을 넘어가면서 똑같이 巳가 겪는 양상과 똑같이 가는 것이죠.

그런데 이미 불편한 모양이라고 하는 것은 제일 기본 구도가 있기 때문에 키울 때 분명히 巳午의 시기에 불안요소나 문제점을 안고 있어요. 그때 키울 때 그림 상의 형태로 조금만 키우는 정도의 즉 불편함만 해소하는 정도를 키워주었다면 申이나 酉나 戌이 와서 巳火나 丙火의 활동력을 크게 위축시키는 흐름이 왔을 때도 거의 당할 것이 별로 없다고 하는 것이죠. 寅중의 丙火니까 외부적인 것을 자극을 주어서 활동을 둔화시킨다고 하더라도 이것이 寅木이지 巳火는 아니라고 하는 것이죠.

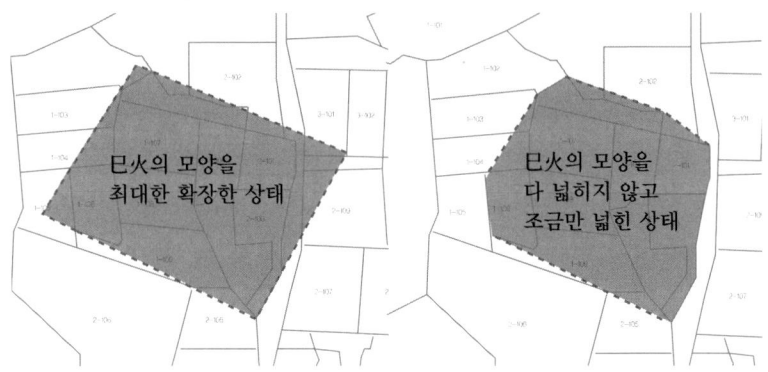

　巳火의 모양이 그림과 같은 모양이라고 하면 나는 巳운을 지나면서 그림처럼 약간만 넓혔다고 하는 것이죠. 본래적인 모습에 의해서 이런 부분만 약간 희생을 당할 뿐 巳가 당하는 희생 양상은 생기지 않는다고 하는 것이죠.

　동양적인 문자 표현에 있어서 군자의 행위는 무엇이냐? '삼가하시오!'라는 논리가 결국은 이런 것이라고 하는 것이죠. 寅 중에 숨어있다가 자기 分을 정확하게 안다면 이때 이 정도만 하면 이런 申酉戌이라고 하는 쇠퇴의 운기에도 상기 그림의 일정부분만을 삭감해 나가는 것이기 때문에 당하지 않는다고 하는 것이죠.

　寅 자체의 木운동을 짖누르는 작용까지 온다고 하더라도 안에 있는 丙火는 안 당한다고 하는 것입니다. 또 재미있는 것이 地藏干에 있는 丙火는 비록 폼도 나고않고 시설도 더럽고 종업원도 외국인하고 뒤섞여져서 엉망진창이고, 환경이면 환

경 등 모든 면에서 뭔가 巳火의 모양이 아니라고 하는 것이에요. 활동무대의 모양이 제대로 안 갖추어져 있는데 이런 亥水가 와서 극도로 위축된 丙火의 운기 속에서도 寅木이라고 하는 이런 비좁은 제한된 조건 때문에 五行的으로 寅중에 있는 丙火를 쉽게 손상을 못한다고 하는 것이죠.

그래서 '할머니는 경쟁력이다.' 하는 것이죠. 이 말이 무슨말이냐 하면 해운대 바닷가에 솜사탕을 파는데 이 할머니는 子에도 솜사탕을 팔고 丑 寅卯辰에도 솜사탕을 파는데 돈이 들어오면 그 돈을 넣고 항상 그 비좁은 모양을 지탱했다 이겁니다.

그러니까 옛날 부산 시민회관 앞에서 여름에는 보리차를 팔고, 노란물 돌아가면서 그런 것이 있었죠? 보리차를 팔고 또 겨울에는 콩국을 팔고, 토스트를 팔고 커피를 팔고 했었던 그 사람은 20년이 지나서 그 범일동 요지에 식당 6개를 가진 사장이 되었고 그다음에 시민회관에서 기획을 해서 공연을 했던 공연사는 20년 뒤에 한 명도 안 빠지고 다 망했다는 것 아닙니까.

결국은 보리차가 경쟁력이었다. 조금 더럽고 추하고 비좁고 한 것이 무엇이냐? 寅중의 丙火와 같은 것이었다는 겁니다. 寅중의 丙火의 형식을 무너트리지 않았기 때문에 20년동안 외형적인 발전을 꾸준히 해 온 것입니다. 물론 巳午未이런 운이 올 때 외형적인 번영을 한 번 하죠. 외형적인 확장도 이루어지죠.

그런데 그때 덩달아 사업장까지 키워버린 사람과 이때(巳午운) 키우지 않고 아쉬운 형태로만 키운 사람은 申酉戌 亥子丑 운을 지나갈 때 완전히 양상이 다르다고 하는 것이죠. IMF가 와도 우리는 끄떡없다가 되는 것입니다. 왜? 확장을 안 했으니까 그렇다는 것이죠.

그리고 일이 줄면 일이 줄어드는 데로 인력을 줄일 수 있는 구조로서 자기 몸을 지탱해왔기 때문에 경쟁력을 가졌다는 것입니다.

그것이 참 중요하다는 것입니다. 속도 조절이라든지 힘 조절을 해 가나는 것이 중요하다고 하는 것이죠. 그래서 조건부로 내용을 써준다고 하는 것이죠.

"巳와 午운에 확장 발전의 기회가 오더라도 운기적으로 보아 규모에 크게 무리가 가지 않도록 하라!"

그것이 또 무엇이냐 하면 다다음 시간에 이러한 내용이 다시 나옵니다. 格과 旺者의 의미에서 다시 다룹니다. 格과 旺者의 의미에서 내용은 결국은 무엇이냐?

命

時	日	月	年
丙	癸		
		寅	

格局 用神에서 다시 돌아보자고 하는 겁니다. 格局 用神으로 돌아왔을 때 癸水가 寅木을 써서 丙火를 실현하는 것하고, 시의 丙火를 생각하지 말고, 寅 자체를 무엇으로 보느냐?

이것을 무시할 수 없는 旺者요, 寅木 이놈이 格과 같이 무시할 수 없는 수단인데 이것대로 丙火를 쓰니까 되더라고 하는 것입니다. 즉 地藏干에 잠겨서 튀어나오지 못하고 있는 것인데 즉 이런 것이죠. 칼국수 집이 있는데 간판 네온사인 넣어서 멋지게 하고 유리창 시원시원하게 넣어서 운영하는 칼국수 집이 있고, 거꾸로 이 傷官이라고 하는 자체가 무엇이냐 하면 룰을 무시했거나 약간의 변태적 모양을 가지고 있다는 뜻이거든요.

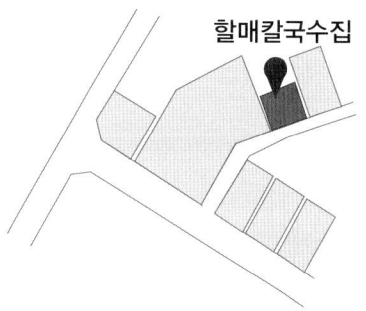

골목안으로 들어가서 화장실도 쪼가리 붙여 놓듯이 해놓고 하는 그런 집이 있죠? 할매칼국수라고 해놓고 골목안에 허름하게 장사하는 집 보셨죠? 할매 칼국수는 네온 붙일 것도 없이 천에다가 '할매칼국수' 써놓고 장사를 하는 것이죠.

時	日	月	年	命
丙	癸			
		巳		

　네온사인에 반듯한 모양을 한 칼국수 집은 말 그대로 巳 正財라고 하는 활동무대라고 하는 것을 그대로 쓰는 것이죠.

　할매칼국수는 말 그대로 寅中의 丙火라고 하는 것이죠. 두 집 모두 다 칼국수가 나오기는 나오는데 반듯한 집은 '巳火칼국수' 집이고, 할매칼국수 집은 '寅木칼국수' 집이죠.

　할매칼국수는 집도 일그러져있는 모양에 아쉬운 형태로 옆집의 담도 허물어가지고 장사를 20년을 하니까 손님이 없어 크게 고민하는 법이 없었고, 申酉戌에 丙火의 활동력이 위축되어 가장 극도로 亥子丑 까지 갔을 때에도 밀가루 반죽하는 사람 두 세명 빼버리면 되고 그래도 가계의 깃발은 버티고 있더라고 하는 것이죠.

　네온사인 붙이고 번듯하게 장사를 하는 사람은 어떻게 되느냐? 물론 巳午未운에 손님이 바글바글 했겠죠? 할매칼국수도 寅卯辰 巳午未에 손님은 많았는데 바글바글한 것은 '巳火칼국수'가 더 나았다는 것입니다.

　未운이 오면 손님이 줄기 시작을 하는데 예를 들어서 매일 100명이 오다가 申酉戌이 들어오면서 30~40명으로 확 줄었다는 것이죠.

그런데 간판에 네온을 유지하기 위한 전기세 나가고, 월세 나가고 여러가지 운영비가 나가는 것입니다. 그렇게 하다가 亥子丑이 되니까 손님이 10명 왔다 갔다 하는 것이죠. 결국은 문 닫아 버렸죠.

그러나 寅중의 丙火 칼국수는 亥子丑이 와도 걱정이 없더라는 것이죠. 사람을 조금 줄여서 그래도 네온이 필요없는 '할매 칼국수' 적어놓은 천조각을 가지고 버티어나가니까 먼지 날리든지 비좁고 아쉬워 보여도 그것이 무한한 경쟁력이라고 하는 것이죠.

그다음에 다다음에 다루어지지만 旺者와 格이라고 하는 것에서 누구든지 잘 살길이 있다. 누구든지 성공의 무기가 있다고 하는 것입니다. 분명히 子에서 亥까지 12개의 干支 중에 4개씩은 들고 오니까 그다음에 地支가 하나로 동일하더라도 六親이 한 개는 되지 않습니까? 偏財를 가지고 오든, 劫財를 가지고 오든 무엇을 가지고 오든 한 개는 가지고 온다는 것입니다. 그것을 그대로 쓰니까 계속 잘먹고 잘살더라고 하는 것이죠. 그냥이 아니고 계속 잘먹고 잘 살더라고 하는 것입니다. 그것을 안 쓰고 이때 변색을 하니까 결국은 안되더라는 것입니다.

그래서 운이 오면 어느 정도 변색을 안 할 수가 없는데, 하다못해 우리가 재래식 화장실에 타일이라도 갈아야 되고, 寅이 巳를 만나면 어떤 식으로든 이때 巳 칼국수와 유사품이 되죠. 그래서 비슷한 모양이라도 이때 맞추기 위해서 가게 입구에 샷시라도 조금 넣고 하지만 그 정도로만 그친다고 하면 申酉戌 亥子丑도 거뜬하게 넘기고도 남더라고 하는 것이죠.

오히려 亥子丑운에 巳火칼국수는 장사가 안되어서 완전히 죽는 것입니다.

할매칼국수는 그래도 인건비 줄여서 호주머니에 돈을 적게 번다는 것 뿐입니다. 그것이 바로 地藏干 속에서 그 글자를 소극적인 형태로 써먹느냐? 아니면 끄집어내어서 공식적인 대세의 모양을 갖추느냐에 따라서 다르다고 하는 것입니다. 뒤에 다루어지는 부분하고 내용이 같지만 예를 들어 이런 것입니다.

時	日	月	年	命
	甲			
		申		

이 사람이 장사를 한다고 칩시다. 장사를 하는데 현금유동성 이런 것이 이루어지는 것을 볼 때는 丙火가 食神이 되는 수단이 되고, 戊라고 하는 것이 偏財 활동무대가 되죠. 丙과 戊가 활동무대가 되는데 丙과 戊를 운기적으로 申에 던져 보자는 것이죠. 던져 보니까 丙은 申에 病地가 되고, 戊도 申에 病地가 되어서 運氣的으로 굉장히 약하다고 하는 것이죠.

運氣的으로 굉장히 약한데 이 사람이 무엇을 쓰니까? 다른 것을 다 떠나서 이것을 그대로 쓰는데 어떻게 쓰느냐? 큰 조직과 손을 잡은 형태에서 양상만 조금 다르죠. 납품이 될 수도 있고, 대리점이 될 수도 있고, 용역, 매장 즉 큰 조직과 손을 잡고 끼고 하니까 무조건 되더라는 것이죠.

매출을 크게 높임으로써 조금 무력하지만 丙하고 戊하고 申金에 대세를 올려서 쓰기에는 12運星的으로 무력하지만 申金이라고 하는 것을 써서 매출을 올리니까 혼자서 장사를 해서 겨우겨우 혼자 1000원을 팔아서 300원을 남기는 것입니다. 혼자서 팔면 마진률이 30%가 되겠죠.

그런데 申金의 집에 들어가서 팔면 마진률이 10% 밖에는 안 됩니다. 매장 안에 들어가서 장사를 하니까 20%를 수수료로 떼주어야 된다는 것이죠. 총 매출이 10,000원이라고 하는 것이죠. 그러니 이 사람의 실질 소득은 이익이 10%니까 1000원 아닙니까?

혼자서 해서 300원 남은 것하고 만원 팔아서 1000원을 남긴 것하고 어느 것이 이익이냐 이거죠. 바로 이것이 이익이라고 하는 것입니다.

그렇게 함으로써 어떤 누구에게도 살아갈 수 있는 도구나 수단 조건을 맞추어주기만 하면 그 사람은 반드시 경제적인 번영 발전의 수단을 가지고 있는 것이라는 겁니다.

그런데 우리가 格局 用神을 공부해 왔듯이 '타고났다.'라는 별이 있고 '하고 싶다.'라는 별이 있었죠. 調候的 요소든, 空亡의 요소든, 五行的으로 반가운 인자라서 그렇든 꼭 부족한 요소를 채워서 넣으려고 몸부림치면서 사는데 주어진 것을 그대로 씩씩하게 쓰니까 혼자 장사하는 것과 매장을 하는 형태 차이의 상기와 같은 형태가 오더라는 겁니다.
혼자서 열심히 해서 300원 벌었는데 이렇게 하니까 1000원을 벌더라는 겁니다. 그리고 있는 것을 쓴다는 것은 이미 자기의 몸에 부여된 것과 똑같습니다.

언젠가 어느 카페에 술이 취해서 간 적이 있습니다. 그 할머니가 원래 창녀 출신입니다. 그런데 자기가 돈을 벌게 되는 과정을 이야기 해주면서 무엇을 이야기하느냐 하면 자기도 처음에 무엇이 무엇지도 모르고 그것을 해서 돈을 벌고 있었던 것이죠. 그런데 거기에서 일을 하는 사람들이 그것을 즐겁게 생각하거나 이것이 내 일이라고 생각하는 사람이 없더라는 것입니다.
전부 다 죽지 못해 억지로 사는 표정을 가지고 이 일을 하더라는 것입니다. 자기가 한참 생각을 해보니까 이렇게 인상을 찌푸리고 이 일을 해봐야 더 남을 것이 없다. 그렇다면 기왕 내 일이니까 열심히 하자고 생각을 하고 열심히 하고 열심히 잘하니까 자기가 밤마다 장사가 엄청 잘 되더라 이거에요. 다른 사람들 손님 하나 받을 때 자기는 손님을 3명 받고 있는 것이죠. 자기의 인기가 올라가더라 이것이에요.
자기가 어떤 연유로 해서 그러한 직업적 특성을 가지게 되었든 그것을 "이것이 나의 직업이다. 내것이다." 라고 하며 이것이 내 것이라고 받아서 쓰면 폭발적인 힘을 일으킨다고 하는 것입니다. 그래서 그 사람이 돈을 다른 사람들은 이것 저것 떼주고 별로 벌지도 못할 때 자기는 한 10배 이상의 돈을 벌어들입니다. 보통 사람들이 한 1000만원을 번다면 1억을 법니다. 그런 식으로 해서 돈을 엄청나게 벌어들입니다. 벌어서 기본적인 재산만 남기고 다 사회에 환원해 버리고 자기는 세월 보내는 재미로 카페를 하는 분이셨는데 그분하고 한 참 술이 취해서 그 이야기를 듣는 순간 정신이 바짝 드는 것이에요.

"이 양반이 이것을 깨달았구나!"

이미 자기에게 부여된 큰 무기나 수단을 그대로 자기 것으로 쓸 수있는 힘을 얻었다고 하는 것이죠. 그런데 格局 用神이나 喜神 忌神의 개념은 무엇이냐? 저것은 무조건 忌神이니까 피해야 한다고 하는 것이죠. 그러나 피해야 되는 것이 아니에요. 대세안에 있는 것을 그대로 이용해야 되는 것이죠.

오늘 주제에서는 약간 벗어난 내용까지 넘어갔는데 이렇게 寅중의 丙火로 칼국수를 만드니까 칼도 조금 더럽고 집도 조금 비좁지만 運氣的인 영향을 받아가는 방법은 완전히 다르더라 하는 것이죠. 드러난 것은 드러나 있음으로 내장이 튀어나온 것과 같아서 운기의 영향을 아주 극적으로 다 받았다고 하는 것이죠. 이런 것 때문에 결국은 丙火, 寅木, 巳火, 午火 쓰는 방법이 다 다르다고 하는 것이죠.

똑같은 것을 중심으로 天干 地支를 대별해 보았는데, 다른 것이 뒤섞였을 때를 해 봅시다.

時	日	月	年	命
	癸	丙	丁	
午	巳			

단순하게 설명하기 위해서 天干으로만 해 봅시다. 正財를 쓸 수도 있고, 偏財를 쓸 수도 있는 이런 구조, 地支로 쓴다면 巳나 午가 놓여 있는 모양이 되겠죠?

이때 쓰는 방법에서 子에서 亥까지 운이 있는데 12運星을 잘 소화한 사람이라고 하면 기본적으로 주기의 그래프를 그대로 그려낼 수 있습니다. 기본적으로 丙이나 巳가 움직이는 인자를 한번 보자고 하는 것이죠.

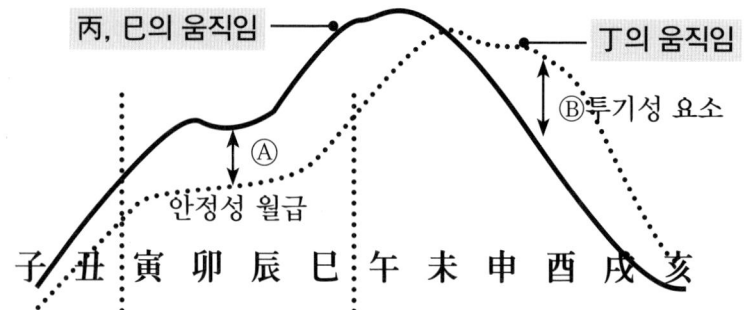

子에서 위축했다가 寅에서 長生해서 巳午未에서 극대화 했다가 申酉에서 꺾여서 내려가서 戌에서 잡혀 들어갔다가 상기 도표와 같은 그래프가 그려지죠?

그다음에 丁이 움직이는 것을 봐보세요. 丁은 子丑에서 똑같이 위축된 형태에서 寅卯辰에서는 운기 자체가 위에 머무르지 못하고 위에서 머무르다가 상기의 그래프 같은 형태가 되죠. 申酉戌에 자기 그래프를 운기를 외부적으로 많이 남겨서 상기의 흐름이 됩니다.

陰陽관계에 의해서 굉장히 위축된 모양이 되는 것이죠. 寅卯辰에서 五行的인 세력만 있을 뿐이지 丁火자체의 활동력은 위축이 되는 것이죠. 이런 개입의 차이가 있을 때에 사업의 변화 양상이 온다고 하는 것이죠.

寅卯辰巳 여기까지가 대체로 丙火가 더 득세를 한 상승적인 모양으로 있죠? 그림의 Ⓐ구간 이때는 월급재산이나 안정성이 높은 사업이라는 것입니다. 그다음에 申酉戌에서 보면 丁火는 巳午未 申酉戌까지 자기 기운을 그대로 드러내서 남겨 놓은 상태로 해서 꺾여 들어가죠. 그림 Ⓑ의 시기는 월급이 아니라 주로 투기성 요소로 사업재산이 되겠죠.

그런 형태로 이중성을 가지면서 자기 직업적인 전변을 바꾸어 나간다고 하는 것이죠. 대부분 2개가 있다고 하는 것은 혼잡된 형태를 대부분 다 잘 씁니다. 혼잡이 되었다고 하는 자체는 굉장히 인생에 있어서 생각을 많이 가질 수밖에 없다고 하는 것입니다.

'財星 혼잡', '官星 혼잡' 이것은 참 피곤하거든요. 그다음에 '印星 혼잡'도 상당히 고달픔을 주는 것인데 財星 혼잡이나 官星혼잡에서 財官은 가장 극명한 짝이죠. 陰陽관계의 짝이죠.

내가 五行的으로 水라면 火와 土이니까 이 둘 사이에는 陰陽관계가 형성이 된다고 하는 것이죠. 그런데 이것도 陰陽관계로 짝이 되고 正財도 짝이 되고, 偏財도 짝이 되고 하니까 두 가지를 혼재해서 쓰면서 사업활동이나 재물 활동을 달리한다는 것입니다.

이것을 설명한 이유는 地藏干의 연결성을 생각해 보자고 하는 것이죠.

時	日	月	年	命
丁	癸			
		寅	午	

이럴 때 양상을 보자고 하는 것이죠. 이 경우에는 寅중의 丙火, 午중의 丙火, 드러난 丁火 이렇게 있죠. 이때의 사회적인 양상, 금전 활동의 양상 이런 것을 봤을 때 丁火같은 경우에는 대체로 대외적이고 공식적인 형태로의 명함으로써 하는 사업이 되고 그다음에 땅바닥에는 寅이 午를 무리지어서 기본적으로 六親的으로 傷官이 財를 무리를 지어서 제조나 생산 또는

기르는 행위에 가담된 형태 그런 것이 되는데, 午라고 하는 것이 이미 드러난 형태이기는 하지만 偏財라고 하는 특성을 기본적으로 가지고 있는데, 사실은 엄격하게 재산 형태라든지 금전활동 양상 이런 것도 다 분리가 됩니다.

午는 이 사람의 시장이 됩니다. 시장에서의 현금 유동성은 다분히 偏財중심이라고 하는 것이죠. 偏財중심으로 한다는 것은 대체로 무대확장, 넓은 공간을 쓰고자 한다는 것입니다.

상대적으로 午가 正財라고 한다면 이 午는 자기 물건을 내다 파는 공간이 대체로 고정적인 시장이라고 하는 것입니다. 壬일주라고 한다면 正財로서의 특성을 강하게 가지고 있는 것이니까 고정적인 시장이라고 하는 것이죠.

생산수단에서는 드러나 있는 대세가 寅 傷官이니까 傷官 그 자체가 무기가 되겠죠? 그런데 거기에서 창출되거나 또는 寅을 제조 공장으로 칩시다. 제조 공장은 내부입니다. 제조 공장 내부에 있는 금전 운용의 방식은 무엇이 중심입니까? 偏財입니까? 正財입니까? 正財라고 하는 것이죠.

자기가 생산하는 공간, 제조 생산의 공간은 어떤 식으로 운영을 한다는 것입니까? 대단히 안정성 위주 중심으로 운용하고, 시장 공략을 어떻게 합니까? 안정성이 아니고 굉장히 공격적이고 넓은 공간에 큰돈에 대한 부담을 안고서라도 의지적으로 대단한 확장을 통해서 일을 이루려고 한다고 하는 것이죠. 그다음에 그것이 아주 정밀하게 흘러가는 것을 보자고 하는 것이죠.

寅卯辰巳에서는 무엇이 대세입니까? 午火나 丁火가 대세가 아니고 寅중의 丙火가 대세죠. 그래서 시장 공략보다는 내부적으로 구조조정을 다 하여 안정적인 생산이나 공급을 할 수 있는 라인을 만들어 나아가는 과정이라고 하는 것입니다.

이것을 아주 정밀하게 볼 때 귀신이 곡할 만큼 잘 맞추는 방법입니다. 일일이 우리가 감명을 해줄 때 이런 설명을 해줄 시간이 없으니까 기본적으로 제조, 유통 즉 제조유통이죠. 제조도 하고 유통도 한다는 것이죠. 그것이 기술성을 가지거나 교육성을 가지거나 기르는 속성을 가진다고 하는 것입니다. 드러난 것만 가지고 언급을 하고 말지만 하나의 세운이나 유년을 해석해 나갈 때, 아주 정밀하게 분석을 할 때 寅에서 巳까지의 금전활동의 양상은 무엇이겠는가? 시장 공략보다는 내부적으로 안정적인 생산 공급이라고 하는 것입니다. 그다음에 그 두 가지가 동시에 충족이 될 때가 申이 들어올 때까지 정도가 되겠죠.

巳午未申 이 사이에는 생산과 유통 두 가지가 전부 아주 활발한 형태로 이루어지고 있는 양상이 되고, 申酉戌亥가 들어올 때는 대세는 오히려 午火나 丁火가 더 대세가 되니까 이때는 유통 중심이 더 대세가 되죠. 寅卯辰때는 생산 중심이 되는 것이죠.

亥子丑寅이 들어올 때까지는 亥子丑은 생산과 유통은 둘 다 위축이 된 형태일 수 밖에 없는 것이죠. 물론 五行的인 대세는 간단하게 亥子丑 水, 寅卯辰 木, 巳午未 火, 申酉戌 金이라고 하는 대세 자체는 차이가 없지만 정밀한 차이를 따질 때는 생산과 유통을 그대로 구별되어야 된다고 하는 것이죠.

申酉戌 글자 자체가 이미 寅木 傷官의 행위자체를 五行的으로 제어를 하고 있지만 寅중의 丙火가 12運星的으로 쇠퇴하고 있으므로 생산성이라든지 생산성에 따른 경제적, 금전적인 안정성이 크게 약화되므로 구조조정이 본격적으로 申운부터 시작된다고 이렇게 단정을 지어도 좋다고 하는 것이죠.

그런데 상대적으로 시장에서의 매출이라든지 시장에서의 현금유동성은 이 酉운 정도까지도 그림 22번처럼 충실하게 남아 있어 주더라고 하는 것이죠. 그래서 현장과 생산자와 시장이 이렇게 시간적인 차이가 그리고 현실적으로 차이가 날 수밖에 없더라고 하는 것입니다.

정밀하게 흐름을 분석을 해나갈 때 저런 것을 보면서 이 그래프를 눈 속에 그릴 수 있어야 되는 것이죠.

팔자를 보면서 申년이나 酉년에 물어보러 왔다고 합시다. 문점하러 왔을 때 "시장을 통한 현금화는 잘 된다." 설명을 할 수 있죠. 그냥 글자로 보면 申과 酉가 正印인고 偏印이니까 생산성을 저해하는 인자가 되는데 실제로 시장에서 물건은 잘 나가더라고 하는 것이죠.

사업의 형태가 다를 경우도 있습니다. 학원사업은 잘되는데 임대사업은 또 안되더라고 하는 것이죠. 사업의 양상이 어떤 사업은 잘되고 어떤 사업은 안되고 이런 식으로 구별되는 것도 바로 이런 正財나 偏財의 양상이라고 하는 것입니다.

時	日	月	年	命
丁	癸			
		寅	午	

이 寅木의 주기도 생각을 해보면 되겠죠. 생산성의 문제거든요. 寅木자체가 생산력. 즉 甲木의 주기를 그대로 첨가한다면 亥子丑에서 기술 개발이 된 것이죠.

甲木의 생산성은 이미 상기 그래프와 같이 되어 버린 것이죠. 巳午未부터는 벌써 우려먹기 시작을 했다. 申酉戌에 벌써 뭔가 신기술이 개발이 안 되었다고 하는 것이거든요. 이것이 생산성 그래프라고 하는 것이죠.

장사가 잘되고 물건 잘 나가고 이럴 때 신기술 개발을 안 했다고 하는 것이죠.

이것도 실제 기업에서도 뼈아픈 그것으로 생각을 하고 있는 것이죠. 그런데 묘하게도 동일한 운명적인 주인공이 있으면 이런 생산성적인 요소, 시장성 요소, 제조 전체의 경제적인 순환성 이런 것들이 다 시차가 날 수밖에 없다고 하는 것이죠. 이것을 잘 맞추지 못하면 말 그대로 죽는 것이죠.

거꾸로 亥子丑같이 돈이 안 될 때 기술은 개발이 되고 있는 것이죠. 기술은 엄청 좋은데 환자가 없는 것이죠. 환자만 오면 내가 엎어치기 해 버리겠는데, 기술은 엄청 올라가고 있는데 환자는 안 오는 것이에요.

시간적인 개입은 어차피 이렇게 날 수밖에 없다고 하는 것입니다. 그리고 똑같은 기술만 우려서 먹는데 계속 밀려오는 것이죠. 새로운 무기 개발도 없는데 계속 이렇게 밀려오는 것이죠. 결국 시차가 이렇게 날 수밖에 없다는 것입니다.

제일 주제는 오늘 말씀드리는 것처럼 地藏干내에 있는 인자라고 하는 것은 비록 조건이 외부적으로 많이 제한되지만 그 형태를 잘 지탱함으로써 드러나 있는 놈보다 훨씬 더 실속이 있는 형태로 갈 수도 있고 그것이 조건에 의해서, 즉 앞에서 설명한 골목칼국수가 반듯한 쇼윈도우 칼국수를 이기더라는 그런 막강한 힘을 가지고 있는 것이라는 것이죠. 일단 머릿속에 이렇게 이해를 해 두시면 됩니다.

운기적으로 변화라고 하는 것 그다음에 天干, 地支, 地藏干 이것이 어떻게 운에서 움직이겠다. 이렇게 생각을 하면 사람의 운명이 이것 아니면 이렇게 되고, 저것 아니면 저렇게 되고 그대로 다 설명을 못 할 것이 없습니다.

4. 分論

4. 分論

　分論도 앞 시간에 공부한 것과 다 연결이 됩니다. 부산의 잘 나가는 아저씨들이 저녁에 모여서 이야기를 하면서 나온 내용 중에 가장 감동적인 내용이 바로 '安分'이었다고 하면서 安分에 대해서 한 2시간 토론을 했습니다.

　分이라고 하는 것이 공간적으로 나누어진 것, 즉 공간적인 分이 있을 것이고, 시간적인 分이라고 하는 것에서 時, 分 할 때도 이 한자를 쓰지 않습니까?

　동양 학문이 재미있는 것이 시간적인 개념에도 그대로 문자를 쓰고 있어서 이 分이라고 하는 개념을 잘 생각을 해보자고 하는 것이죠.

　배분되는 것이 공간에 배분되는 것, 시간에 배분되는 것이 있는데 春夏秋冬이라든지 이런 문자도 결국은 시간이라고 하는 것이 이미 배분되어 있는 문자 표현이라고 하는 것이죠.

　동양적인 分은 시간적인 分을 충분히 전제해 두고 문자를 사용하고 있다고 하는 것이죠.

공간에 의한 分을 쪼개는 것을 지난 시간에 다루어 봤던 것처럼 透干, 地藏干, 地支 이렇게 기본적으로 글자들이 나열되어서 드러나있죠. 그래서 透干의 의미, 地藏干의 의미, 地支의 의미 여기에서 透干이 透干답게 놀고, 地藏干이 地藏干 답게 놀고, 地支가 地支 답게 노니까 여덟 글자가 무너지지 않고 조화를 지니는 서로 유기적인 관계로 연결이 되어 있더라고 하는 것이죠.

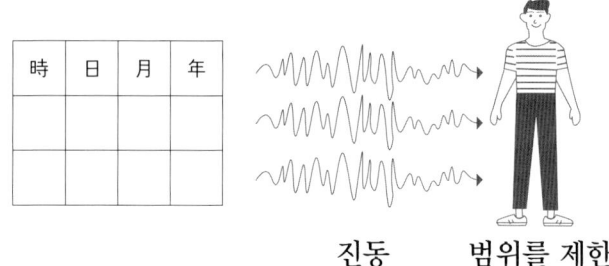

진동   범위를 제한

사람이 이런 干支의 영향을 받는다고 할 때 사주 干支의 모양을 하나의 진동이라고 생각을 하고, 진동이 이 사람에게 지속적으로 작용을 하고 있는데 어느 글자가 제한적으로 그 사람에게 범위를 제한한다고 하는 것입니다.

그런데 이 사람이 범위를 넘어섰을 때 이 透干이든 地藏干이든 地支든 그 글자에 복귀시키려고 하는 운동이 일어난다고 하는 것이죠.

分을 안다는 것도 어렵거니와 그 分에 맞는 행위를 한다는 것도 굉장히 어렵다고 하는 것이죠. 사람의 욕망에 의해서 제한된 범위를 넘어서려고 행위를 하지만, 이미 부여된 범위의 정도를 이미 干支의 진동에 의해서 제한하고 있다는 것입니다. 그런데 욕망이 제한된 범위를 넘어 버렸다고 하면 넘은 상태에서 타고난 分의 모양으로 복귀하려는 현실적인 상황이 드러난다고 하는 것이죠.

타고난 分의 높이를 알고 있다고 한다면 사주명리학에서는 대가의 안목을 얻기 시작을 했다고 하는 것이죠.

인터넷 싸이트 상에서 명리에 관련된 몇 가지 자료를 찾아보면 대가 논쟁이 엄청나게 많이 있습니다. 누가 大家냐, 하는 논쟁을 많이 보고, 이쪽 것을 저기에 가져다 놓고, 저쪽 것을 이쪽에 가져다 놓고 진검승부를 하자고 해서 "이 사람의 명조 특성은 무엇이겠는가?" 이런 식으로 주관식을 써놓으니까 사람들이 답을 안 쓰는 것이죠.

팔자를 써놓고 "이 사람의 직업은 무엇이냐? 현재 어떻게 진행이 되었겠으며 다가오는 흐름은 어떻겠느냐?"

이것을 가지고 전부 진검승부를 하자는 식으로 시비조로 글을 올려놓은 것이에요. 그래서 이런 것은 그냥 두면 안 되겠다고 생각을 한 것이죠. 大家라고 하는 것은 어떻게 해서 大家인지 하는 기준을 무엇으로 써놓았느냐 하면 그 사람에게 부여된 干支의 범위 속에 확률적으로 존재를 하는 폭을 이해하는 사람이고, 제한된 폭 속에 있기 때문에 절대로 실현되지 않는 영역과의 경계선을 느낄 수 있을 때 그 사람은 大家라고 하는 것이죠.

그래서 장담을 할 때는 '절대'라는 말을 할 수 있을 정도의 확신을 가지고 말을 할 수 있고, 그다음에 장담을 하지 않을 때는 '~이럴 수 있고' 라고 표현할 수 있는 것인데, 즉 범위 속에서 이루어지는 것은 전부 다 가능성으로 열어 놓을 수 있다고 하는 것이죠.

어차피 干支가 그 사람 운명의 현실은 아니라고 하는 것이죠. 그러면 진검승부를 할 만한 그런 좋은 팔자는 과연 몇 가지나 되느냐? 100개 중에 3개에서 7개 정도입니다. 그것도 格이 잘 갖추어질 수 있는 확률입니다.

이런 사람의 팔자는 물어보러 오지도 않지만 물어보면 말을 못하게 합니다. 그냥 내용을 적어서 그대로 봉투를 줘서 집에 돌려보냅니다.

"집에 가서 읽어보면 됩니다."

그런데 이런 사람은 물어 볼일도 별로 없거니와 팔자 내에서 제한될 수 있는 범주라고 하는 것이 꽂힌 듯 있는 것은 이렇게 몇 가지가 안 되는데도 대부분 다 100분의 93 정도가 되는 정태(正態)가 아니고 변태(變態)를 내어놓으면서 "이 사람은 직업은 무엇이냐? 맞춰봐라! 맞추면 내가 너를 스승으로 모실게!" 이런 분위기로 역학 논쟁을 하고 있다는 것이죠. 완전히 웃기는 이야기죠. 절대 맞추어 지지 않아야 된다는 것이죠.

결국은 分이라고 하는 것의 의미나 개념을 사주명리에 적용을 하지 않는다고 하는 것이죠. 공부하는 사람들은 어떻게 하면 쪽집게처럼 잘 맞추느냐? 이 사람의 직업이 무엇일 수 밖에 없는 필연성을 학문이나 이론으로 자꾸 설명을 하려고 하는 것이죠.

그렇게 공부를 접근을 하니까 칼잡이만 자꾸 되어간다고 하는 것입니다. 그렇게 하다가 괜찮은 이론을 조금 터득을 하면 자기가 가지고 있는 칼에 대해서 회의감을 가지기 시작을 하는 것이죠.

자기가 格局 用神 중심으로 공부를 한 사람은 이것을 가지고 웬만한 것은 다 베어지는데 안 베어지는 문제점을 현실 속에서 느끼고 있던 차에 새로운 이론을 가지고 오면 자기 칼에 대해서 회의를 막 느끼면서 칼을 바꿀 것이냐, 말 것이냐? 그것을 가지고 고민을 합니다.

그렇게 하다가 기존의 칼을 버리고 새로운 이론을 받아들입니다. 새로운 칼을 받아들여서 해보아도 그 칼을 쓴다고 다 맞는 것이 아니니까 회의를 느끼는 것입니다. 그렇게 하다가 초보를 만나면 자기가 현란한 칼잡이로서 개폼은 다 잡습니다.

이쪽이 전부 선생이 없이 가는 이유가 전부 칼잡이로서 자기가 명인이 되기를 원한다고 하는 것이죠. 칼잡이로서 명인이 되는 것이죠.

사실은 절대적으로 단언을 해서 100명 중에 93명은 반드시 확률적으로 드러난다는 것입니다. 그리고 확률적인 표현을 하는 사람이 정말로 명리를 이해를 했다고 하는 것이죠.

제산선생님 같은 경우에도 감정지 중에 패턴이 있지만 감정지에 이렇게 적어 놓았습니다. '이 사람이 교직을 전공하는 것은 40%, 경제학을 공부하는 것은 25%, 어학 문학 5%' 이렇게 적어 놓았습니다.

그러면 맞추기 논쟁에 들어가면 이것은 다 틀린 것이죠? 맞추기 논쟁에서 어차피 답은 하나라고 하는 것이죠. 이 사람이 교직이든 경제학이든 답은 이것 하나인데 왜 이렇게 확률적으로 표현을 할 수밖에 없느냐?

이것은 分 안에서 올 수있는 가능성만을 열어놨을 뿐이고 그리고 감정지에 적지 않은 내용은 절대 아니라고 하는 것을 전제하고 있는 것이죠. 감정지 안에 적지 않은 것은 절대 아니라고 하는 것이죠.

그러면 감정지에 적어 놓은 범위 안에 노는데 그 안에 적어 놓은 것에 선택적으로 가능하다고 하는 것입니다. 이것이 사실은 정답 답안지입니다. 대부분 사람들의 팔자에 있어서는 그렇다는 것입니다.

정말로 전공을 1~2개 적는 사람은 정말로 그 안에 꽂혀서 살고 있습니다. 그런 사람은 100분의 7입니다. 그렇게 말끔한 팔자는 아주 드물게 온다고 하는 것이죠.

分이라고 하는 것은 大家의 안목을 얻기 위하여 그 干支에 의해서 부여될 수 있는 직업, 특성 이런 것들을 이미 分論에 의해서 파악을 하고 있다는 것입니다. 이것에 의해서 파악을 하고 있으면 떠들어 보라 이것이죠. 자기의 꿈을 이야기하는 것이 다 干支 속에서 놀고 있습니다.

"선생님 이것 하면 되겠습니까? 저것 하면 되겠습니까?"

"다 된다."

"선생님, 장난치지 말고요."

자기는 심각하다는 것이죠. 자기는 심각하게 묻는 것인데 팔자의 干支에서 부여된 것에서 심각하게 묻는 것인데 결국은 다 될 수 있다고 대답하는 것이죠. 그러면 답안지가 왜 이렇게 포괄적이고 흐리멍텅하냐 이거죠. 자기가 원하는 것은 면도날을 원했다고 하는 것이죠.

"당신은 이것 밖에 할 것이 없다."

이런 답을 원하는 사람에게는 어떤 감동도 줄 수 없다고 하는 것이죠. 이 사람은 아무리 많이 물으러 다녀도 자기한테 맞는 답을 얻어 갈 수 없습니다. 팔자 안에서 간섭하는 것에 의해서 이 도사님은 2번 답을 구하는 사람도 있을 것이고, 어떤 사람은 3번 답을 더 부각시킬 수 있는 사람도 있을 것이죠.

시간적인 分에 의한 요소도 있지만 운에 의해서 제한되는 것도 있다고 하는 것이죠.

"이 시기는 당신은 절대로 제조업을 할 수 없다. 당신은 분명히 食神 傷官을 써서 가수이지만 이 시기는 절대로 가수로서 히트를 칠 수 없다."

즉 시간적인 分이라고 하는 것 속에서 제한되는 직업이 있다고 하는 것이죠. 그래서 이 논의를 더 강조하는 사람들은 運

에 의한 지배력에 의해서 또 하나 더 감정지에 내용을 달아놓죠. 아니면 강하게 영향을 주는 인자를 조금 더 강하게 부각하게 되는 것이죠.

그러니까 물으러 다니는 사람이 "분명히 내가 이것도 조금 공부하고, 저것도 공부하고 했는데 답은 없구나!" 하는데 '답이 없다.'가 정답이거든요.

수학에서도 부정방정식이 있죠. 답이 'x + y = 3' 이것이 부정방정식이죠. x가 1이면 y가 2이고, x가 2면 y가 1이고,,, 이런 식으로 무수한 개수의 답안지가 있는데 이 사이에는 조건이 부여가 되어 있죠. x가 무엇일 때는 y에는 반드시 무엇이 와야 된다는 것이죠.

分이라고 하는 것이 결국은 조건사주학 이라고 명칭을 붙일 수 있는 것이 '이것을 선택함으로 상대적으로 저것을 희생시켜야 되고, 이것의 영향에 의해 저것을 껴안을 수밖에 없다.' 하는 것이죠.

그런 식으로 조건이 부여되는 것이죠. 分하고 조건이라고 하는 말하고 그런 면에서 서로 상통이 되는 것이죠. 만약에 이런 흐름의 운에 이런 사업을 한다면 패할 것이요. 저런 사업을 한다면 성할 것이라는 것이죠.

그러니까 같은 운에 이 사업은 망하고, 저 사업은 흥한다고 말을 할 수 있느냐 하는 것이죠.

사주명리학을 생각하는 사람들은 格局 用神에 의해서 喜神이 있고 忌神이 있는데 왜 이게 안되느냐 이것이에요. 그리고 다 운이 좋은데 이것은 안 된다고 하느냐?

　만사형통은 전부 거짓말이라고 하는 겁니다. 만사형통은 원래 五行의 이치상 있을 수 없는 것입니다. 가을에 봄바람 분다는 것과 똑같은 것 아닙니까? 가을에 어떻게 봄바람이 부느냐 하는 것이죠. 가을에 가을바람이 부는 것인데 가을바람이 선선하니 놀기 좋다. 그런데도 봄바람은 동시에 불지 않는다고 하는 것이죠.

　이렇게 공간적인 分에 의해서, 시간적인 分에 의해서 제한되는 요소를 생각하지 않고 감정에 임하면 판판히 깨어진다고 하는 것이죠. 사실은 分이라고 하는 요소를 충분히 염두에 둔다면 도사님이 가르쳐주어야 되는 것이 아니고 들어 주어야 됩니다.

　"뭐하고 싶은데?"

　그렇게 해서 干支요소에 부합되는 요소나 또는 운의 흐름에 있는가? 듣고 "된다, 안된다.!" 하는 것이죠. 그런데 거꾸로 "맞춰봐라!" 하는 것이죠. 맞추려면 방법은 있죠.

　그 사람의 감정적 상태를 관찰하거나 또는 그 사람의 욕망의 타깃에 맞추면 됩니다. 그 사람이 무엇을 꿈을 꾸느냐? 욕망의 대상을 관찰하면 바로 감동을 줄 수 있습니다. 결국 그 사람이 얻어가는 것은 없다는 것이죠. 가장 구체적인 해법은 없다는 것이죠. 그러나 열심히 가르쳐 주잖아요. 이 논리에 의해서 "당신이 만약 유통업을 한다면 이런저런 품목으로서 유통업이 제한이 된다. 당신이 만약에 제조업을 한다면 이런저런 품목으로서 업태가 제한이 된다." 설명을 해주는데 그런데 듣는 사람은 "그래서 어떻단 말이요?" 그러면서 마지막에는 문닫고 나가면서 "좋다 하더라!" 하고 저질러 버리는 것이죠.

결국은 정밀한 分에 의한 조건을 가져가기보다는 '좋다, 나쁘다.'라고 하는 감정적인 기억으로서 가지고 간다고 하는 것이죠.

우리가 상대방의 운명을 분석해 줄 때 기록을 안 해주면 아무렇게나 말을 해도 되요.

끄덕끄덕 하면서 듣고 있다가 "언제부터 힘이 들었느냐" 하고 물어서 "이 때 부터 힘이 들었다." 그러면 그때가 자기 干支에 안 좋았던 글자들의 작용이 이루어졌다고 봐야 되죠?

그러면 간단하게 木火土金水 五行중에서 "이 사람이 木운동을 할 때 안 좋구나!" 한다면 火운동 때 木운동의 요소가 많이 약화가 되죠. 그러면 "조금 나아질 것이고, 土金운동이 오면서 좋아질 것이다."

그러면 干支 볼 필요가 없는 것이죠. 감각적인 운동성 자체만 가지고도 그냥 그대로 감정을 해줄 수있는 것이죠. 그렇게 해서 아무렇게나 말을 해주어도 "그래 맞다. 조금만 참고 기다리면 된다."고 하는 것이죠.

자기가 가져가는 것은 참자라고 하는 것입니다. '참자!'만 가지고는 실질적으로 그 사람에게 도움을 주지 못한다고 하는 것이죠. '참자!'만을 가지고 간 사람은 또 옵니다. 그때는 뭐라고 말을 했는지 기억을 하나도 못한다니까요. 그 사람이 가지고 있는 것은 그냥 기다리고 있으면 된다고 하더라는 감정만을 기억해서 가져가는 것이죠.

 가져가는 것은 감정만을 가져갈 뿐이니까 대부분의 역학을 하는 사람들은 뻥을 치든 무엇을 하든 계속 오게 되어 있는 것입니다. 그렇게 안되기 위해서 우리가 기록을 해주어야 되는 것이고 分에 의한 그 사람의 직업적인 특성, 인간관계, 운에 의한 제한적인 分을 기록해 줄 필요가 있다고 하는 것입니다.

 기본적으로 分에 의해서 透干, 地藏干, 地支인데 透干의 分은 무엇이냐 하면 기본적으로 누누이 地藏干 공부를 할 때 했지만 名에 속하는 일이나 비즈니스에 가담하고 있느냐? 하는 것이죠.

 運에 의해서 分의 영향을 받는 것은 地支 대세인데 地支대세가 12運星的으로 地支 대세를 얻고 있느냐 하는 것이 名에 존재할 것이냐? 名에서 實까지 이루어질 것이냐? 물론 팔자내에서도 地支 대세를 보겠죠? 운에 의한 地支 대세, 명조내의 地支 대세.

命

時	日	月	年
	己	甲	
		寅	

 甲寅이라고 하는 인자가 이렇게 官星으로서 놓여 있다고 하

면 이 경우에는 가장 이상적으로 名과 實이 골고루 갖추어져 있는 官星의 모양을 덥어쓰고 있는 것이죠. 이 팔자는 이 格을 파하지 않는 한 무조건 좋다입니다.

상기 팔자는 몇 년전에 강의하면서 쓴 샘플인데 YS대통령 시절에 물었을 때 "甲申년까지 갈 물이 없다."고 했습니다. 물론 대운도 흐름이 좋지만 乙卯, 丙辰, 丁巳... 대운으로 흘러서 庚申대운이 언제 들어오느냐 하면 앞으로도 한 3~4년이 남았습니다. 월에 甲寅 官星이 있으니까 비서실장 즉 비서로서 官이 이루어지는 것이죠.

이런 팔자는 물을 일도 별로 없다는 것이죠. 일진 나쁜 날은 언제? 조금 혼란스럽다고 하는 것은 巳가 와서 寅의 작용을 분탈 또는 刑奪 즉 刑에 의해서 地支의 작용을 흐리게 만들죠.

그다음에 申에 의해서 크게 충동질 하거나 순간적으로 위축, 다시 재생성을 이루는 이 歲運외에는 계속 갈 물이 없다고 하는 것이죠.

즉 天干에 드러난 것이 이 劫財라도 좋습니다. 아니라도 좋고 무엇이든지 天干的인 것이 자기 자신의 기운이 地支에 대세를 얻고 있다고 하는 것은 여기에 도둑이 와 있어도 똑똑한 도둑하고 살면 반드시 그 사람은 사회적으로 유능한 사람이 됩니다. 거기에 財官을 쓰고 있으면 더욱 바람직한 구조가 되겠죠?

 透干

時	日	月	年	命
	己	甲		
		申		

透干된 것은 地支에 세력이 없어도 名으로 그대로 쓴다고 하는 것이죠. 그런데 그 名은 어디에 가 있는 名입니까? 실질적인 名이냐? 아니면 명분적인 名이냐? 이거죠. 명분적인 名이라서 권력조직 즉 권(權)의 조직에는 들지 못하더라도, 즉 다시 말해서 옛날 같으면 士林의 명분을 지키는 행위는 충분히 할 수는 있더라고 하는 것이죠.

天干에 있는 놈이 地支 대세를 얻느냐, 地支 대세를 얻지 못하느냐에 따라서 명분, 權, 士林 이런 식으로 명분적으로 존재하는 공간에 있을 수 있느냐? 아니면 실력, 권세로 실제로 움직이느냐? 차이가 주어진다고 하는 것입니다.

時	日	月	年	命
	己	甲		
		申		

그다음, 운에 의한 分은 사실은 傷官이 甲木을 기운적으로

움직이지 못하게 제한하고 있죠. 이 사람이 어떤 운을 만나면? 예를 들어서 亥라고 하는 운을 만나서 甲木이 長生을 할 수 있고 五行的으로 申金의 작용이 크게 약화될 때, 이럴 때 이 사람은 어디에만 있다가? 名에만 있다가 實로 나아가는 형태로 간다는 것이죠.

子도 마찬가지겠죠. 적어도 甲木이 五行的으로 申金에 의해서 크게 훼손되지 않도록 子水의 작용이 결국은 三合에 의해서 활발하게 申金의 작용을 걷어내겠죠. 그럼으로써 亥水때만큼의 長生은 아니라도 그래도 실력을 이루어가는 형태의 작용이 된다고 하는 것이죠.

時	日	月	年	命
	己	甲		
		寅		

이렇게 地支대세, 12運星에 의한 대세에 의해서 변화가 오는데, 아무리 이 사람이 地支에 五行대세를 갖춘 좋은 모양을 가진 格을 가지고 있다고 하더라도 이 사람이 甲申년이 된다면 甲木이라고 하는 名의 요소는 사라지고 名의 요소는 반드시 絶地 즉 甲木이 申金에 絶地가 되죠.

그다음에 寅은 현실적인 면에서 현실적인 명예를 지탱해주는 여러 가지 근거, 인간관계, 경제적인 실력으로서의 이권, 결제권 이런 것들이 도전을 받는 상황을 만나면서 名은 추락을 하고, 實은 조정을 거치겠죠. 實은 조정을 거치면서 甲申운의 시기에 여러가지 혼란의 요소가 발생을 한다고 하는 것이죠. 그래서 운에 의한 分이죠. 운에 의한 分은 조금 더 다루어 보기로 하고요. 하여튼 透干은 名에 관한 중심이면 된다고 하는 것이죠.

◈ 地藏干

地藏干 요소는 透干보다 약간 등급을 떨어트려 보면 됩니다.

①

時	日	月	年
	甲	辛	
		酉	

命

②

時	日	月	年
	甲		
		寅	戌

命

예를 들어서 甲木에 辛酉월 이런 식으로 干如支同이라든지 地支에서 天干으로 드러난 것, 天干에서 地支에 祿을 세운 것, 이렇게 반듯한 모양인 것과 甲木이 戌土를 가지고 있어서 戌土에 있는 辛金이 있는데 앞으로 辛金이라고 하지 말고 地藏干 공부를 더 한다면 戌중의 酉金으로 그대로 처리를 하세요. 이렇게 이해를 하셔도 좋다고 하는 것이죠.

물론 天干的으로 드러나면 辛金인데 戌에는 酉의 기운이 그대로 넘어와서 金과 거의 같은 형태로서 세력을 이루고 있다고 하는 것이거든요.

①번 명조 정도로 세력을 갖추고 있다고 본다면 이 정도면 어느 정도 벼슬로 보면 되느냐면 국회의장, 적어도 일국의 장관으로 보면 됩니다. 물론 辛酉가 다른 글자에 의해서 훼손이 안 되었을 때의 이야기입니다. 너무나 破格이 많기 때문에 훼손이 안 되었을 때는 일국의 장관을 논해도 좋다고 하는 것이죠.

②번 명조 같으면 天官 즉 이해를 돕기 위해서 이런 문자를 씁니다. 地官 그리고 藏官 즉 하늘에 붙은 官이냐? 즉 하늘에 붙은 官은 辛金이 투출된 官이죠. 地官은 땅바닥에 酉가 있는가 하는 것이죠. 酉가 있다면 이것을 地官으로 봐주고 그렇죠? 藏官은 숨어있는 官이죠.

藏官의 모양이 戌중의 辛金도 있을 것이고, 丑중에도 있죠. 그다음에 酉자체에도 드러나 있고, 天干에 드러난 辛金도 있는데 여기에서 이 차이를 잘 생각을 해보세요.

②
命

時	日	月	年
	甲		
	寅	戌	

이 모양은 어느 정도 되느냐 하면 地藏干 속에 있는 것이죠.

이 戌에 있는 것은 地藏干 속에 있다고 하더라도 이 酉金과 비등할 만한 세력을 가지고 있는 것입니다. 비등한데 色濁하였다는 것입니다. 또는 名濁하였다고 하는 것이죠. 이름이 조금 흐리다 이것이죠.

①

時	日	月	年	命
	甲	辛		
		酉		

예를 들어서 이 팔자가 국립대학교 총장이다. 이 정도의 破格이 없다고 하면 이 사람은 반드시 서울대 총장이라고 하는 것입니다.

우리가 학교 사회를 비교를 해 봅시다. ②번 명조는 땅으로 일단 내려왔으니까 地方이라는 겁니다. 天干에 있다고 하는 것은 다 쳐다볼 수 있는 곳, 시선이 집중되어 있어서 남들에게 노출되어 있는 공간으로 보셔도 된다는 것입니다.

땅에 있다고 하는 것은 地方이라고 하는 것입니다. '方'이라고 하는 것도 모서리로 튕겨져 나가는 것이죠. 地方인데 戌중 酉金은 상당한 대세를 가지고 있음으로 正官을 국립이라고 한다면 地方국립이라고 하는 것이죠. 지방의 국립에 임용이 된다고 하는 것이죠.

戌중의 辛金은 지방이라도 아주 촌동네는 아니고 중간 정도 되는 도시가 되는 것이고, 丑중의 辛金은 국립은 국립인데 더 촌동네로 내려가서 國立이라는 것입니다. 이것이 똑같은 地方으로 내려와서 놓여있는 모양이 戌과 丑이 다르다고 하는 것이죠. 地藏干에 있다고 하는 것은 결국은 땅으로 내려와서 결국은 반은 名으로 쓰고 반은 實로 쓴다는 것입니다.

만약에 이 사람이 중앙에 있는 국립대학에 원서를 자꾸 넣는다면 세운에 상관없이 안 된다고 봐야 되는 것이죠. 아무리 辛酉운이 와서 正官 官星이 기립을 하였다고 하더라도 이 사람은 중앙의 국립대학에 자리를 잡기가 어렵다고 하는 것입니다. 그래서 고쳐야 될 것은 촌동네 지방의 국립대학이라고 하더라도 동시에 원서를 넣으라고 하는 것입니다.

보통 우리가 원서를 넣으면서 辛酉 官이 와서 된다 이것이죠. 分論에 의해서 우리가 코치를 하지 않으면 그렇게 해석을 하게 된다고 하는 것이죠.

교직에서 임용 시험을 치려고 한다면 이럴 때도 "경기도로 가라, 서울은 치지 마라!" 하는 것이 官星이 투출되어 있으면서 교직을 쓰는 모양인데 이것이 위로 떠 있느냐? 땅쪽으로 내려와 있느냐? 아니면 地藏干속에 숨어 있느냐? 하는 것입니다. 그런 모양에 의해서 등급을 쪼개어서 세운의 흐름에 상관없이 이미 팔자에 부여되어 있는 干支속에 제한을 해야 된다고 하는 것이죠.

그다음에 이런 경우도 있습니다. 세운이 부족한 경우가 있습니다. ①번 명조 같은 경우에 지방 국립공원에 그대로 자리를 잡았다. 그러면 이 글자를 조금만 상승시켜주는 글자가 오면 다시 중앙으로 진출이 됩니다. 이것이 타고난 팔자에 의해서 부여된 分이라고 하는 겁니다.

地藏干에도 없는데 '喜'자로 반가워서 쓰는 경우가 있습니다. 喜忌중심으로 쓸 때에, 예를 들어서 이런 팔자 모양의 地支를 쓰고 있어서 亥卯未, 寅亥 이런 식으로 比劫이 득세를 해 있어서 일반적인 사회에 속할 수 없고, 교육관련 분야의 조직사회에 속하려고 한다면, 즉 食傷을 반겨 쓰려고 하겠죠.

이 경우에 이런 干支 모양은 木이 旺하여 食傷을 반겨서 쓰니까 그런 자리를 구할 수 있는데 투출된 것이 없죠? 투출된 것이 없을 때는 바로 外로 씁니다. 內國이 안되므로 外國에서 쓴다는 것이죠. 이렇게 보면 됩니다. 地藏干에서 조차 없으면서 그것을 반갑기 때문에 쓰려고 할 때 內가 아니라 外國 이렇게 생각을 하면 됩니다.

時	日	月	年	命
甲	甲			
子	寅	卯	亥	

 그래서 만약에 이런 명조가 다학위를 취득했는데, 어차피 사업을 할 사람도 아니고 조직사회에 들어가고 싶은데 교직사회나 연구직이나 그런 쪽에서 활동을 하고 싶다고 했을 때 "당신은 국내에 답이 없다." 그러니 국외로 가라고 하는 것이죠.
 한시적으로 官星이 기립되는 운을 만났다고 했을 때, 印綬가 있으면 정식으로 들어가더라도 이 운이 끝나자마자 명예스럽지 못한 일이 발생을 하든지 외부적으로 경쟁자에 의해서 결국은 자리를 잃게 된다고 하는 것이죠. 이것은 운에 의한 것입니다.

 근본적으로 타고난 팔자에 갈 수 있는 分을 먼저 정해주자고 하는 것입니다. 그래서 地藏干에 있다고 하는 것은 무엇의 작용? 名濁 즉 名은 濁하고 실력은 된다고 하는 것이죠.
 실력의 범주가 강한 것도 있고, 약한 것도 있다는 것입니다. 강약의 차이가 난다는 것입니다. 그다음에 물론 밖으로 드러난 것이 없다는 것을 전제로 해두고 '地藏干 여기에서도 없으면 밖에서 구한다.' 이렇게 머릿속에 정리를 해두면 될 것입니다.

地支에 있다고 하는 것은 적어도 뭐가 있다는 것입니까? 實이 있다고 하는 요소로서 기본적으로 보시면 되고, 實이 있다고 하는 것은 주로 명분보다는 실리(實利)중심으로 결국 움직여진다고 하는 것을 보시면 됩니다. 地支에 의한 것은 무엇을 위한 조건이라고 한다면, 각종 神殺에 의한 제한을 받는다고 하는 것이죠. 神殺에 의한 제한.

時	日	月	年	命
	甲	辛		
		酉	卯	

예를 들어서 甲 일주로 시작을 했으니까 한 번 봅시다. 이렇게 官星을 기립해놓고 이렇게 卯酉 相冲을 해 났다고 했을 때 이 사람의 조직사회의 특성에서 기본적인 형태는 크다는 것입니다. 남들도 안다는 것인데 다른 사람이 인지할 만큼의 규모가 있거나 명분적인 가치가 있는 조직사회에 자기가 속해 있는데 그 조직의 성향은 卯酉가 서로 양립을 용납하지 못하는 모양으로 즉 卯酉를 冲으로 해석을 해서 冲이 가지는 일반적인 의미가 되는 제조가 되고, 그다음에 驛馬로서 그대로 쓰죠. 驛馬로 쓴다는 것은 항공, 조선, 통신, 외교, 무역,,, 등에 관련된 조직사회에 갈 때 이 사람은 이 官을 그대로 쓴다고 하는 것입니다. 神殺에 의한 제한이라는 것입니다. 그리고 시간적인 分으로 넘어왔을 때에도 官星을 어떻게 간섭하느냐에 따라

서 제한을 하는 것이죠.

時	日	月	年	命
	甲			
		酉	卯	

이것은 天干의 辛 官이 투출이 안 된 것이죠. 투출이 된 것을 설명하다가 地支에만 있고 투출이 안 된 형태로 넘어왔습니다. 地支에만 있는 것은 영양가는 있는데 남들이 아는 대기업은 아니다. 그러면 中이 아니면 小인데 中小규모이지만 경제적인 대가나 보상은 충실하게 주어지는 조직사회이고 그 조직사회의 성격은 冲이라고 하는 일반적인 특성에 의해서 제조, 驛馬의 특성을 가진 집단이라고 하는 것이죠.

만약에 이 사람이 그렇게 움직이는 것이 싫어서 다른 것을 구한다면 그 사람이 구하고 있는 것이 分에 맞지 않다고 하면 즉 직장을 버리고 이제는 돌아다니는 것은 못하겠다는 것이죠. 그래서 한자리에 앉아서 일하는 직장을 구했다고 하면 세운의 흐름을 묻지 않고도 안 된다고 말을 할 수 있는 것이죠.

물론 卯酉 冲을 解救할 때 한시적으로 내근직을 합니다. 金木이 五行的으로 서로 冲을 이루고 있는데 여기에 여기에 亥水가 들어왔다. 亥水가 들어왔을 때에는 亥水가 五行的으로 酉金의 기운을 약화시키고, 그다음에 卯를 酉의 冲으로 부터 보호하는 작용을 하죠. 그래서 이 亥水작용 시기에만 한시적으로 많이 안 움직이는 곳 인연이 가능한데 예를 들어서 창고 앞에서 관리하는 곳 즉 물건은 들락날락하는데 자기는 창고지기의 모양으로 앉아 있는 것이죠.

그 조직 자체는 무역에 관련된 조직인데 자기 비즈니스는 가만히 앉아서 偏印의 작용이죠. 卯酉 冲을 解救할 때 한시적으로 亥水를 움직였다가 亥水가 끝나자마자 다시 왔다 갔다 하는 것입니다. 그래서 무엇이 부여된다고요? 神殺에 의한 제한이라는 것이죠.

 刑

神殺에 의한 제한에서 刑은 官星이나 財星이 刑에 이르렀다고 하는 것은 수술, 기술적인 가미, 의약… 등으로서 외부적인 희생 요소를 만들어서 결국은 용도를 충족시킨다고 하는 것이죠. 용도를 충족시키는 조직사회에 자기가 가담을 한다는 것이죠.

 冲

冲은 그 자체로서 驛馬로도 쓰고 양보하지 않는 기운끼리 서로 관여한다는 것이 되어서 제조입니다. 규모가 큰 제조라고 하는 것은 서로의 것을 물성을 크게 바꾼다는 말이거든요.

冲을 일으킨다고 하는 것은 물성을 바꾸는 행위가 됩니다.

예를 들어서 불기운하고 金 기운하고 불기운을 확 밀고 들어 가면 金으로서의 단단함을 지탱하지 못하고 속성을 잃어버리 죠. 물성을 바꾸는 제조라고 하는 것이죠.

驛馬라고 하는 특성이 발령따라 움직이는 공직에서부터 항공, 조선, 무역, 건설, 외교, 통신… 이런 식으로 움직이는 것을 특성으로 삼는다고 하는 것이죠.

◈ 12神殺

그다음에 조금 더 섬세하게 들어가면 12神殺에 대해서 아시죠? 年支에서 보았을 때 劫殺이라고 합시다.

時	日	月	年	命
	甲			
		申	亥	

예를 들어서 이런 명조가 있다. 이랬을 때는 이 申과 亥 이 두글자 사이에는 神殺的으로 破가 발생을 하죠.

돼지 亥 자에서 申을 보니까 12神殺로 劫殺이 된다는 것입니다. 劫殺이 있다고 하는 것은 강압의 행위를 통해서 시끄러운 소리가 나거나 강압적인 일이 이루어지는 곳이니까 강압적인 일이 이루어진다고 하는 것은 법무, 세무, 의료, 그다음에 구조물을 크게 훼손을 하면서 강압하면서 하는 프레스 등 구조물을 크게 바꾸는 것이 있죠?

그런 곳에서 대체로 '소음 동반'입니다. 강압의 행위가 이루어지고 있으니까 소음을 동반하는 것이죠. 그러니까 병원에 가면 소음이 동반이 되죠. 특히 응급실에 가면 계속 소음이 동반이 되죠. 그러한 소리가 들릴 수 있는 조직사회에 자기는 인연하여 산다는 것이죠.

바꾼다고 바꿔 보아야 巳년 정도가 되면 巳申이 合을 이루기도 하고 破를 이루기도 하면서 물성을 변형을 시키죠. 그래도 관련된 직장을 가고 午年에 이르니까 午하고 申하고 寅午戌 申子辰 작용에 의해서 申을 午가 용납하지 않는 것이죠. 한시적으로 이런 조직사회의 성격을 버리고 이직 또는 휴직 상태에 들어가게 된다고 하는 것이죠. 六親的으로 보면 甲木이 午에 傷官이죠.

命

時	日	月	年
	甲		
		酉	亥

네박자 이론에서 더 중점적으로 다루어야 될 내용이지만 午가 올 경우에 酉를 쓰는 것은 다르다는 것입니다. 이 경우에는 午를 傷官작용이 활발하다고 보면 안되는 것이죠. 물론 酉金을 위축을 시키죠. 잡음도 나게 되죠.

그러나 傷官작용이 申을 쓸 때와 酉를 쓸 때는 작용력이 확실히 다르다고 하는 것이죠. 申 이때는 이직이라든지 휴직이라든지 조직사회 갈등이 극대화되는 것이지만 酉金은 그렇지 않다고 하는 것이죠.

時	日	月	年	**命**
	甲			
		申	亥	

巳가 오든, 酉가 오든 결국은 나는 申을 쓰는 사람이라고 하는 것이죠. 申을 官으로 쓰는 사람이므로 실컷 하기 싫어가지고 제약회사 버리고 결국은 다른 곳으로 가는 것을 보니까 또 시끄러운 소리가 나는 동네에 가서 직업을 삼더라고 하는 것이죠. 이런 식으로 12神殺에 의한 특성요소가 부여되어 있는 제한을 계속 받더라고 하는 것이죠.

사실은 이것을 맞추려고 하면 골머리가 아프거든요. 맞추려고 하면 "세무, 의료, 법무나… 관련된 조직사회에 이러쿵저러쿵…" 하면 그 안에 내용이 맞아요. 그런데 손님이 바로 말하면 이 작용이 바로 검증이 되고, 그다음에 "물을 것은?" 하고 손님이 대답을 하면 그러면 "바꿔 봐야 이쪽이다." 하는 것이죠.

時	日	月	年	命
	甲			
酉		申	亥	

　만약에 이 사람이 官星이 혼잡이 되어 있어서 일찍 인연하는 조직의 성격과 늦게 인연하는 조직사회의 성격이 다르다고 합시다. 이 사람은 있기가 싫어서 이직하려고 하는 상담을 한다면 반드시 가능하다고 이야기를 해주어야 되는 것이죠.

時	日	月	年	命
	甲			
		申	亥	

　그런데 혼잡되지 않은 사람이 그것을 물으면 듣는 척만 하는 것입니다. "그렇습니까? 힘들죠?" 이야기하면서 올해 넘기고 나면 괜찮을 것입니다. 그것으로 끝입니다. 더 이상 상담할 내용이 없습니다.

　그런데 이 사람의 감정은 무엇에 충실합니까? 午에 충실하니까 같이 맞장구를 쳐주려면 "맞다, 맞다. 당신이 속해 있는 사회는 문제가 많은 사회다. 윗사람이 그러면 되겠나?" 한다는 것이죠.

　午년에 문의하러 왔으니까 맞장구를 친다면 午 傷官에 맞장구를 쳐주어야 되겠죠?

그러나 답은 어디에 있다고 하는 것입니까? 여기(申)에 있다. 그래서 分에 의해서 그 사람의 직업의 특성, 명예성취의 정도 이런 것들을 어느 정도 分을 쪼개어 놓아야 된다고 하는 것입니다. 대체로 官을 중심으로 본다면 透干은 地支대세가 있든 없든 대체로 公共的인 官으로 보면 되겠죠. 그래서 이것은 지극히 명분적인 官도 될 수 있습니다. 그래서 돈도 안되는 선도위원회 이런 것부터 해서 무슨 자문위원 이런 것이 전부 公의 요소가 되고 地藏干이 영양가가 있는 것입니다.

透干 되지도 않고 地支에도 없다면 보통 관리자 최고 정도로 보세요. 물론 기업조직마다 다르지만 큰 기업조직사회에서는 부장에서 금융조직 같으면 점장, 지점장 정도를 감투의 한계 정도로 보고 세운의 간섭이 좋아서 명예의 상승 인자가 있을 때 그럴 때는 임원을 성취하지만 한시적으로 이룩하고 떠나게 된다는 것입니다.

임원되고 얼마 못있고 나오게 되는 것은 地藏干의 제한된 分속에 있었는데 그것을 세운적으로 언제 써먹었다고?

예를 들어서 戌중에 있는 辛金을 써먹던 사람이 辛金을 만났다 이거죠. 그러면 길면 3~4년 정도는 투출된 것으로서 써먹으면서 이사 감투까지 가지더라고 하는 것이죠. 이사 감투까지 가졌다가 결국은 辛金운이 끝남과 동시에 조직사회를 떠나게 되거나 아니면 작은 조직사회에 이사, 지분 사장, 대리 사장 이런 형태로 결국은 내려가더라고 하는 것이죠.

그 정도의 선을 두시고 그다음에 국가공직으로 친다면 대체로 4급정도가 한계가 됩니다.

  그다음에 天干에 있는 것은 워낙 많아요. 天干에 있는 것은 워낙 官星이 많습니다. 남들이 어찌 되었든 알아주는 감투, 정화위원회 위원장부터 해서 오만가지 감투 이런 것을 전부 다 포함이 되는데 거기에 地支대세에 實이 올라오면 실질적인 국가 조직사회라든지 경제적인 보상이 따르는 감투가 되고 地支대세가 없으면 말 그대로 공익적이고 公共성격의 감투에 불과하다는 것이죠.

  그다음에 天干에 어느 정도 대세가 있으면서 地支的으로 보조를 해주면 3급 이상이 되고 官印이 어느 정도 갖추어진 사람은 고시에 의해서 주로 벼슬이 출발이 되는 것이죠.

  地支에 있는 것은 官星을 중심으로 했을 때 주로 실력행사의 官입니다. 실력행사의 官인데 이 감투도 대체로 3급~4급을 최대의 한계로 삼습니다. 地支에 있으면 군조직으로 치면 장성(원스타) 정도까지는 됩니다. 그런데 제가 경험적으로 봤을 때는 투스타 이상이 되고 그다음에 사주 格 자체가 官星으로 쓰지 않더라도 無官帝旺格이라든지 格으로서 운의 흐름이 좋을 때 그럴 때 삼성장군, 사성장군까지 가는 경우가 있고, 官이 없어도 格이 갖추어진 경우에는 어디로 무조건 보느냐 하면 이렇습니다. 官星의 分을 쪼개어보는 것에서 格이 갖추어지면 無官이라고 하더라도 天干과 地支에 대세가 있는 것으로 그렇게 보면 됩니다. 格이 갖추어져 있다고 하는 것은 그만큼 좋은 것입니다.

옛날 팔자 보는 법에는 출세하는 길이 무조건 벼슬길 밖에 없으니까 無官의 格도 格만 갖추어지면 무조건 정승까지 벼슬을 이루었다고 나오거든요. 이런 사람은 요즘에 그렇게 많지는 않지만 그 예를 간간이 볼 수가 있습니다.

그다음에 일반적으로 官의 등급을 쪼개는 방법은 透干에 있느냐, 地藏干에 있느냐, 地支에 있느냐 따라서 다른 것이죠. 地支에 있는 글자는 아무튼 돈이 되는 자리에만 많이 다닙니다. 발령을 받아도 돈이 되는 자리에 인연을 많이 합니다. 地藏干도 눈에 안 뜨이면서 영양가 있는 자리가 되는 것이죠. 天干은 여기는 눈에 뜨이는데 별로 영양가 없는 자리도 많다고 하는 것이죠. 기본적으로 官星이라고 하면 저렇게 보시라고 하는 것이죠.

財星이라고 하면 그 등급을 어떻게 볼 것이냐? 財星은 투출이 되면 자타 공인의 재물입니다. 자타 공인의 재물이므로 허명(虛名)이라도 많이 난다는 것이죠. 남들은 부자로 봐 준다고 하는 것이죠. 호주머니는 약하더라도, 또는 순전히 빚으로 가지고 있다 하더라도 공인의 재물로 인정을 해준다고 하는 것이죠. 남들이 인정을 해주는 부자가 되는 것이죠.

거기에서도 時上 偏財라고 하는 것은 時 天干에 偏財星이 드러난 것이죠.

時	日	月	年	命
癸	己			
酉				

자타공인의 재물인데 대문 밖에 걸어 놓은 것이죠. 대문 밖이라고 하는 것은 공익적인 일에 많이 쓸 수밖에 없는 재물이라는 것입니다. 이것을 비자금 처리를 할 수 없는 사업이나 재물이 됨으로 이것을 일종의 官으로 쓴다고 하는 것이죠.

왜냐하면 사회를 위해서 돈을 많이 내어놓으면 거기에 응당한 명예성취가 따라오게 되어있는 것이죠.

그래서 월간에 正財나 偏財가 아주 영양가가 있습니다. 대체로 위에서 아래로 내려온다고 볼 때 부모라든지 윗사람으로부터의 혜택에 의한 것을 좌표상에서 그대로 의미를 하고, 그것은 남들도 알만한 규모가 되기 때문에 년이나 월에 있는 偏財라고 하는 것은 영양가가 있느냐, 없느냐 하는 것은 다르지만 기본적으로 남이 인정할 만한 재산은 부여된다고 이렇게 보면 됩니다.

地藏干에 있는 것이 제일 오묘한 것인데 地藏干 형태에 따라서 최고 부자가 된다고 하는 것입니다. 전 시간에 地藏干을 다루면서 말씀드렸지만 未중의 午火 이런 것이 영양가 최고라고 하는 것이죠.

時	日	月	年	命
	壬			
		未		

壬일주가 未월을 타고 왔는데 월지에 그 모양이 놓여 있더라는 것이죠. 그리고 다른 곳에 財星이 드러나지 않으니 이 사람은 엄청나게 실속있는 재물을 관리하더라는 것이죠. 즉 비자금 처리가 가능한 것이죠. 말 그대로 숨길 수 있다고 하는 것이죠. 숨길 수 있는 성격의 재물을 물려받더라고 하는 것이죠.

거꾸로 힘이 없는 財星은 戌중에 있는 丁火 이런 경우가 분명히 地藏干에 있어서 영양가가 있을 법도 한데 뒤져보면 가마솥에 밥을 해먹을 불은 안되고 겨우 군밤 몇 개 굽든지 감자 몇 개 굽는 정도의 불씨 밖에 없으니까 이런 경우가 地藏干의 형태에서도 차이가 난다고 하는 것이죠.

戌은 감자 몇 개 구워먹는 것이고, 未이 경우에는 비자금 처리가 되어서 어마무시하게 알찐 돈이 되는 것이죠. 그만큼 이제 地藏干의 형태에 따라서 차이가 난다 이렇게 보시면 됩니다.

地支는 대체로 땅에 확보가 된 것이라고 보면 됩니다. 대체로 '이웃집은 안다.' 이렇게 보면 됩니다. 인근, 가까이 있는 사람들은 아는 그런 정도는 된다는 것입니다. 지역에서는 알아주는 정도는 된다는 것입니다. 지역에서는 알아주는 정도이니까 地支에 있는 것도 상당히 영양가가 있다고 보시면 됩니다.

그러나 地支에 있는 것은 자체의 神殺, 팔자내에 있는 神殺에 의해서 제한을 받는다고 하는 것이죠. 그래서 외국에다가 재물을 둘 수밖에 없는 경우의 형태가 되는 것이죠.

命

時	日	月	年
	己		
	巳		亥

예를 들어서 己巳에 亥를 正財로 쓸 수밖에 없다고 하면 치마폭에 자기가 둘 수 없고 해외 먼 곳에 두는 것이고, 그것이 空亡이 되었다고 하는 것은 이 공간이 아니고 다른 공간에 깊숙이 메워두고 그 메우는 행위가 상당히 활발히 이루어지는 것이니까 외국에 돈을 많이 가져다 놓는 것이 이런 것이죠.

亥水가 驛馬가 되고 空亡이 되니까 분명히 땅바닥에 있어서 영양가가 있는 돈인데 神殺에 의해 제한을 받고 있는 것이죠. 이 사람은 돈이 생겼다고 하면 외국에 돈을 가져다 박아 놓는 것이죠. 그래서 비행기를 타고 날아가면 있고, 한국 들어오면 전세집 사는 것이죠. 그런 식으로 재물 관리를 하게 되는 것이죠.

地支에 있는 것은 神殺에 의한 제한을 받고 지역에서 알게 된다. 인근에서 알게 된다. 이렇게 기본적인 정리를 하면 될 것입니다. 다음 시간에는 시간에 의한 分을 다루어 보도록 하겠습니다.

시간적인 分이라고 하는 것이 五行的으로 속성을 많이 따져 봤었죠. 五行的인 分, 六親的인 分, 神殺的인 分이 있죠.

干支내에 부여되어 되어있는 여러 글자들의 움직임에 五行的인 가담이 이루어지겠죠? 六親的인 가담이 이루어지고 神殺的인 가담이 동시에 이루어짐으로써 그 사람에게 이루어지는 특성이 있는데, 五行的인 것은 포괄적으로 春夏秋冬이라고 하는 木火金水 운동에 의해서 행동성향 이렇게 보면 되겠죠.

이 부분은 타고난 명조내의 干支와 거의 비슷하게 움직입니다. 봄에 태어난 사람이 대체로 木氣가 팔자 干支내에 왕성하다면 그 사람은 대체로 융통성, 조화력 이런 것들을 중심으로 문제를 해결하려고 하는 속성이 있는 것이죠. 그러니까 계절에 의한 성질에서 仁 이라고 하는 요소에 의해서 타인과의 조화중심, 曲直 즉 구부러졌다 펴졌다 하면서 이루어지는 행위적인 도구나 논리를 통해서 결국은 문제 해결을 많이 하려고 한다는 것이죠.

상대적으로 金이라고 하는 것은 계절적으로 義를 중심으로 그 성품을 주관한다고 하면 내 것과 네 것 그리고 나와 남, 자신의 역할과 의리 이런 것들을 중시하는 행위적인 요소가 강하게 드러난다고 하는 것이죠.

　운에 의한 分이라고 하는 것도 그 사람의 해결능력이나 해결방법입니다. 해결능력이나 방법이 대체로 五行的인 요소에 의해서 된다는 것이죠.
　예를 들어서 우리가 巳午未대운을 지나거나 丙丁으로서 火운을 향해서 들어갈 때는 대체로 자타공인 즉 남과 내가 다 인정할 수 있는 방법 또 불이라고 하는 것은 인간 속에 있는 수단, 그리고 낮에 이루어지는 정상적인 해결수단, 양식 등을 통해서 사회적인 성취라든지 이런 것을 이루는 것이 됩니다.

　상대적으로 水에 속한 것은 亥子丑이라고 하는 인자를 통해서 경제적인 번영을 이룩한다고 하는 것은 주로 낮에 일어나는 일이 아니고 주로 밤에 이루어지는 일이나 비정상적인 방법 즉 예를 들어서 우리가 장사에 비유한다고 하면 유흥, 사회성이 굉장히 약한 교육, 비밀스러운 일 이런 것들을 통해서 사회적인 성취의 방법론이 주로 부여된다고 하는 것이죠.

時	日	月	年	命
	壬			

亥子丑 운을 지날 때.

그래서 타고난 팔자에 있는 팔자 干支의 영향에서 예를 들어서 壬 일주가 亥子丑운을 지나간다고 할 때 이 사람이 대체로 유흥업에 종사를 한다면 돈 자체는 벌립니다. 돈은 벌어들인다는 것이죠. 그런데 형님이 가져가 버리고 인간관계에 깨져버리고 여러 가지 주변에 의해서 결국 분탈이 되어 버린다고 하는 것이죠.

이것은 六親的으로 간섭을 하는 것이죠. 간섭함으로써 比劫을 그대로 쓰는데 유흥, 교육, 비밀스러운 일에 관련하여 장사 사업을 하니까 경제적인 성취 자체는 이루어지더라고 하는 것입니다.

즉 겨울 밭에 만화방을 하니까 음지에서 들어오는 것이요, 남들에게 드러난 것이 아니오, 소극적인 것이고 유흥적인 것의 속성을 가지니까 그 업종 자체나 장사 자체는 잘 되더라고 하는 것이죠.

잘 되었는데 六親的인 요소에 의해서 재물의 분탈 과정, 봉사 과정이 발생하더라는 것이죠.

五行的으로 木火金水 운동에 의해서 그 사람의 해결방법, 사회적인 성취 방법 이런 것들이 어느 정도 제한되고 분배된다고 하는 것이죠. 이것도 시간에 의한 分 속에 속한다고 하는 것이죠. 쉽게 이야기 해서 도시락 장사가 언제 팔아야 되느냐 하면 낮에 팔아야 된다고 하는 것이죠.

火운동을 하고 있을 때에는 낮에 관련된 것, 정상적인 것, 남들이 다 아는 것 이런 것 중심으로 장사를 하게 되더라고 하는 것이죠.

金을 하고 있을 때 금융업이라고 하든지 금전을 직접 분배 관리하는 그런 쪽의 일을 하니까 대체로 일 자체는 성공을 하더라는 것이죠. 가을 밭에는 가을 농사를 지어야 된다고 하는 것이죠. 겨울 밭에는 겨울농사, 봄 밭에는 봄 농사라고 하는 것이죠.

木운동을 하고 있을 때는 대체로 기획, 창작, 교육적인 일을 할 때 사회적인 성취가 많이 이루어지더라고 하는 것이죠.

時	日	月	年	命
	甲			
	戌			

이 甲戌에서 戌 자체는 아무리 五行的으로 土도 아니라고 하면서 土작용이 미미한 것으로 다루어 왔지만 이런 偏財星을 六親的으로 깔고 있어도 대운이 亥子丑 寅卯辰 이런 식으로 흘러가 버리니까 활발한 사업적인 활동이나 또는 장사로서의 상업적인 행위가 거의 이루어지지 못하고 가버리더라는 것이

죠.

　이것이 운에 의한 分이라고 하는 것이죠. 즉 운이 겨울과 봄을 거쳐가니까 사람들이 모여야 장사판을 벌일 것인데 사람들이 잘 모이지 않으니까 교육적이고 기획적인 일로서 인생을 살아가더라고 하는 것이죠.

　팔자에 偏財가 있는데도 偏財를 잘 쓰지 않는 이런 경우는 대체로 이런 식으로 대운의 흐름이 五行的으로 그 分을 조장하기 때문에 그렇다고 하는 것입니다.

　이런 偏財星을 항상 기질적인 내용을 내재적으로 가지고 있으면서도 대운에 의해서 제한을 하니까 잠깐, 잠깐 써먹고 말더라고 하는 것이죠. 그래서 이것이 시간적인 分에 의한 것이라는 겁니다.

　이런 경우에 노련한 도사들은 팔자 안에는 이 사람의 사업적 요소가 충실하게 있는데도 노련한 도사들은 운의 흐름을 보고 사업이라고 하는 길을 아예 제시를 하지않는 그런 노련한 사람들도 있습니다. 이런 것이 시간적인 分에 의한 것이다.

　그래서 地支를 볼 때에 항상 제가 春夏秋冬을 묶어서 그 계절 속에 포함시키는 이유가 이런 것입니다.

時	日	月	年	命
辛	壬			
亥	子	酉		

이런 식으로 해서 金水가 몰려 있다고 하더라도 대운이 亥子丑 대운으로 흘러갈 때 이 사람의 직업적인 특성이나 환경은 교육적인 것, 유흥적인 것, 정신적인 것, 소득 자체가 음성소득, 무자료 소득 이런 식의 인자를 통해서 재산성취나 금전적인 보상이 오더라고 하는 것이죠.

우리가 단순하게 생각하면 이 사람이 술장사를 하고 있다는 것입니다. 格局을 무시하고 이야기 합니다. 五行的인 요소를 봤을 때 술장사를 하고 있는데 亥子丑으로 흘러가면 이렇게 이야기를 해도 맞다고 하는 것입니다.

"당신은 이때 돈을 벌지 못한다. 財星이 아니니까, 食傷이 아니니까, 官星이 아니니까"

이렇게 봐도 맞고, 더 정밀하게 분석을 한다면 술장사를 하면 돈을 번다는 것이죠. 돈은 버는데 잘 모이지 않는다고 하는 것이죠.

時	日	月	年	命
辛	壬		己	
亥	子	酉		

모이지 않는 것을 팔자 내에 官이 있으면 官을 따르게 하고
죠, 官이 있으면 官을 따르게 하고, 이 형태는 正印格이 되어
버렸는데, 印星이 뭐냐고 하면 재산을 묶어둔 문서적인 개념
이죠. 그래서 부동산이라든지 문서에 묶어서 관리한다면 당신
팔자에 현금요소는 약하지만 문서 재산은 충실하게 地支 세력
과 天干 세력을 가지고 있음으로 반드시 경제적인 축적이 가
능하다고 하는 것이죠. 그렇게 방법론을 제시해 주는 것이죠.

亥子丑 이런 운이 오면 무단히 술장사를 하고 싶어서 안달
을 하게 되든지 안 그러면 교육적인 일이나 정신적인 일이나
또는 음성소득이 발생을 하는 깡 장사라든지 그런 것을 하려
고 한다는 것입니다.

그럴 때 五行的인 순조로운 세력을 얻었다고 하면 그 업종
자체는 성공을 할 것이라고 기본적으로 보시라는 것이죠. 성
공을 하는데 그것이 현금화 되었을 때, 경제적인 보상이 왔을
때 그것을 묶어두는 방법은 그 사람에게서 강화되어 있는 인
자를 통해서 두는 것이 좋은 것이죠. 일반적으로 남녀 요소를
무시했을 때는 印星的인 요소에다가 문서요소로 재산을 묶는
방법을 통하는 것입니다.

命

時	日	月	年
辛	壬		
亥	子	酉	午

그다음에 財星이 있다고 하면 財星을 현금형태로 활용하는데 이런 형태를 앞에서 했었죠? 冲관계나 驛馬관계로일 때는 해외에다가 두라는 것이죠. 국내에 두지 말고 해외에 재산형태를 보존하라고 하는 것이죠. 그러면 홍콩계좌를 틔우든 어디 계좌를 틔워서 거기다 가져다 놓는 것이죠.

남자의 명조에서는 財星이나 官星이 득세해 있으면 재산의 취득 자체를 부인 앞으로, 자식 앞으로 해 놔버리는 것이죠. 財가 하나의 대세라고 하면 그렇게 하고 여자일 경우에는 官星이 득세해 있으면 官星중심으로 재산을 자꾸 축적을 시킴으로서 결국 이루어진다고 하는 것입니다.

팔자 안에 있는 것은 그 자체가 그대로 무기라고 하는 것입니다. 그 자체가 수단입니다. 다음 시간 수업을 듣고 나면 "그렇구나! 어떤 놈도 잘 살 수 있구나, 어떤 인간도 히트를 칠 수 있구나!" 하는 것을 알게 되는데 팔자 내에 어떤 六親으로 주어지더라도 이것은 다 무기로 쓰기만 하면 다 됩니다.

팔자 내에 강화되어 있는 것으로 바꾸어주기만 하면 얼마든지 재산을 지킬 수 있고 그다음에 그 대운의 순세(順勢)를 따른다면 亥子丑 이런 시기에 와서 교육, 유흥, 음성적인 것, 정신적인 것을 따른다고 할 때 억지로 막아서는 안된다고 하는 것이죠.

時	日	月	年	命
辛	壬		己	
亥	子	酉	亥	

이런 干支를 가지고 있는 사람이 와서 亥子丑 대운이 온 것이에요.

"선생님, 저는 술장사가 지긋지긋합니다."

집 튀어나올 때부터 시작해서 다른 것을 해보려고 몸부림을 쳤는데 결국은 이런 술장사를 하게 되더라는 것입니다.

"병신아! 팔자에 이렇게 물이 많으니까 네가 망하지!"

그렇게 해서 잘하던 OB집을 치우고 불에 잘 타는 장사를 시킨 것이에요. 이것이 五行的 오류죠. 불에 잘 타는 것을 해야 된다고 해서 옷장사하고 이런 것을 시킨 것이에요.

옷 장사를 해보니 亥子丑 이 동네에서 있던 사람이 즉 물장사를 하던 사람이 옷 장사를 하니까 돌아버리는 것이죠. 그래도 물어보러 간 곳은 그래도 옷 장사가 맞다고 감명을 하는 것이죠.

상기 팔자를 보면 五行的으로 水가 旺해서 木을 食傷으로 쓰니까 五行的으로 맞죠. 그래서 팔자를 보고 亥子丑 운을 보니까 계속하라는 도사님이 반, 어떤 곳에 가니까 당신은 그것을 치우고 직장생활을 하라고 하는 도사님이 반인 것이죠. 재물의 축적이 굉장히 약해 보이죠?

그런데 박청화에게 가니까 술장사를 계속하라는 것이죠. 술장사를 계속 하는데 돈이 생기면 무조건 집을 사라는 것이죠. 그리고 팔아먹기 더러운 집을 사라고 제시를 한 것이에요.

그래서 옷 장사는 체질에 안 맞아서 치우고 결국은 다시 술장사를 하는데, 그동안에 돈은 벌었는데 팔아먹기 더러운 집을 해야 되는데 팔아먹기 좋은 것을 해서 자꾸 잡혀먹는 것이에요. 팔아먹기 더러운 문서를 쥐라고 했는데 亥子丑 이것이 比劫이니까 자꾸 잡혀먹는 것이죠. 그러니까 잡혀먹기 더러운 것을 했으면 빌려줄 일이 없잖아요. 그런데 언니 하면서 도와달라고 하면 그냥 그것을 잡혀서 줘버리는 것이죠. 3개월 뒤에 잠적하는 것이죠.

六親的인 간섭도 하나의 대세요 分이니까 결국 比劫이 몰려들면서 "언니, 언니!" 하면서 사람이 몰려들더라고 하는 것이죠.

학생 - 선생님, 저런 사주에서 五行的인 보조를 맞추어 준다고 옷이라든지 다른 분야를 터치해 주는 것이 문제가 되지 않습니까?

선생님 - 터치를 해주는 것은 괜찮죠. 결국은 업종이나 종목에서 그 사람이 들고 온 것이 이런 五行的인 分, 계절적인 分이 맞다면 이것을 벗어나기 어렵겠다고 머릿 속에 전제를 해야 됩니다. 그런데 우리가 단순하게 五行的인 喜忌만 따진다면 어떤 사람은 "아무것도 하지 말고 쉬어라! 고생만 진탕하고 돈이 안된다." 이렇게 본 사람도 잘 못 본 것은 아니죠. 六親的으로 정확하게 해석을 한 것이고 정확하게 본 것이죠.

팔자에 물은 五行的으로 재산 축적의 수단이 안 되니까 술 장사를 하지 말고 옷 장사를 하라고 제시한 사람도 완전한 오류를 범한 것은 아니라고 하는 것이죠.
이 팔자 干支가 가지고 있는 최선의 방안을 제시한 것이죠. 제시를 했는데 계절적인 지배력에 의해서 결국은 활성화가 잘 안되더라고 하는 것이죠. 옷 장사를 하려고 하면 불기운이 와서 즉 巳午未라고 하든지 적어도 寅卯辰이 와서 해가 떠서 색상이 구별이 되어야 되거든요. 해가 떠서 색상이 구별이 될 경우에 금전활동을 하기가 좋죠.

그런데 이런 亥子丑의 운에는 이상하게 좋다는 물건, 경험이 있는 사람들의 물건을 떼다 놔도 자기는 안 팔리는 것이에요. 그러니까 환장을 하는 것이죠. 그런데 옷장사를 제시해준 사람은 "당신, 술장사 해봐야 고생 진탕하고 신물이 날 것이다." 하는데 자기에게 딱 맞는 말을 해주었으니까 그렇게 정확하게 말해주는 선생님이 하라고 한 옷 장사인데 왜 옷 장사가 안될까 하는 그런 오류가 들어간다고 하는 것이죠.

五行的인 대세에 의한 分을 기본으로 보고 바꾸기 어려운 하나의 환경으로 먼저 전제를 해 줄 필요가 있다고 하는 것입니다. 그러니까 여름에 비가 오더라도 여름은 여름이라는 것입니다. 그러면 여름이라고 하는 기본환경 속에서 가질 수 있는 사업적인 속성 이런 것들을 봐주어야 된다고 하는 것이죠.

그래서 이 경우에 하는 수 없이 도로 술장사를 다시하고 부동산 형태로 취했는데도 역시 比劫이 태왕하니까 "선생님, 예!" 해놓고 가서 아파트 팔아먹기 좋고 잡혀 먹기 좋은 것 사버리는 것이죠. 돈을 조금 벌어서 그것을 언니한테 도장을 찍어 줘버리는 것이죠. 그렇다고 하더라도 사업의 활성화 수단은 계절적인 分을 어느 정도 따를 필요가 있다고 하는 것이죠.

그다음에 六親的 요소가 굉장히 중요합니다. 정밀하게 어떤 사람의 운명을 봐줄 때 굉장히 정밀하게 쓰여집니다.

時	日	月	年	乾命
甲	辛	辛	壬	
午	酉	亥	寅	

이런 干支 배열이 있다고 할 때 팔자에는 태어난 시의 午가 官星이 되죠. 亥는 食傷, 寅은 財星이 되어서 기본적으로 官星을 본다면 큰 조직과 손을 잡는 납품, 용역, 대리점, 인허가, 매장,,, 등의 큰 조직과의 관계 요소가 기본이 되는 것이죠.

그다음에 傷官은 말 그대로 제조, 생산, 가공 이런 것이 되고, 財星은 기본적으로 유통 그리고 국가간 유통은 무역의 형태가 됩니다. 팔자내에 이렇게 인자가 다양하게 드러나 있는 경우에 어떤 간섭을 받느냐 하면 이 六親的인 요소에 의해서 상당히 많이 받게 되는데, 만약에 이 팔자의 대운 요소를 무시하고 생각을 해 봅시다. 巳午未 운을 지나가고 있다면 이미 이 사람에게 강화되어 있는 글자는 壬과 亥 傷官이 일종의 格을 이루고 있죠.

그러면서 寅亥로 財星과 무리지어 있으면서 결국 이것이 寅과 亥의 조화물이 財星을 만드는 것이니까 이 사람의 기본적인 그릇에 따른 사업은 무엇이냐 하면 傷官이 財를 生하는 것이므로 제조, 생산을 통한 유통이 되는데 거기에 뭐가 더 주가 됩니까? 제조, 생산이 더 주가 된다고 하는 것입니다. 유통이 부가 되겠죠.

그다음에 傷官의 속성은 제조생산 뿐만이 아니라 교육적인 행위가 되고 조금 더 나아가면 유흥적인 요소 이런 것까지 그대로 확장 해석을 할 수가 있죠? 먹이는 행위, 기르는 행위, 유흥을 만들어내는 행위 이런 것을 통해서 해석할 수 있는데, 이런 것을 통해서 재물을 성취하는 것이 이 팔자에 타당하다면 이것이 '타고난 分에 맞다.' 하는 것이죠. 즉 공간적인 分에 어울린다는 것인데, 대운이 辰巳午未라고 하는 흐름이 되면 亥水가 辰에 入庫, 巳에 絶地, 午에 胎地, 未에 養地가 되는데 養地라고 하는 것은 아직 뱃속에 있어서 촉지되는 것일 뿐 그것이 외부적으로 유형 즉 長生 전까지는 유형이 아니죠. 이런 대운을 만나니까 기본 대세가 食神 傷官의 흐름을 막아 놓은 흐름이죠.

자기는 제조를 엄청나게 하고 싶은데 현실적인 상황은 자꾸 제조를 못하게 하는 것이에요. 제조를 자꾸 못하게 하니까 이 시기에 자기 그릇대로 제조업을 하려고 문의하였다고 하면 팔자에는 맞으나 절대로 제조업을 해서는 안 된다고 해야 합니다. 특히 辰巳운에는 墓地 絶地죠.

운기상으로 壬水의 주기를 그린다고 하면 辰巳午未라고 하는 흐름이 있으면 辰의 흐름에 이미 물이 庫藏地에 이르러서 이미 외부적인 유형을 잃어버렸다고 하는 것이죠. 巳에 絶地죠. 午에 胎地, 未에 서서히 회복해서 申에 유형으로 돌아서죠.

辰巳 시기에 있을 때에 즉 대운이 특히 이런 글자가 지배하고 있을 때에 제조업은 절대로 안된다고 하는 것이죠. 이것이 무엇이냐? 시간적인 分에 의한 제한이라고 하는 것이죠. 그리고 이미 세운에서 戊寅 己卯 庚辰 辛巳 壬午년 癸未년 이렇게

흘러서 갈 때 辰년 巳년에 이르렀을 때 이 사람은 반드시 제조, 생산의 규모가 크든 작든지 반드시 쇠퇴나 침체를 겪게 만든다고 하는 것입니다.

辰년의 초기 정도에 문의를 하였다고 하면 빨리 수하를 줄이고 축소하고 위축하는 형태로 제조 생산을 위축하는 형태로 하든지 아니면 아예 정리를 해버리든지 그런 식으로 가도록 코치를 해 줄 필요가 있다고 하는 것이죠. 이것이 시간에 의한 分이라고 하는 것이죠.

대운이 이렇다고 하면 팔자에 타고난 제조를 잘 인식도 못하고 갑니다. 분명히 자기 생각은 이것을 한 번 만들어 볼까? 저것을 한 번 만들어 볼까? 아니면 학원사업을 해볼까? 가르치는 행위 이런 것을 자꾸 생각을 하게 됩니다. 그런데 현실 속에서 그런 기회를 엿보려고 하면 자꾸 방해가 따르는 것이죠. 그리고 의지적으로 만들어 놓으면 반드시 문제가 생깁니다. 그래서 제조업은 食神 傷官의 행위를 할 수 있느냐 못 하느냐 하는 겁니다.

이때 아주 제한적으로 할 수 있는 것이 있습니다. 偏印 자체를 하나의 무리로 써서 사용하는 경우가 있는데,

時	日	月	年	命
甲	辛	辛	壬	
午	酉	亥	寅	

辰이 상기의 팔자에서 볼 때는 正印이죠. 傷官을 入庫시키는 것이고 未가 상기 팔자에서는 없지만 食神을 가장 약화시키는 작용을 하는 것인데 아무튼 辰巳午未 사이에는 그런 작용이 있는데, 未같은 경우에는 傷官을 다시 태어나게 하거나 食傷을 다시 힘을 얻도록 해주는 초능력 또는 공간 없이도 용도를 수행하는 능력이 있는 것이죠. 즉 다리가 없는 놈이죠. 偏印이라고 하는 것은 다리도 없이 무엇인가 용도를 수행하고 있다고 하는 것은 특별한 기술로 본다고 했죠. 그래서 보통 사람이 가지기 어려운 능력을 한다고 하는 것이죠.

특별한 기술 이런 것을 쓸 때는 사람을 많이 쓰지 않고 공간을 많이 쓰지 않으면서 자연스러운 食神이나 傷官의 요소가 없이 완전 기술적인 요소에 의존해서 가공 또는 임가공 이런 것이 있죠. 큰 공장을 써서 완제품에 가까운 것을 만드는 것이 아니고 아주 비좁은 공간에서 그것만 가공을 해주는 것이죠.

그런 형태의 사업이 가능하다. 또는 이 偏印자체가 格을 갖추면 그 자체가 의약이나 전문분야에 어떤 자격을 의미한다고 했죠. 전문분야의 자격을 써서 무기로 쓴다면 그 사람은 偏印이라고 하는 글자에도 특별한 기술과 재능을 사용해서 돈을 벌어들이는데 食傷의 세력이 없는 이 사람이 어느 날 기술이라든지 특별한 재능 중심이 아니고 식구를 많이 두고 사람을 많이 거느려서 업을 키워나가려고 하면 이때는 시간적인 分에 의해서 제한이 되어 있을 때에는 "절대로 당신은 그것 이상을 하면 안 된다." 하는 것입니다. 수하를 많이 써서 하는 일은 안

되고 기술력을 중심으로 해서 그것 중심으로만 할 때 성공을 한다는 것입니다. 그것이 分에 의한 제한이라고 하는 것입니다.

時	日	月	年	命
壬	辛	辛	壬	
辰	酉	亥	寅	

아무튼 辰巳午未운에 이 사람이 壬辰시와 같은 요소가 있다고 합시다. 이것은 '상관상진(傷官傷盡)'이라고 수업을 한 것 기억이 납니까? 傷官을 印綬로서 전부 거두어들여서 印綬를 특별한 재능으로 쓸 때는 바로 辰巳午未운에 의약이나 전문적인 자격증을 통해서 얼마든지 경제적인 성취를 이룩할 수 있다고 하는 것이죠.

단지 공통적이거나 보편적인 것은 사람을 많이 쓰는 형태로 확장되어 나가니까 반드시 고충 요소가 발생을 하더라고 하는 것이죠.

時	日	月	年	命
甲	辛	辛	壬	
午	酉	亥	寅	

- 寅 (財) - 유통, 무역, 시장성, 현금화
- 亥 (傷官) - 제조, 생산, 가공, 교육, 유흥...
- 午 (官) - 납품, 용역, 대리점, 인허가, 매장...

글자가 움직일 때 마다 이 사람의 사업의 형태는 여러가지 형태로 드러나요. 시간적인 제한이 어떻게 드러나는지 봐 보세요.

이 사람의 사업 형태는 여러가지로 드러납니다. 시간적인 제한이 어떻게 드러나는지 봐 보세요.

상기의 팔자가 卯운을 지나간다고 합시다. 六親的으로 偏財대운이 되죠. 偏財라고 하는 것은 지역 무대만이 아니라 또는 전국 무대까지도 그 범위를 확장시켜서 유통, 무역, 시장성, 현금화... 라고 하는 요소를 가지고 있는 것이죠.
卯운이 되니까 제조 중심보다 亥水의 힘이 즉 壬水의 힘이 어떻게 됩니까? 死地가 되죠. 그래서 제조 생산의 요소는 기본적으로 유지는 하지만 제조, 생산에서 현금화 중심으로 넘어가니까, 대운에서는 卯가 지배하니까 제조는 기본형태를 유지하면서 유통이나 무역 중심으로 넘어가고, 기본적으로 辰까지는 寅卯辰이라고 하는 方合요소로 볼 때 제조에 의한 현금화는 되죠. 그런데 이 辰년에 일어나는 특별한 사건은 무엇입니까? 자꾸 기계 시설이 고장이 나든지 아니면 자기가 쓰고 있는 공간이 불안해지든지 아니면 수하가 못하겠다고 하고 가버리든지 하더라는 것입니다. 이런 식으로 傷官 入庫 즉 생산성 入庫의 별이 발생하더라고 하는 것입니다.

장사는 했지만 내부적으로 문제는 발생을 하고 巳 絶地에 이르렀다고 하는 것은 밑에 사람을 데리고 와서 그 형태를 유지할 수 없는 것이 되었다고 하는 것입니다.

巳운에 무엇을 또 조장하느냐 하면 時의 午 官星을 五行的으로 도와주는 작용을 하는 것이죠. 그래서 巳가 와서 亥水 冲해서 제조 생산은 거의 청산을 해버리고 수하 직원에 대해서도 여러가지 조정을 해버리고 官星을 쓰기 시작하는 사업에 서서히 가담되기 시작을 하더라는 것입니다.

巳자체가 正官이면서 傷官을 冲하는 작용과 나에게 正官으로서 작용하는 것이 동시에 오더라고 하는 것입니다. 그래서 큰 조직, 대기업과의 관계가 巳午未에 발생을 해서 巳에서 기본적인 형태가 만들어지고, 午년 未년에 활발한 형태가 됩니다. 그래서 申酉戌까지 가담이 되는데 戌부터 火의 入庫, 官星의 入庫가 이루어지죠. 그리고 나서 亥子丑 운을 맞이 하게 되는데 午未申酉戌까지는 어떻게 쓰게 되느냐 하면 납품업이라든지 용역, 대리점 이런 것을 써먹더라고 하는 것이죠.

그런데 亥水 때문에 하도 고생했으니까 이것을 크게 하지 않고 寅을 당겨서 그대로 유통을 하더라는 것이죠.

자기가 만드는 것은 공장을 형식상 만들어 놓고 유통에 있는 것을 그대로 무리지어 끌고 와서 午 偏官에다가 납품을 하고 또 큰 조직사회의 물건을 가지고 와서 물건을 쓰는 것이죠. 이런 식의 대리점 사업, 즉 통신대리점도 하면서 납품업도 동시에 운영해 나가는 식으로 길을 만들어 나가는 것이죠.

납품, 대리점의 형태가 이 午未申酉戌 까지 이루어졌다가 다시 亥子丑이 되니까 또 官星과 거리가 멀어져 버리고 결국은 다시 자기 고유의 亥水 傷官의 자체 개발한 자기 고유의 상품으로 오는 것이죠.

그리고 이 子운이 오니까 "내가 그럴 때부터 알아봤다." 하면서 거래하던 큰 조직하고 자꾸 싸울 일이 생기는 것이죠. 안 그래도 이때 저때 아니꼬아었는데, 申酉년이 오면서 官星이 불안정해지죠? 그리고 이 자체가 比肩 劫財이니까 官星을 유혹하는 경쟁자의 진입 이렇게 보면 되겠죠.

그래도 戌년 까지는 내가 해먹을 것은 있었다는 겁니다. 그런데 내가 거래하는 큰 조직사회는 나의 경쟁자에게 이권이나 권리를 분배 해주어 버렸다고 하는 것이죠. 그때 나는 삐쳐있었죠. 삐쳐는 있었지만 내 먹을 것이 없어질까 두려워하여 잠자코 있다가 亥운이 되고 子운이 되니까 완전히 등을 돌리는 식의 상황이 발생을 하더라는 것입니다.

"너희만 물건을 만들 줄 아느냐? 내가 대리점을 하지만 너희만 물건을 만들 줄 아느냐? 나도 자체 제작을 하겠다."

그런 생각을 이런 申金운이 올 때 壬水가 長生을 하죠. 생산력과 창조력이 어우러지기 시작을 할 때 기본적으로 申에 서서히 구상을 하고 이 형태를 구체화해요.

그렇게 해서 본격적인 생산체계에 들어가는 것은 언제부터? 亥子丑이 되죠. 亥子丑은 寅木이 받아줄만한 시장성이 있다고 하는 것이죠. 그래서 받아서 장사를 하다가 이때 자체로 개발을 하고 갈등을 겪다가 큰 조직과 구체적으로 결별을 하고 亥子丑에 자기 자체로 생산을 한다고 하는 것이죠.

이런 변화과정을 머리에 염두에 두고 申년이나 酉년 이럴 때 시기에 의한 分을 잘 제시해 줄 수 있어야 된다고 하는 것이죠.

첫째 官星과의 관계가 악화가 된다. 또는 경쟁자의 진입에 따른 분탈 요소가 따른다. 그래서 무엇을 코치를 해야 됩니까?

'官星과의 관계를 지탱을 하면서 복잡한 노선을 생각을 해야 한다.' 이것이 시간에 의한 分이라고 하는 것입니다. 申酉 이 시기에 가장 부담을 주는 것이 무엇이냐 하면 큰 조직과의 관계 속에서 안 남는 장사 즉 영양가 있는 장사는 큰 조직에서 다른 곳에 떼어내서 주었다고 하는 것이죠.

나는 영양가 없는 장사를 하지만 명분 때문에 계속 이 장사를 하고 있다고 하는 것이죠. 그래서 이때 발생하는 것은 金은 寅木 현금장사의 가장 반대편이죠. 현금유동성에서 이럴 때 돈이 묶이기 쉽다고 하는 것이죠.

그다음에 亥子丑 운에 와서 신속하게 큰 조직과의 관계를 열기 위해서 문의하러 온다면 이때는 안된다고 해야 합니다. 그것을 전제로 절대로 움직일 수 없다고 하는 것입니다. 자체로 물건을 만들도록 하라는 것이죠. 그렇게 방향을 제시해줄 수 있어야 한다는 것입니다.

시간에 의한 分이라고 하는 것이 六親的으로 대단히 중요하게 작용하는 것입니다.

時	日	月	年	命
甲	辛	辛	壬
午	酉	亥	寅

이런 팔자는 그 특성을 다 가지고 있는 것이죠. 제조, 유통도 있고 官星도 있는데 그것이 地支에 있어서 전부 다 실력 즉 실질적인 힘을 가진 공간이기 때문에 시간에 의해서 계속 영향을 받습니다.

그리고 기본적으로 아까 말씀드린 것처럼 辰巳午未 이것이 대운일 경우에 아무리 팔자에 제조가 있다고 하더라도 운에 의한 分은 제조를 하지 못한다고 하는 것이죠.

12運星을 안다는 것은 아주 정밀한 형태의 모양을 분석을 할 수도 있는 것이죠. 남들의 눈에 뜨이지 않게 드러내지 않고 아주 자그마한 형태로 대조를 해도 좋다는 것입니다.

壬水가 다시 그림처럼 튀어올라가는 과정이니까 표면화되지는 못했지만 내부적으로 무엇인가를 서서히 만들어나가는 과정이 만들어진다고 하는 것이죠.

아주 정밀한 것은 12運星에서 쪼개어 보기로 하고, 기본적인 대운에 의한 分을 대운이나 세운에 의해서 그대로 제시해주어야 된다고 하는 것이죠.

六親的인 것이 제일 재미가 있습니다. 六親的으로 제한을 하는 것은 주로 형태입니다. 업태에서 시장 중심이냐, 재능 중심이냐, 큰 조직과의 관계 중심이냐, 어느 것이든 하나만 똑똑해도 잘먹고 잘살게 됩니다. 어차피 돈만 벌면 되는 것이니까 장판이 똑똑하게 생긴 사람은 장판에 어떤 물건이든 팔기만 하면 된다는 것입니다.

제조는 제조 그 자체가 가지는 굉장한 고부가가치, 官星이라고 하는 것은 그 자체가 가지는 볼륨 즉 10원이 남아도 한 번에 1000개씩 사가니까 그것 때문에 결국은 어느 것이 똑똑해도 된다고 하는 것이죠.

六親은 형태, 생산양식, 재물 보존의 수단 이런 것이 되는 것이죠.

時	日	月	年	命
甲	辛	辛	壬	
午	酉	亥	寅	

만약에 이 사람의 대운이 辰戌丑未라고 하는 기본적인 五行 的인 것을 대표한다면 그중에서 가장 활발한 것이 辰巳午未운 이 되는데 이때 제조를 정리했다고 합시다. 정리했을 때 이때 재산 보전의 수단은 무엇이겠느냐 하는 것이죠. 기본적으로는 官星과의 관계 발생이면서 土의 五行的인 세력을 의미하는 것 이니까 印星이 되겠죠.

이때 이 사람이 食傷을 정리하여 생긴 경제적인 여력은 부 동산이나 문서에다가 묶어 두는 것이 가장 순조롭게 묶어 두 는 것이라는 겁니다. 부동산이나 문서에 묶지 않으면 그때 머 리가 아픈 것이라는 겁니다.

허튼 곳에다가 자꾸 돈을 밀어 넣습니다. 그러니까 壬水 亥 水가 팔자내에 있는 것이니까 이것을 지탱해보기 위해서 어떻 게 힘을 쓰고 또 가져다 넣고 해서 亥水와 辰巳午未의 소모전 만 되는 것이죠.

그런데 현명한 사람은 결국은 이것을 빨리 접어버리고 문서 재산 형태로 전환을 해 버렸다고 하는 것이죠.

辰巳午未 이럴 때는 상당히 좋은 조건의 문서재산 확보가 이루어진다고 하는 것이죠. 파도타기를 잘하는 사람은 계속

재산이 늘어난다고 하는 것이죠. 用神이고 무엇이고 아무 상관이 없습니다.

印綬가 올 때 印綬를 받아들이고 財星이 올 때 財星을 받아들이고 官星이 올 때 官星을 그대로 받아들이고 다 쓴다는 것이거든요.

제일 첫날 한 내용이 있죠. 나무 한 그루가 用神이 무엇이냐 이것이죠. 팔자는 너무 많다고 치고 한 글자만 보자는 것이죠. 나무 한 그루가 살아가는 것에 뭐가 필요하냐는 것입니다. 봄 여름 가을 겨울이 다 필요하다는 것입니다. 그런데 春夏秋冬을 하나의 계절적인 기운으로 쓰느냐? 받아들이느냐? 조화를 가지느냐? 이것에 의해서 나무가 끊임없는 생명력과 번식력을 가지느냐 하는 것이죠.

거꾸로 나무가 봄을 용납하지 않는다면 그러면 봄 하나를 잃는 것이 아니라 전부 다 잃는 것이라는 겁니다.

기본적으로 봄에 나무가 木운동을 통해서 싹을 틔움의 운동, 그다음에 상승 즉 자기 몸을 펼쳐서 내는 작용이 木운동 아닙니까? 木운동의 작용을 이룬 다음에 火운동이 올 때 가지를 펼치라고 하는 것이죠. 꽃을 피우고 불기운에 의해서 가지를 펼치는 것이죠. 그다음에 가을에 의한 가을의 결실작용을 맞추어서 하면 이 나무는 春夏秋冬을 다 쓰게 되어 있다고 하는 것입니다.

그런데 格用論으로 공부를 하는 사람은 喜忌가 기울어져 있음으로 흉신를 꼭 만나야된다고 생각을 하는 것이죠. 기울어져 있다고 하더라도 春夏秋冬을 그대로 쓰는 사람은 반드시 끊임없는 생명력과 번영의 힘을 가지고 있다는 것입니다. 이것이 시간에 의한 分을 맞추는 것이라는 겁니다.

安分 ┬─ 공간 分 : 체질론, 고정요소
　　 └─ 시간 分 ; 대증, 변화요소

　건강요소로 돌아왔을 때 공간에 의한 分은 체질론에 가깝습니다. 그다음에 시간에 의한 分이라고 하는 것은 말 그대로 치료방법으로 쓴다면 대증(對症)이 될 것이고, 다른 적절한 명칭이 공간은 고정요소, 시간의 分은 변화요소라고 볼 수 있겠죠.
　변화요소로 본다면 공간에 의한 分은 어느 정도 고정이 되어 있으니까 공간에 의해서 그 사람이 기울어진 모양, 선택의 어떤 양식의 한계 이런 것들이 정해지는데 조금 기울어져 있다고 하더라도 이 변화요소를 잘 맞추어서 산다고 하면 얼마든지 건강요소라고 하는 것이 적용될 수 있다고 하는 것이죠.

時	日	月	年	命
辛	壬		己	
亥	子	酉	亥	

해가 질 때 인체에서 무엇이 많이 움직이느냐 하는 것이죠. 전문가들이 계시니까 다른 설명이 필요가 없겠지만 간폐(肝肺)의 작용이 해가 지면서 기능이 반전이 된다고 보고 대체로 폐기(肺氣)가 펼쳐지고 간기(肝氣)가 약해지는 그런 과정을 거치면서 누구든지 干支가 어떻게 기울어졌든지 고정적인 요소가 기울어졌다고 하더라도 누구든지 시간에 의해서 해가 지면 肺氣 펼쳐지고 肝氣가 대체로 약화되는 식으로 해서 肝에 피가 다시 모여져서 수렴되는 과정을 해가 지면 거친다고 하는 것이죠.

이렇게 변화요소를 따른다고 하는 것이 체질 요소에 의해서, 고정요소에 의해서 그 사람이 肝이 적고 肺가 크든지, 肺가 작고 肝이 크든지 어떤 체질이 되었든 시간에 맞추어서 자연의 운기적인 요소를 그대로 받아들인다고 하면 그 사람은 건강요소라든지 생명력을 강하게 부여받는다고 하는 것이죠.

해가 지면 대충 일을 대충 마무리하고 누우러 가야 되는데 그게 안 되니까 고정에 의해서 기울어진 것에 의해서 자꾸 다른 것을 채워 넣어야 되고 보충해야 되는 것인데, 변화에 의한 分만 잘 지켜도 초목이나 이미 큰 성장을 다 이룬 나무나 변화에 의한 分을 그대로 수용함으로써 끊임없이 생명력을 가지고 번영의 힘을 가진다는 말입니다. 그래서 시간적인 分이라고 하는 것이 그것을 그대로 맞추어 주는 것이 성공의 방법이 된다.

다음 시간에 格이라고 하는 것, 旺者라고 하는 것 그 자체가 무기가 됨으로써 누구든지 잘 살수 있는 방법은 있다. 거지로 타고난 사람은 아무도 없다는 것을 아셔야 되는 것인데, 分이 주는 가치는 이미 타고난 인자 속에 제한, 시간 속의 제한 또한 시간 속의 흐름 이것을 그대로 따르는 사람은 끊임없는 생명력과 번영의 힘을 가지고, 이것을 거스르는 사람은 반드시 貧하다는 것입니다. 또는 賤하다는 것입니다. 貧賤이 멀리있는 것이 아니고 부귀가 멀리 있는 것이 아니라고 하는 것이죠. 조선시대의 역학자라든지 점을 보는 사람이 항상 거적때기 비슷한 것을 가지고 만금의 재물을 가지고 와서 점을 치고 물어도 그 만금을 아낌없이 주변에 줘버리고 자기는 항상 거적때기를 쓰고 왔다리 갔다리 했다는 것이죠.

그 사람은 무엇을 깨달았느냐 하면 分을 깨달았다고 하는 것이죠. "나는 거적때기를 쓰고 있는 복 이상을 가지지 못했다." 하는 것이죠. 그런데 分 이것을 알아야 공간에 의한 분, 시간에 의한 分을 알아야 安分을 할 것이 아니냐 이것입니다.

그래서 시간의 흐름에 맞추어 산다고 하는 것은 생명력을 가지는 것에 있어서 또 번영의 중요한 상징이라고 보시면 되는 것이죠.

말 그대로 유치원생이 말 그대로 유치원 교육을 받고 있다면 그것은 지극히 바람직하고 정상적인 것이라는 겁니다. 이렇게 보시면 되는 것이죠.

사실 五行하고 六親사이에 무엇을 넣어야 되느냐 하면 우리가 이미 공부를 다 해 봤으니까 地支글자 한 글자씩을 가지고 생각을 해볼 수 있겠죠?

子가 가지는 특성, 丑이 가지는 특성, 寅이 가지는 특성, 卯가 가지는 특성… 등 이런 식으로 해서 卯가 가지는 특성은 예를 들어서 이 卯대운을 지나갈 때에는 누구든지 주거가 불안하여진다는 것이죠.

토끼가 집을 짓지 않고 돌아다니는 기운처럼, 시간적으로는 누구든지 바빠지고 누구든지 움직이기 시작을 하는 것이죠. 대운적으로 이 사람에게 토끼가 지배를 한다면 토끼 卯 자체의 글자의 의미가 分으로서 따라가겠죠? 시간적인 分이죠.

干支자체의 글자하고 맞물려서 해석을 할 수 있고, 神殺에서 地支끼리의 神殺중에서 12神殺이 있었고, 그다음에 天干地支의 神殺이 있었죠. 12運星에 의한 것과 貴人, 각종 神殺들이 있었죠. 그다음에 神殺이라고 볼 수도 있고 地支끼리의 대증작용이라고 볼 수도 있는데 刑冲破害의 대상이 있죠.

時	日	月	年	命
辛	壬		己	
亥	子	酉	亥	

巳대운을 만났다고 했을 때

예를 들어서 이 사람이 巳대운을 지나가고 있다. 壬이 巳를 보았으면 貴人이요. 亥水가 보면 巳는 驛馬에 해당이 되고 巳酉에 合에 의해서 간섭을 받고 있는 이것도 포괄적인 神殺의 의미에 집어넣는다고 하면 이 세가지 영향하에서 이 사람은 무엇을 쓰게 된다고 하는 것입니까? 巳라는 글자를 쓰게 된다고 하는 것입니다.

가장 활발하고 뚜렷한 작용은 驛馬작용이라고 하는 것이죠. 상기 명조가 돼지 亥자가 년과 시에 두 개 거듭하여 있죠? 뱀의 인자와 같이 움직인다고 하는 뜻은 결국은 돼지로서 모양과 존재를 지키기 위해서 끝없이 자극을 받고 움직여야 된다는 뜻이 되는 것입니다. 이 자체가 驛馬, 주거이전, 해외출입 등으로 그대로 쓰더라고 하는 것입니다.

그리고 사주가 국내라고 하면 巳는 해외, 객지 등을 출입하거나 관련된 일을 함으로써 경제적인 부가가치를 만들어 오더라고 하는 것입니다.

沖이 일어나는 巳는 현금재산이죠. 巳가 酉에 끌려서 들어왔다면 결국은 酉에 따라 들어가 버리죠. 그래서 국내에 들어와서는 결국 문서형태로 재산 축적, 해외에서 돈을 벌어 들어와서 국내에서는 문서형태로 축적을 하더라고 하는 것입니다. 이대로 사는 사람은 무조건 부자입니다. 그냥이 아니고 '무조건' 입니다.

干支의 움직임이나 神殺的인 흐름에 그대로 따라온 사람은 반드시 순조롭게 酉 이것을 강화된 印綬로서 쓴다는 것이죠.

그대로 안 따르는 사람은 만약에 巳가 亥나 子에 의해서 분탈이 된다고 하면 현금거래나 금전거래를 해서 돈을 날려 버려야 된다고 하는 것이죠. 그래서 팔자안에 강화되어 있는 '무기', '인자' 이것에다가 가져다 붙이느냐, 그것으로서 잠그느냐, 아니냐가 결국 그 사람이 살아가면서 실력을 가진 사람이 된다는 것입니다.

그래서 어떤 사람은 印綬가 만국해 있는데도 땅도 없고 문서도 없더라 이것이죠. 그 사람은 무엇을 그르쳤기 때문에 그렇습니까? 공간적인 分을 그르쳤거나 시간적인 分을 그르쳤다는 것이죠.

印綬가 있는 사람은 반드시 印綬의 형태로 재산을 불려나갈 무기가 준비되어 있다고 그렇게 보면 되는 것입니다.

단지 五行的인 강약이나 神殺的인 조건에 의해서 그것이 좀 제한될 뿐이지 반드시 酉 印綬 이 자체의 형태의 보존수단으로서 가져다 놓으면 보존이 잘 된다고 하는 것입니다. 이런 것을 머리에 염두에 두고 이 사람은 이것을 잘하고 있느냐, 아니냐 하는 것입니다.

時	日	月	年	命
己	庚	己		
巳	午	亥		

우리가 더 적극적으로 어떤 사람에게 방향을 제시한다고 하면, 이 사람이 巳대운을 만나거나 또는 午 대운을 만났다면

巳, 午대운은 正財 亥를 용납을 하지 않죠. 용납하지 않을 때 이 사람에게 어떤 방향을 제시해 주어야 합니까?

 이것은 기본적으로 內에 작용을 하고 있는 문제를 보면 됩니다. 안에 있을 때 즉 가까이서 작용하고 있는 계절, 이럴 때 이런 巳운이 왔을 때 상기의 명조에게 亥水를 冲해서 어찌되었든 正財를 파괴를 하죠. 正財를 파괴하는 작용을 막으려고 하면 어떻게 하면 된다는 것입니까? 무조건 들고 해외로 튀어라는 것입니다. 해외로 튀니까 거기에 재산을 그대로 묶어둘 수 있고 몸만 한국에 와서 巳午未운에 돈이 없는 형태로 묶여서 활동하게 되더라고 하는 것이죠.

 그래서 內에 없는 것은 대운적인 요소에 의해서 外에다가 두게 하는 방법이라는 것입니다. 그리고 神殺에 의해서 두게 하는 방법 즉 巳를 먼저 만나는 것이 아니고 거꾸로 午나 未운을 먼저 만나면서 어떤 형태로든 財星이 어떤 형태로든지 묶이는 모양이 되었을 때 이때 현금화하기 어렵거나 규모가 큰 문서나 부동산을 사 버렸다 이거죠.

 그럼으로써 현금유동성을 잃어버림으로써 상당히 답답한 과정을 거치기는 했지만 재산에 관한 손실요소나 희생요소는 크지 않더라고 하는 것입니다.

 대자연의 春夏秋冬이든 六親이든, 神殺이든 흐름은 결국은 사람을 살아가게 하기 위하여 해가 뜨고 해가 지더라는 것입니다. 거기서 우리가 가장 경계하라고 하는 것은 동양적인 해법이 무엇입니까? 욕망을 조절하라고 하는 것이죠. 흐름에 맡기라고 하는 것이죠. 흐름에 맡기면 결국은 끊임없이 생명력을 부여하고 있는데 욕망 때문에 그 흐름에 반하면서 巳午未 이 시기에 땅을 사지 않고 동업을 하더라고 하는 것입니다. 동업을 해서 돈이 묶여서 머리가 터지더라고 하는 것입니다.

그러한 희생을 실현해 내는 것이 결국은 未와 午를 무기로 써서 즉 比肩 劫財를 무기로 써서 財를 더 취득하고자 하는 욕망 때문에 있는 것이죠.

午未운에는 이것이 무기가 됨으로 이 시기에는 동업을 통해서 財를 취득하자고 하는 욕망 때문에 결국은 재물을 자연스럽게 묶지 못하고 도리어 희생적 양상으로 몰고 나가더라 하는 것이죠.

밤에 잠이 오는 것은 살아가기 위한 것입니까? 죽기 위한 것입니까? 살아가기 위한 것이라는 겁니다. 왜 그 分을 따르지 않느냐 하는 것이죠. 그래서 이 分을 안 따르면 결국은 쪽박을 차든, 밤잠을 못자서 아침을 버리든지 하게 된다는 것입니다.

다음 시간에 旺者와 格局에서 연결해서 설명을 드리도록 하겠습니다.

박청화 사주명리학
청화비전 上

초판인쇄 2022. 08. 16
초판발행 2022. 08. 16
강   의 박청화
편   저 홍익TV
펴 낸 곳 청화학술원
주   소 부산광역시 부산진구 양성로 93-1(양정동, 초암빌딩 3층)
전   화 051-866-6217 / 팩스 051-866-6218
출판등록 제329-2013-000014호
표지글씨 김성민

값 35,000원
ISBN 979-11-86483-32-9
ISBN 979-11-86483-34-3 (세트)

ⓒ 박청화, 2022

* 무단 복제 및 무단 전재를 금합니다.
* 잘못 만들어진 책은 구입처 및 본사에서 교환하여 드립니다.